"十二五"职业教育国家规划教材

经全国职业教育教材审定委员会审定

普通高等教育"十一五"国家级规划教材

高等专科教育自动化类专业系列教材

集散控制系统及现场总线

第 2 版

主　编　张　岳
参　编　甄玉杰
主　审　胡学林

机械工业出版社

本书是普通高等教育"十一五"国家级规划教材、"十二五"职业教育国家规划教材，经全国职业教育教材审定委员会审定。

本书是作者根据多年的教学经验和对集散型控制系统及现场总线的研究编写而成的。通过对本书的学习，可以帮助和满足初学者、工程技术人员系统了解集散型计算机控制系统及现场总线等有关理论。

本书主要内容包括：①集散型控制系统基础知识，涉及集散型控制系统结构组成、通信技术、组态技术及可靠性、控制技术等共性问题；②重点介绍集散型控制系统中最典型代表、由美国霍尼威尔公司制造的 TDC3000 系统，包括 TDC3000 系统的硬件配置、软件组态、数据采集和控制、操作技术以及可靠性技术；③介绍国产集散型控制系统产品 HS2000，包括 HS2000 的组成、硬件配置等；④熟悉集散型控制系统设计的基本原则和方法，了解集散型控制系统发展趋势；⑤介绍目前流行的现场总线的概念、特点、结构和分类，以美国 Smar 公司和 NI 公司的现场总线组态软件为例，着重介绍现场总线的组态过程；⑥对目前比较流行的三大控制系统——DCS、PLC 和 FCS 进行了对比阐述。

本书注重集散型控制系统及现场总线与工程实践相结合，基本原理与方法阐述透彻，层次分明，篇幅简练，且每章附有小结和习题，使本书更具有可教学性和可自学性。

本书适合作为高职高专自动化类专业及其他相近专业的教材，也可供从事集散型控制系统及现场总线方面工作的工程技术人员参考使用。**为方便教学，本书配有电子课件、课程设计任务书、部分习题答案及模拟试题，凡选用本书作为授课教材的老师可免费索取以上资料，垂询电话：010-88379375，Email：cmpgaozhi@sina.com。**

图书在版编目（CIP）数据

集散控制系统及现场总线 / 张岳主编. —2 版. —北京：机械工业出版社，2016.1（2025.8 重印）
"十二五"职业教育国家规划教材. 普通高等教育"十一五"国家级规划教材. 高等专科教育自动化类专业系列教材
ISBN 978-7-111-52028-3

Ⅰ. ①集… Ⅱ. ①张 Ⅲ. ①集散控制系统—高等职业教育—教材②总线—技术—高等职业教育—教材
Ⅳ. ①TP273②TP336

中国版本图书馆 CIP 数据核字（2015）第 254806 号

机械工业出版社（北京市百万庄大街 22 号　邮政编码 100037）
策划编辑：于　宁　责任编辑：于　宁
责任校对：刘雅娜　封面设计：鞠　杨
责任印制：单爱军
中煤（北京）印务有限公司印刷
2025 年 8 月第 2 版第 8 次印刷
184mm×260mm · 10.25 印张 · 251 千字
标准书号：ISBN 978-7-111-52028-3
定价：39.50 元

电话服务	网络服务
客服电话：010-88361066	机 工 官 网：www.cmpbook.com
010-88379833	机 工 官 博：weibo.com/cmp1952
010-68326294	金　书　网：www.golden-book.com
封底无防伪标均为盗版	机工教育服务网：www.cmpedu.com

前 言

本书是依据高等职业教育对集散型控制系统及现场总线课程的要求,结合高等职业教育注重实际能力培养等目标编写的。

本书在编写过程中,充分考虑到专科教学时数少(计划60~80学时)、内容丰富、涉及面广等特点,以及目前高职高专学生的知识水平和能力结构的现状,力求做到理论知识"少而精,够用为度",将重点放在对目前工业领域广泛使用的产品的使用方法的介绍上,注重培养学生解决实际问题的能力。

本书第1版自发行以来,得到广大读者的关心与帮助,在此向广大读者致以深切的谢意。

本次修订保留了第1版教材附录B中的集散型控制系统及现场总线常用词汇中英文对照表,其目的是提高读者专业英语水平,提倡"双语"教学。

由于DCS、FCS和PLC是目前工业领域里广泛应用的三大控制系统,为了使读者对这三大控制系统有一个比较完整的了解,本次修订新增加了这三大控制系统的基本知识点,主要介绍了这三大控制系统的基本特点以及它们的异同点,帮助读者对这部分知识有所了解,加深读者解决实际应用问题的能力。

总之,本次修订既考虑到教材的实用性、系统性,又兼顾三大系统在控制领域广泛应用的现状,对第1版教材循序渐进地补充,希望得到读者的认可,书中疏漏之处,恳请广大读者指正。

全书由辽宁科技学院张岳主编,并编写了第1章至第5章、第7章及附录,承德石油高等专科学校甄玉杰编写了第6章。全书由辽宁科技学院胡学林主审、张岳负责统稿。在编写过程中,借鉴了一些兄弟院校教材和参考文献的部分内容,同时辽宁科技学院的吕东岳、周政老师及杨国飞同学给予了热情的支持和帮助,在此,一并表示由衷的感谢。

编 者

目 录

前言
第1章 绪论 … 1
1.1 计算机过程控制系统的基本概念及组成 … 1
  1.1.1 硬件组成 … 1
  1.1.2 软件组成 … 2
1.2 计算机过程控制的基本类型及其特点 … 2
  1.2.1 操作指导控制系统 … 3
  1.2.2 直接数字控制系统 … 3
  1.2.3 计算机监督控制系统 … 5
  1.2.4 集散型控制系统 … 5
  1.2.5 现场总线控制系统 … 6
1.3 计算机过程控制的发展状况 … 7
小结 … 7
习题 … 8

第2章 集散型控制系统(DCS)导论 … 9
2.1 DCS 的基本概念 … 9
2.2 DCS 的结构组成及特点 … 9
  2.2.1 DCS 的结构组成 … 9
  2.2.2 DCS 的特点 … 10
2.3 DCS 的网络通信技术 … 10
  2.3.1 计算机网络的定义 … 10
  2.3.2 网络结构及其特点 … 11
  2.3.3 通信介质 … 11
  2.3.4 数据通信 … 12
  2.3.5 数据传输中的差错控制 … 14
  2.3.6 信道极限传输能力 … 17
  2.3.7 DCS 的通信网络特点 … 18
  2.3.8 DCS 的通信网络协议 … 18
2.4 DCS 的网络存取控制技术 … 20
  2.4.1 轮询(Poll) … 20
  2.4.2 令牌传送(Token Passing) … 20
  2.4.3 带有碰撞检测的载波监听多重访问(CSMA/CD) … 21
2.5 DCS 的组态 … 21
  2.5.1 DCS 硬件组态 … 21
  2.5.2 DCS 软件组态 … 22
  2.5.3 DCS 组态方法 … 22
2.6 DCS 的可靠性 … 23
  2.6.1 DCS 的分散结构 … 23
  2.6.2 DCS 的冗余化结构 … 24
  2.6.3 DCS 的高可靠性通信系统 … 24
  2.6.4 DCS 的程序化自诊断功能 … 25
  2.6.5 DCS 的软、硬件的可靠性 … 25
2.7 DCS 的常用控制算法 … 25
  2.7.1 串级控制 … 26
  2.7.2 前馈控制 … 27
  2.7.3 Smith 预估补偿控制 … 28
  2.7.4 超弛控制 … 29
  2.7.5 顺序控制 … 30
  2.7.6 自适应控制 … 31
小结 … 32
习题 … 32

第3章 国产集散型控制系统——HS2000 … 34
3.1 HS2000 系统的基本特点 … 34
  3.1.1 高可靠性 … 34
  3.1.2 直观、方便的操作平台 … 34
  3.1.3 方便的维护手段 … 35
  3.1.4 系统的开放性 … 35
  3.1.5 完善的质量保证体系 … 35
  3.1.6 优良的系统性能 … 35
3.2 HS2000 系统的基本组成 … 36
  3.2.1 HS2000 系统的三层网络结构 … 36
  3.2.2 HS2000 系统的 I/O 现场控制站 … 37

3.2.3 HS2000 系统的操作员站 ………… 38
3.2.4 HS2000 系统的工程师站 ………… 39
3.3 HS2000 系统的硬件配置 …………… 39
　3.3.1 HS2000S 小型集散型
　　　　控制系统的配置 ………………… 39
　3.3.2 HS2000M 中型集散型
　　　　控制系统的配置 ………………… 39
　3.3.3 HS2000L 大型集散型
　　　　控制系统的配置 ………………… 40
3.4 HS2000 系统的 I/O 现场控制站配置 … 40
　3.4.1 I/O 现场控制站的应用容量 …… 40
　3.4.2 I/O 现场控制站的硬件构成 …… 41
3.5 HS2000 系统的软件组态 …………… 44
　3.5.1 工程师站组态软件 ……………… 44
　3.5.2 操作员站组态软件 ……………… 46
　3.5.3 I/O 现场控制站组态软件 ……… 49
小结 …………………………………………… 50
习题 …………………………………………… 50

第 4 章 大型集散型控制系统—TDC3000 …………… 52

4.1 TDC3000 系统的结构特性 ………… 52
　4.1.1 TDC3000 的局域控制网络 …… 53
　4.1.2 TDC3000 的通用控制网络 …… 54
　4.1.3 TDC3000 的高速数据公路 …… 55
4.2 TDC3000 系统的数据采集和控制 …… 56
　4.2.1 数据点介绍 ……………………… 57
　4.2.2 数据点应用 ……………………… 60
4.3 TDC3000 系统的软件组态 ………… 68
　4.3.1 组态说明 ………………………… 68
　4.3.2 组态字的构成 …………………… 68
　4.3.3 组态步骤 ………………………… 69
　4.3.4 组态实例 ………………………… 72
　4.3.5 多功能控制器的
　　　　其他几种组态功能 ……………… 72
小结 …………………………………………… 80
习题 …………………………………………… 80

第 5 章 集散型控制系统的设计与应用 … 82

5.1 集散型控制系统的设计 ……………… 82
　5.1.1 总体设计 ………………………… 82

　5.1.2 初步设计 ………………………… 83
　5.1.3 详细设计 ………………………… 85
5.2 集散型控制系统的
　　评价准则与选择原则 ………………… 86
　5.2.1 技术性能评价 …………………… 86
　5.2.2 使用性能评价 …………………… 88
　5.2.3 可靠性与经济性评价 …………… 89
　5.2.4 DCS 的选择原则 ………………… 90
5.3 集散型控制系统的
　　调试、安装与验收 …………………… 91
　5.3.1 集散型控制系统的调试 ………… 91
　5.3.2 集散型控制系统的安装 ………… 91
　5.3.3 集散型控制系统的验收 ………… 92
5.4 集散型控制系统的应用实例 ………… 92
　5.4.1 TDC3000 在大型炼油厂中
　　　　的应用 …………………………… 92
　5.4.2 某火力发电厂 200MW 发电机组
　　　　热工系统的 DCS 控制 ………… 95
小结 …………………………………………… 96
习题 …………………………………………… 97

第 6 章 现场总线技术及其应用 ………… 98

6.1 现场总线的基本概念 ………………… 98
6.2 现场总线的结构与特点 ……………… 99
　6.2.1 现场总线的结构 ………………… 99
　6.2.2 现场总线的技术优势 …………… 101
6.3 常用的现场总线 ……………………… 101
　6.3.1 基金会现场总线 ………………… 101
　6.3.2 CAN 总线 ………………………… 103
　6.3.3 局部操作网络 LonWorks ……… 104
　6.3.4 PROFIBUS 总线 ………………… 105
　6.3.5 HART 总线 ……………………… 107
　6.3.6 常用现场总线性能对比 ………… 108
　6.3.7 其他现场总线简介 ……………… 108
6.4 现场总线控制系统的组态 …………… 110
　6.4.1 使用 NI-FBUS Configurator 对
　　　　FF 系统进行组态 ……………… 110
　6.4.2 使用 Smar SYSCON 组态软件
　　　　创建基于 FF 的应用系统 ……… 118
6.5 现场总线系统的应用实例 …………… 130

6.5.1 CAN 总线在电梯控制系统中的应用 …………………… 131
6.5.2 Smar 现场总线在乙腈精制装置上的应用 …………………… 133
6.5.3 LonWorks 技术在电力自动抄表系统中的应用 …………………… 135
6.5.4 现场总线控制系统的集成 ……… 137
6.5.5 OPC 技术简介 …………………… 138
小结 …………………………………………… 139
习题 …………………………………………… 140

第 7 章 DCS、PLC、FCS 三大控制系统的主要特点及异同点 ………… 141

7.1 DCS、PLC、FCS 三大控制系统的主要特点 …………………………… 141
7.1.1 DCS 的主要特点 ………………… 141
7.1.2 PLC 的主要特点 ………………… 141
7.1.3 FCS 的主要特点 ………………… 142
7.2 DCS、PLC、FCS 三大控制系统的主要差异 …………………………… 142
7.2.1 DCS 与 PLC、FCS 控制系统的区别 …………………………… 142
7.2.2 DCS、PLC、FCS 三大控制系统的设计、投资和使用 ……………… 144
7.2.3 DCS、PLC、FCS 三大控制系统的发展方向 …………………… 145
小结 …………………………………………… 145
习题 …………………………………………… 146

附录 ………………………………………… 147
附录 A 几个典型 DCS 简介 …………… 147
附录 B 集散型控制系统及现场总线常用词汇中英文对照表 ………… 152

参考文献 …………………………………… 157

第 1 章 绪 论

1.1 计算机过程控制系统的基本概念及组成

所谓计算机过程控制系统，是指由被控对象、测量变送装置、计算机和执行装置组成，以实现生产过程闭环控制为目的的系统。它综合了现代的计算机过程控制技术和传统的生产工艺过程控制技术。

计算机过程控制系统能够完成数据采集与处理、顺序控制与数值控制、直接数字控制与监督控制、最优控制与自适应控制、生产管理与经营调度等任务，它的出现不仅给企业带来巨大的经济效益和社会效益，而且给工业生产带来革命性的变化。

计算机过程控制系统的典型结构图如图 1-1 所示，由于描述工业生产过程特性的物理量大部分是模拟量，例如温度、压力、流量等，而计算机采用的信号是数字信号，所以，为了实现模拟信号与数字信号之间的转换，必须采用模-数（A-D）转换器和数-模（D-A）转换器。

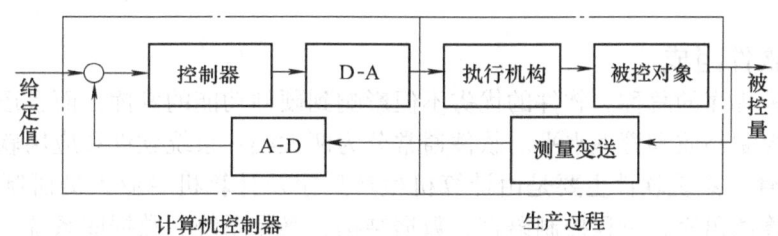

图 1-1 计算机过程控制系统的典型结构图

虽然工业生产过程形式多种多样，但是计算机过程控制系统的组成却基本一致，都是由计算机控制器和生产过程组成，而计算机控制器则由硬件和软件两部分组成。

1.1.1 硬件组成

计算机过程控制系统的硬件组成主要包括主机、外围设备（含人机交互设备）、过程输入/输出设备（含通信设备）等，如图 1-2 所示。

1. 主机 主机由中央处理器（CPU）和内存储器（ROM、RAM）组成，它是控制系统的核心。其中 CPU 是主机的核心，CPU 的功能直接关系到控制系统的性能品质。

CPU 主要由运算器和控制器组成。运算器主要进行数据处理和运算；控制器则对计

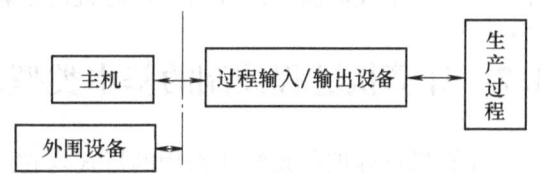

图 1-2 计算机过程控制系统的硬件示意图

机的各部分进行控制,并按程序的要求使计算机执行各种操作。

内存储器,简称内存,用于存放程序和数据,它分为 ROM、RAM 两种。两者区别为:RAM(也称随机存储器)所存储的信息会因电源的消失而丢失,且信息随时可能被更改,一般存储用户的应用程序和数据;ROM(又称只读存储器)所存的信息不会因电源的消失而丢失,且内容不能被更改,一般存储计算机的系统程序。

2. 外围设备 外围设备按功能分为输入设备、输出设备和外存储器。输入设备主要用于输入程序、数据和操作命令,常用的输入设备有键盘、鼠标;输出设备主要以字符、曲线、表格、图形来反映生产过程的工况及其控制状态,常用的输出设备有打印机、显示器等;外存储器主要用来存储容量比较大的用户程序和数据,常用的外存储器有磁盘、U 盘等。

3. 过程输入/输出设备(I/O 设备) 计算机与生产过程之间的信息传递是通过过程输入/输出设备进行的。过程输入设备包括模拟量输入通道(简称 A-D 通道)和开关量输入通道(简称 DI 通道),它们分别用于输入生产过程的模拟信号(如温度、压力、流量等)、开关量信号或数字信号。过程输出设备包括模拟量输出通道(简称 D-A 通道)和开关量输出通道(简称 DO 通道),它们分别用于输出控制生产过程的模拟信号、开关量信号或数字信号。过程输入/输出设备的功能归纳如下:

1) 模拟量输入通道是把模拟信号转换成数字信号后再输入到主机。
2) 开关量输入通道是直接输入开关量信号或数字量信号到主机。
3) 模拟量输出通道是把数字信号转换成模拟信号后再控制生产过程。
4) 开关量输出通道是直接输出开关量信号或数字量信号去控制生产过程。

1.1.2 软件组成

软件是各种程序的总称。软件的优劣不但影响到硬件功能的发挥,而且还影响到计算机对生产过程的控制品质和管理水平。软件通常分为两大类:系统软件和应用软件。

1. 系统软件 系统软件主要是由计算机生产厂家及计算机专业人员研制开发,包括汇编语言、高级算法语言、过程控制语言、数据结构、操作系统、数据库系统、通信网络软件和诊断程序等。

2. 应用软件 应用软件是系统设计人员针对某个生产过程而编制的控制和管理程序,包括过程输入程序、过程输出程序、过程控制程序、人机接口程序、打印和显示程序以及各种公共子程序等,其中过程控制程序是应用软件的核心。计算机过程控制系统的设计人员只需会使用应用软件即可。

一个计算机过程控制系统要能够实现对生产过程进行实时的控制和管理。所谓实时就是指信号输入、运算和输出都要在极短的时间内完成,并能根据生产过程工况及时地进行处理。实时性不仅取决于硬件指标,而且还依赖于高性能的系统软件和应用软件。

1.2 计算机过程控制的基本类型及其特点

计算机过程控制系统所采用的形式与它所控制的生产过程的复杂程度有着密切关系,不同的控制系统和不同的被控对象,要求有不同的控制策略。这样,从过程控制的结构角度来看,计算机过程控制系统基本上可分成以下几种类型。

1.2.1 操作指导控制系统

操作指导控制系统的结构如图1-3所示。该系统不仅具有数据采集和处理的功能,而且还能够为操作人员提供反映各种生产过程工况的数据,并且给出相应的操作指导信息,供操作人员参考。

该控制系统属于开环控制。首先,计算机通过模拟量输入通道和开关量输入通道实时地采集数据,然后,根据一定的控制或管理方法进行计算,通过显示器或打印机输出信息,最后,由操作人员根据这些信息去改变模拟调节器的给定值或直接操作执行装置。

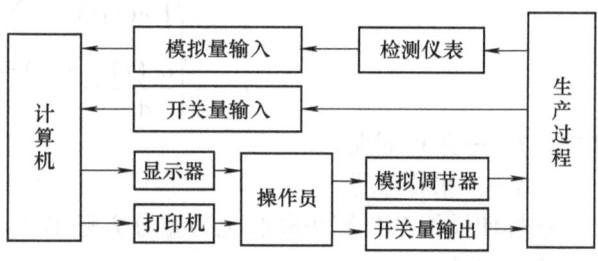

图1-3 操作指导控制系统的结构

操作指导控制系统的优点是结构简单,控制灵活和安全;缺点是需要人工操作,速度受限制,控制回路少。

在操作指导控制系统中,模拟调节器是整个控制系统的核心,其中模拟PID调节器的控制算法为

$$u(t) = k_\mathrm{p}\left[e(t) + \frac{1}{T_\mathrm{I}}\int_0^t e(t)\,\mathrm{d}t + T_\mathrm{D}\frac{\mathrm{d}e(t)}{\mathrm{d}t}\right] \tag{1-1}$$

式中 $u(t)$——调节器的输出量;

$e(t)$——给定量与被控量的偏差;

k_p——比例增益系数;

T_I——积分时间常数;

T_D——微分时间常数。

在式(1-1)中,只包含第一项时称为比例(P)作用;只包含第二项时称为积分(I)作用;只包含第三项时称为微分(D)作用;只包含第一、二项的是比例积分(PI)作用;只包含第一、三项的是比例微分(PD)作用;同时包含这三项的是比例积分微分(PID)作用。

在PID控制算法中,比例作用是最基本的、不可缺少的,但有余差存在;加入积分作用后,能提高控制精度,消除余差;加入微分作用,则起到加速控制作用。至于在实际控制工程中究竟采用哪种控制算法,则视具体控制对象和操作工艺而定。

1.2.2 直接数字控制系统

直接数字控制(Direct Digital Control,DDC)系统的示意图如图1-4所示。计算机首先通过模拟量通道(A-D)和开关量输入通道(DI)实时采集数据,然后按照一定的控制规律进行计算,最后发出控制信号,并通过模拟量输出通道(D-A)和开关量输出通道(DO)直接控制生产过程。DDC系统属于计

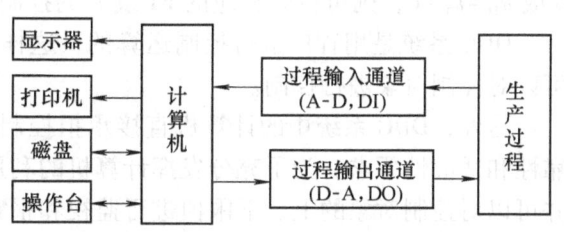

图1-4 直接数字控制系统的示意图

算机闭环控制,是计算机在工业生产中最普遍的一种应用形式。

在直接数字控制系统中最常用的控制算法是离散的 PID 控制算法,它是在采样周期 T 相当短时,用矩形法代替积分项,用向后差分法代替微分项,即

$$\begin{cases} \int_0^t e(t)\,\mathrm{d}t \approx \sum_{i=0}^{k} Te(i) \\ \dfrac{\mathrm{d}e(t)}{\mathrm{d}t} \approx \dfrac{e(k)-e(k-1)}{T} \end{cases} \tag{1-2}$$

式中　T——采样周期;
　　　k——采样序号。

这样使模拟 PID 算法离散化为差分方程形式。离散 PID 控制算法分为位置式、增量式和速度式三种。

位置式 PID 算法:

$$\begin{aligned} u_k &= k_\mathrm{P}\left[e_k + \dfrac{T}{T_\mathrm{I}}\sum_{i=0}^{k} e(i) + \dfrac{T_\mathrm{D}}{T}(e_k - e_{k-1})\right] \\ &= k_\mathrm{P}e_k + k_\mathrm{I}\sum_{i=0}^{k} e(i) + k_\mathrm{D}(e_k - e_{k-1}) \end{aligned} \tag{1-3}$$

式中　e_k——第 k 次采样值的偏差值;
　　　k_I——积分系数,其中 $k_\mathrm{I}=k_\mathrm{P}\dfrac{T}{T_\mathrm{I}}$;
　　　k_D——微分系数,其中 $k_\mathrm{D}=k_\mathrm{P}\dfrac{T_\mathrm{D}}{T}$。

增量式 PID 算法:

$$\begin{aligned} \Delta u_k &= k_\mathrm{P}(e_k - e_{k-1}) + k_\mathrm{I}e_k + k_\mathrm{D}(e_k - 2e_{k-1} + e_{k-2}) \\ &= k_\mathrm{P}\Delta e_k + k_\mathrm{I}e_k + k_\mathrm{D}(\Delta e_k - \Delta e_{k-1}) \end{aligned} \tag{1-4}$$

式中　Δu_k——第 k 次输出的偏差校正值;
　　　Δe_k——第 k 次采样值的偏差校正值,其中 $\Delta e_k = e_k - e_{k-1}$。

速度式 PID 算法:

$$v_k = \dfrac{\Delta u_k}{T} = \dfrac{k_\mathrm{P}\Delta e_k}{T} + \dfrac{k_\mathrm{I}e_k}{T} + \dfrac{k_\mathrm{D}(\Delta e_k - \Delta e_{k-1})}{T} \tag{1-5}$$

在一般生产过程中,计算机输出的 u_k 直接去控制执行机构(如阀门、步进电动机等),所以,离散 PID 算法的位置式是根据偏差计算结果去控制执行机构的位置(如阀门的开度),PID 算法的增量式则是根据偏差计算的结果去控制执行机构位置的增量,而 PID 算法的速度式则根据偏差变化率计算执行机构位置的增量变化程度。在式(1-2)~式(1-5)中,若令 $k_\mathrm{D}=0$ 或 $k_\mathrm{D}=k_\mathrm{I}=0$,则可得到相应的 PI 或 P 的控制算式。

DDC 系统是用程序进行控制运算的,这样的控制方式既灵活又经济,只需改变程序就可以对控制对象进行控制。

另外,DDC 系统中的计算机直接承担控制任务,所以系统可以满足较高的实时性、可靠性和适应性要求。为了充分发挥计算机的利用率,一台计算机通常可以控制几百个回路,并可以对控制对象的上、下限值进行监视和报警,所以就要求合理地设计应用软件,使之尽可能高效地完成系统的控制功能。

1.2.3 计算机监督控制系统

计算机监督控制(Supervisory Computer Control,SCC)通常采用两级计算机系统。系统的结构如图 1-5 所示，即 SCC 计算机加上 DDC 的分级控制计算机，其中 DDC 计算机(称为下位机)完成上述直接数字控制的功能；SCC 计算机(称为上位机)则根据生产过程工况的数据和数学模型情况进行必要的计算，给 DDC 计算机提供各种控制信号，诸如最佳给定值等。

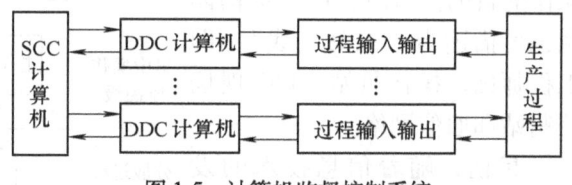

图 1-5 计算机监督控制系统

DDC 计算机与生产过程直接相连，承担着控制任务并能独立工作，因此，要求它的可靠性高，抗干扰能力强，一般选用可编程序控制器(PLC)和智能仪器作为 DDC 控制器。

SCC 计算机承担着高级控制与管理任务，它的信息存储量大，计算任务繁多，一般选用高配置微型机或小型工控机。

计算机监督控制系统是根据合理的数学模型，选择最优化控制方案来计算设定值，并按计算的设定值，由 DDC 去调节生产过程。因此，计算机监督控制系统的控制效果的好坏，主要取决于数学模型、算法和程序。

1.2.4 集散型控制系统

像操作指导控制系统、直接数字控制系统等这样的过程控制系统，虽然具有可靠性高、操作简单等优点，但是，随着生产规模的扩大化和工艺过程的复杂化，它的局限性也逐渐显露出来，会出现像难以实现多变量相关联对象的控制，各子系统之间的信号联系困难，控制回路增多、难以集中显示和操作等问题。

因此，随着计算机技术的发展，出现了一种新型的控制，即以分而自治和综合协调为设计原则的分散控制、集中操作、分层管理的控制系统。这种具有功能分散、危险分散、管理集中、应用灵活的控制系统称为集散型控制系统(Distributed Control System,DCS)。集散型控制系统吸取了操作指导控制系统和直接数字控制系统的优点，将控制功能和危险分散，而将参数显示和操作高度集中。

1975 年美国霍尼韦尔(HoneyWell)公司首先推出世界上第一台 DCS——TDC2000 集散型控制系统。此后，欧、美、日等国的仪表公司纷纷研制出各自的集散型控制系统，比较著名的有美国福克斯波罗(FOXBORO)公司的 SPECTRUM 系统、美国贝利控制(Bailey Controls)公司的 Network90、英国肯特(Kent)公司的 P4000、德国西门子(SIEMENS)公司的 TELEPERM 以及横河(YOKOGAWA)公司的 CENTUM 等。

20 世纪 80 年代，微处理器运算能力的增强，超大规模集成电路集成度的提高和成本的降低，给过程控制的发展带来新的面貌，推动了以微处理器为基础的过程控制设备和集散型控制系统、可编程序控制器和过程变送设备等的发展，出现了第二代、第三代 DCS 产品。

20 世纪 90 年代，DCS 发展迅猛，出现了生产过程控制系统与信息管理系统相结合的管控一体化的新一代 DCS，它使 DCS 产品的质量和产量提高，成本和能耗下降，从而使经济效益明显提高。

典型集散型控制系统的结构如图 1-6 所示。这是一个具有许多微处理器的分级控制系统,通过数据高速公路,实现了控制系统的功能分散、负荷分散、危险分散,控制与管理集中操作的目的。有时,DCS 结构体系也可描述为"三站一线",即工程师站、操作员站、I/O 现场控制站和通信网络。

目前,随着信息技术的发展,企业对 DCS 提出了许多新的要求,使集散型控制系统向两个方向发展,一个方向是向上发展,即向计算机集成制造系统(Computer Integrated Manufacturing System,CIMS)、计算机集成过程系统(Computer Integrated Process System,CIPS)方向发展;另一个方向是向下发展,即向现场总线控制系统方向发展(FieldBus Control System,FCS),如 ABB 公司的 Industrial IT 系统、HoneyWell 公司最新推出的 Experion PKS(过程知识系统)、SIEMENS 公司的 PCS7 系统、Emerson 公司的 PlantWeb(Emerson Process Management)、FOXBORO 公司的 I/A Series、合利时公司的 HOLLiAS 系统等。

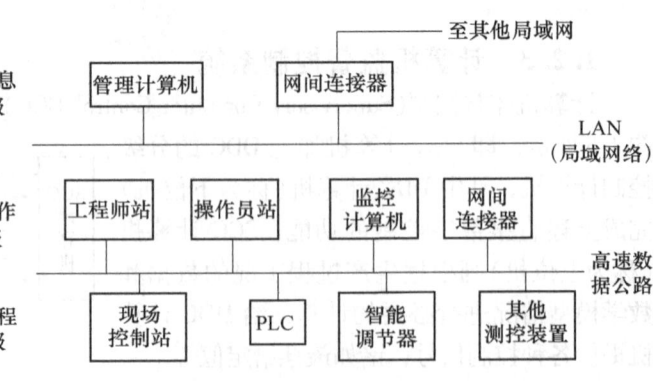

图 1-6 典型集散型控制系统的结构图

1.2.5 现场总线控制系统

现场总线控制系统(FCS)是新一代分布式控制系统。FCS 是在 DCS 的基础上发展起来的,它对 DCS 系统的结构进行了调整,将原来的三层结构模式调整为两层结构模式,将控制站的部分控制功能下移分散到各个现场仪表级,使控制站可以集中处理复杂的控制算法,更好地体现"功能分散,危险分散,信息集中"的思想;克服了由于各厂商生产的 DCS 之间标准不一致所造成的各系统之间不能互联的缺陷,实现了真正的开放式互联系统结构。图 1-7 所示为由 DCS 扩充而成的现场总线控制系统。

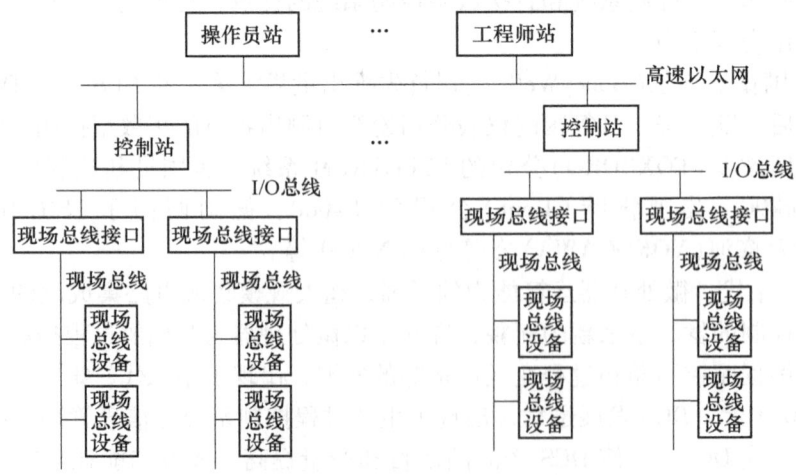

图 1-7 现场总线控制系统

现场总线的应用给传统的信号标准、通信标准、系统标准和自控系统的体系结构、设计方法、安装调试方式等带来崭新的思路，对传统的控制系统结构和实现控制与维修的方法带来全新的概念。虽然 FCS 出现的时间不长，但它的应用却大大地降低了控制系统的投资，明显地提高了控制质量，极大地丰富了信息系统的内容，显著地改善了系统的集成性、开放性和互操作性。因此，现场总线控制系统已经成为当今全球自动控制技术的热点，被誉为跨世纪的自动控制系统。

1.3 计算机过程控制的发展状况

世界上第一台电子计算机于 1946 年在美国诞生，之后经过十多年的研究，世界上第一台过程控制计算机于 1959 年在美国德克萨斯州的 Port Arthur 炼油厂正式投入运行。该系统控制 26 个流量、72 个温度、3 个压力和 3 个成分。其基本功能是控制反应器的压力为最小，确定 5 个反应器进料量最优分配，并根据催化作用控制热水流量以及确定最优循环。此后，计算机过程控制系统的发展速度异常迅猛，归纳起来大致经历以下几个阶段。

第一阶段，早期的计算机过程控制系统中的计算机采用电子管，不仅运算速度慢，成本高，而且体积大，软、硬件功能差，运行不可靠。所以，仅用于数据处理和操作指导，过程控制仍以模拟调节为主。

第二阶段，随着晶体管等半导体技术的发展，计算机的运算速度和可靠性大幅度提高。1962 年英国的帝国化学工业公司(ICI)成功地采用了直接数字控制系统，由计算机控制代替了模拟调节，数据采集量达到 244 个，控制阀门数达到 129 个，控制功能大大地提高了。

第三阶段，20 世纪 70 年代，随着微型计算机的出现，计算机过程控制进入了新时代，1975 年美国 HoneyWell 公司首先推出 TDC2000 集散型控制系统，标志着从传统的集中控制系统向集散型控制系统发展；过程控制从单机的监督、直接数字控制发展到集散型控制系统和计算机集成制造系统(CIMS)。

第四阶段，20 世纪 80 年代，超大规模集成电路(VLSI)技术的飞速发展，使得计算机向着超小型化、软件固化和控制智能化的方向发展。20 世纪 90 年代的 DCS 系统以 CIMS 为目标，以新的控制方法、智能化仪表、专家系统和局域网等新技术为手段，实现过程控制自动化与信息管理自动化相结合的管控一体化的综合集成系统。

随着超大规模集成电路技术、软件智能技术和自动控制理论的发展，计算机过程控制技术将会出现更加惊人的飞跃。

 小 结

本章首先介绍了计算机过程控制的基本概念，对计算机过程控制的各个主要组成部分进行了较深入的讨论，从而对计算机过程控制有一个较全面的认识和了解。

其次，详细介绍了计算机过程控制的几个常用的典型系统以及它们的特点，着重

介绍了计算机过程控制系统最基本的 PID 控制器，包括它的作用和几种控制算法。

最后，通过介绍计算机过程控制的发展史，展望了计算机过程控制的发展趋势——集散型控制系统和现场总线控制系统。

习 题

1.1 什么是计算机过程控制系统？它由哪几部分组成？通过具体示例说明。

1.2 计算机控制工业生产过程有哪些类型？

1.3 计算机控制系统的硬件一般有哪几大主要组成部分？各部分是怎样互相联系的？其中过程输入设备有几种基本类型？它们在系统中起什么作用？

1.4 直接数字控制系统的硬件由哪几部分组成？

1.5 数字 PID 控制算法有几种形式？各有什么特点？

1.6 试推导计算机控制系统 PI 控制算法的位置式、增量式和速度式。

1.7 试推导计算机控制系统 PD 控制算法的位置式、增量式和速度式。

1.8 集散型控制系统产生的原因是什么？为什么集散型控制系统能得到广泛应用？

1.9 与直接数字控制系统相比较，集散型控制系统的优点是什么？

1.10 集散型控制系统的发展方向是什么？

1.11 写出下列缩略词的中、英文名称：

SCC DDC DCS CIMS FCS

第 2 章　集散型控制系统(DCS)导论

2.1　DCS 的基本概念

集散型控制系统又称分布式控制系统，是计算机技术(Computer)、通信技术(Communication)、图形显示技术(CRT)、控制技术(Control)(简称 4C 技术)相融合的产物。它是通过某种通信网络将现场控制站、操作员站、工程师站联系起来，共同完成分级控制、集中管理的综合控制系统。它的基本设计思想是将控制系统的危险分散、控制功能分散、而操作和管理集中。经过多年的研究，美国 HoneyWell 公司于 1975 年 11 月成功推出了第一套 DCS——TDC2000 型集散控制系统，它克服了原有集中式 DDC 危险集中和常规模拟仪表控制功能单一等缺点。

近年来，随着科学技术的不断发展，DCS 不仅具有强大的控制功能和极高的可靠性，而且人机对话十分便捷，能够实现各种类型数据的采集与处理，完成各种高级的、复杂的控制。

2.2　DCS 的结构组成及特点

2.2.1　DCS 的结构组成

集散型控制系统的基本结构如图 2-1 所示。它由过程控制单元、数据采集器、CRT 操作站、监控计算机以及高速数据通路五部分组成。

1. 过程控制单元　过程控制单元(Process Control Unit,PCU)，又称现场控制站或基本控制器。它是 DCS 的核心部分，对生产过程可进行较复杂的闭环控制，可以完成一个或多个回路的控制，可实现顺序控制、逻辑控制和批量控制。

2. 数据采集器　数据采集器(Data Acquisition Unit,DAU)，又称过程接口单元(Process Interface Unit,PIU)。它是为生产过程中存在的非控制变量设置的采集装置，它不但可以完成数据的采集及预处理，还可以对实时数据进行进一步加工处理，供 CRT 操作站显示和打印，以实现开环监视。

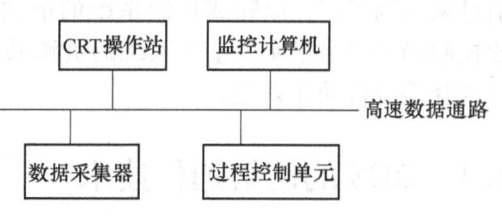

图 2-1　DCS 的基本结构

3. CRT 操作站　CRT 操作站是 DCS 与外界联系的人机接口装置，除了显示控制过程中各种类型的信息、监视操作、输出报表，还可以对 DCS 的 PCU 和 PIU 进行组态，实现系统的操作和管理。

CRT 操作站有操作员键盘和工程师键盘之分。操作员键盘供操作人员使用，具有调出有关控制画面并进行修改、设定等功能。工程师键盘供技术人员进行组态使用，具有实现监控点的各种控制画面、报警清单、实时数据库及打印报表等功能。

4. 监控计算机　监控计算机又称管理计算机（Manger Computer，MC），也称上位机，是 DCS 的主机，它综合监视 DCS 的各单元，管理 DCS 的所有信息，具有进行大型复杂运算的能力，并具有多输入、多输出的控制功能，以实现系统的最优控制和全厂的优化管理。

5. 高速数据通路　高速数据通路（Data HiWay，HW）是一种具有高速通信能力的信息总线。一般由双绞线、同轴电缆或光导纤维组成。它将过程控制单元、操作站、监控计算机等设备连接成一个完整的 DCS，以一定的速率在各单元之间完成数据、指令及其他信息的传递。另外，还将 HW 设置成冗余结构，以提高信息传输的可靠性。

2.2.2　DCS 的特点

与一般的计算机控制系统相比，多层分级、合作自治结构形式的 DCS 具有以下特点：

1. 高可靠性　大多数 DCS 采用成熟技术、模块化技术和冗余技术，具有极高的可靠性。其可靠性主要表现在：系统结构采用容错设计，所有硬件采用冗余备份设计，具有完善的系统硬件自诊断功能，配置高性能的元器件。

2. 灵活的扩展性　DCS 的硬件、软件的设计均具有标准化、模块化和开放性等特点。这种积木式的系统结构可根据用户要求灵活配置成规模不同的系统。系统采用组态方式，通过填写一些表格，即可实现控制回路的修改、系统生成、系统选型等软件设计。

3. 完善的自主控制性　DCS 多采用分层式结构，从整体逻辑结构上讲，是一个分支树结构。按系统结构进行纵向分解，它可分为过程控制级、控制管理级和生产管理级。各级之间既相互独立又相互联系，每一级又可横向分解为若干个子集。

从功能分散的角度看，纵向分散意味着不同级的设备具有不同的功能，如实时控制、实时监控和生产管理等；横向分散则意味着在同级上的设备有类似的功能。

按照上述思想所设计的 DCS 硬件和软件正是贯彻了集中又分散的 DCS 设计原则。

4. 完善的通信网络　通信网络是 DCS 的神经中枢，各工作站间通过通信网络传递各种信息来协调工作，以完成控制系统的最优控制和管理。DCS 通过实时性强、安全可靠的工业控制局部网络来实现整个系统的资源共享，将 DCS 与信息管理系统连接起来，就可以扩展成为综合自动化系统。

2.3　DCS 的网络通信技术

DCS 是 4C 技术的产物，网络通信在 DCS 中占有重要的位置。因此，本节将重点介绍与 DCS 有关的网络通信知识。

2.3.1　计算机网络的定义

计算机网络是将地理位置不同，而且具有独立功能的多个计算机系统，通过通信设备和线路连接起来，由功能完善的网络软件（网络协议、信息交换方式、控制程序和网络操作系统）实现网络资源（硬件、软件、信息）共享的系统。

从所覆盖的地域范围大小来分类，计算机网络可划分为远程网、局部网和分布式多处理机三类。远程网的传输距离可达数千米以上，分布式多处理机的传输距离仅限于几米以内，而局部网的传输距离介于两者之间，约几百米到几千米。

2.3.2 网络结构及其特点

就通信网络而言，所谓计算机网络结构就是它的"拓扑结构"。它是指网络的节点与主机之间实现互连的方式，如图2-2所示。其中方框代表网络中的计算机，又称主机；圆圈代表主机与通信线路之间的接口，又称节点；节点之间的通信线路称为通信链路。通常把节点和通信链路的集合统称为通信子网，而把所有主机统称为资源子网。

通信子网分为点对点子网和广播子网两种。点对点子网的特点是：每一条通信链路只连接一对节点。如果不是在同一条链路上的两个节点之间要通信，必须经过一些中间节点进行间接通信，这些中间节点将信息接收下来，经过一段时间的存储后，再转发到其他链路上，因此，点对点子网又称存储转发子网。点对点子网的拓扑结构主要有全连接、星形连接、环形连接、树形连接以及不规则连接等形式，如图2-3

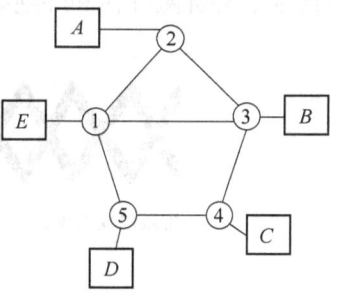

图2-2 计算机网络

所示。而广播子网的特点是所有节点共享单一的通信媒体，任何一个节点发出的信息都能直接被所有节点接收到，而不需经过中间节点的转接，因此，又称多点共享。广播子网有无线和有线两种传播方式。其中总线网和环形总线网是有线广播子网的常见拓扑结构，如图2-4所示，其中图2-4a为总线网，图2-4b为环形总线网。

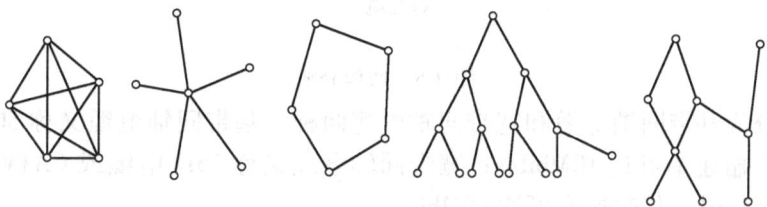

图2-3 点对点子网拓扑结构

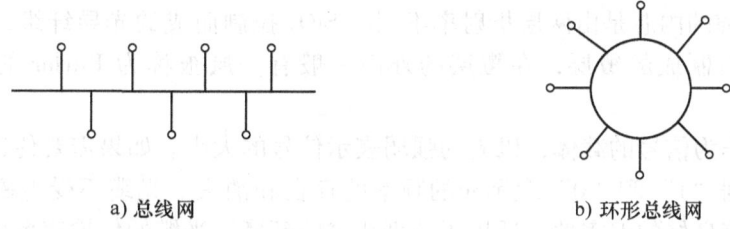

a) 总线网　　　　　　　　　　　b) 环形总线网

图2-4 广播子网拓扑结构

2.3.3 通信介质

通信介质又称传输介质或信道，是指连接网上各节点之间的物理信号通路。常见的通信介质有双绞线、同轴电缆和光缆三种。图 2-5 所示为部分通信介质。

1. 双绞线 将两根平行导线按一定节距绞合在一起,外面包裹金属箔屏蔽层或绝缘防护层的信号线称为双绞线,如图 2-5a 所示。将相邻两根导线绞扭在一起,可以有效地抑制电磁干扰。双绞线频带宽为 15kHz 或更宽。由于其分布电容较大,因此不适合传输高频信号,但对低频噪声有较好的抑制能力。双绞线的价格比同轴电缆便宜得多,安装成本也不高,多用于点对点子网中。

2. 同轴电缆 同轴电缆的结构如图 2-5b 所示。它由内导体、用于固定内导体的电介质绝缘层、外屏蔽导体和外绝缘层构成。信号通过内导体和外屏蔽导体传输。

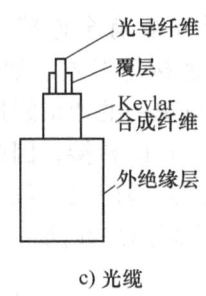

c) 光缆

图 2-5 通信介质

同轴电缆分为基带同轴电缆和宽带同轴电缆两种。基带同轴电缆又称 50Ω 电缆,只传输数字信号,传输速率可达 10Mbit/s;宽带同轴电缆又称 75Ω 电缆或 CATV 同轴电缆,能传输模拟和数字信号,传输速率可达 50Mbit/s。

同轴电缆的传输距离为几千米。它的抗干扰能力比双绞线好,可传输中、高频信号,同轴电缆价格介于双绞线与光缆之间,多用于广播子网中。

3. 光缆 光缆的内芯是由两层折射率不同的 SiO_2 拉制而成的光导纤维,外面敷有一层玻璃或聚丙烯材料制成的覆层,在覆层的外面一般有一层被称为 Kevlar 的合成纤维,如图 2-5c 所示。

光缆是以光作为信号的载体,以光的强弱表示信号的大小。如果需要传送的信号为数字信号,通常以数据"1"和"0"表示光的频率的存在和消失。光缆不受电磁场的影响,抗干扰能力强,具有良好的保密性,适用于特别恶劣的环境。光缆的传输速率可达每秒几千兆比特,传输距离 6~8km。光缆具有重量轻、体积小、安装较简单的特点,但价格较昂贵。

2.3.4 数据通信

通信的目的就是传输信息(如语言、文字、数码、符号、图像等)。传输信息的实体就是数据,它分为数字数据和模拟数据两种。例如计算机内部传递的二进制数序列就是数字数据，而图像、声音就是模拟数据。传输数据的载体称为信号，因此它也分为模拟信号和数字信号。

信息的传送有以下 4 种组合形式：

1. 模拟数据的模拟信号传送　例如人的说话声音频率范围集中在 300~3400Hz 之间，普通电话系统可以直接把人的语言模拟信号转换为这一频率范围的模拟信号进行传送。

2. 模拟数据的数字信号传送　实现模拟数据的数字信号传送的最常用方法是脉冲编码调制（Pulse Code Module,PCM）。根据采样定理，在固定的时间间隔内，以高于两倍最高有效信号频率的速率对模拟数据信号进行采样，所得离散信号几乎可包含信号的全部信息，因此，可用低通滤波器复现原信号。为达到一定的精度要求，采样所得到的电平幅值需要进行量化，转换成相应的数字量，再通过编码形成二进制数字信号进行传输。例如 DCS 中将过程信号经 A-D 转换器转换成数字编码，再输出到 CRT 操作站或监控计算机中。

3. 数字数据的模拟信号传送　选用某一频率的音频模拟信号作为载波，将数字信息调制成载波模拟信号来实现数字数据的模拟信号传送。常用的调制方式分为调幅键控（Amplitude Shift Keying,ASK）、调频键控（Frequency Shift Keying,FSK）、调相键控（Phase Shift Keying,PSK）3 种。图 2-6 所示为 3 种调制方式的信号关系。

在调幅键控方式中，通常用两种不同幅度来表示二进制数据，例如取二进

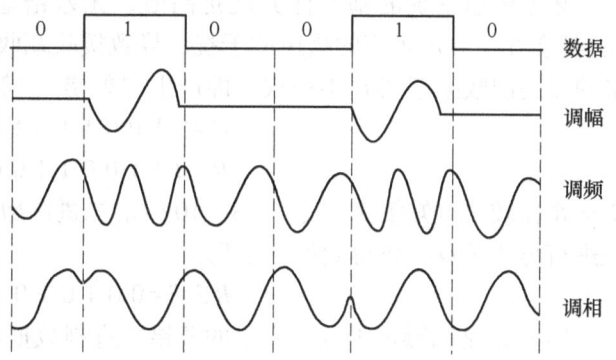

图 2-6　3 种调制方式

制数据"0"时用低幅度表示，取二进制数据"1"时用高幅度表示；在调频键控方式中，用两种不同频率的载波表示二进制数据，例如取二进制数据为"1"时的载波为高频，取二进制数据为"0"时的载波为低频；在调相键控方式中，用载波的相位变化来表示数字数据。例如，若用 0°相位表示二进制数据"0"，则用 180°相位表示二进制数据"1"。

4. 数字数据的数字信号传送　计算机之间的信号传送是通过数字数据以数字信号形式在并行或串行总线之间完成的。实现数字数据的数字信号编码方法有多种，常用的 3 种编码方式是不归零制编码（NRZ）、曼彻斯特（Manchester）编码和差分曼彻斯特编码，如图 2-7 所示。不归零制编码是利用低电平表示二进制数"0"、高电平表示二进制数"1"来实现对数

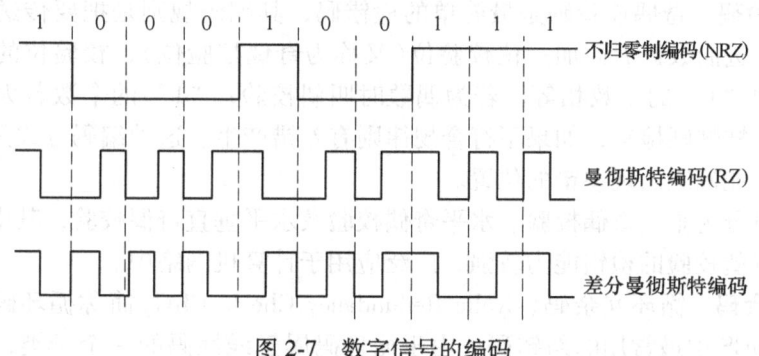

图 2-7　数字信号的编码

字数据的编码,但这种编码含有直流成分,不利于信号的稳定传输;曼切斯特编码又称为归零制编码(RZ),它是在每一位二进制代码(又称为码元)的中间有一个跳变。例如由低电平跳到高电平表示数字"0",由高电平跳到低电平表示数字"1",接收端可以依据跳变信号来同步,并分离出数字信号。还有一种是曼切斯特编码的变种叫差分曼切斯特编码,它的编码规则是:若码元为"1",则其前半个码元的电平与上一个码元的后半个码元的电平一样;若码元为"0",则其前半个码元的电平与上一个码元的后半个码元的电平相反。不论码元是"1"还是"0",在每个码元的正中间一定有一次电平的转换。差分曼切斯特编码技术较复杂,但可以获得较好的抗干扰性能。这两种曼切斯特编码方法都不含有直流成分,且有同步信号,因此,在数字通信中得到广泛应用。

2.3.5 数据传输中的差错控制

数据传输系统的基本任务就是高效、无差错地传送数据,但任何传输信道(或传输过程)都会存在一定程度的噪声或干扰,导致接收端收到的二进制数据序列 R 与发送端发送出来的二进制数据序列 C 不一致,即产生"差错"。例如:

$$C = 0 1 0 0 1 1 0 1 0 1 1 \cdots$$
$$R = 0 1 1 0 0 1 1 0 0 0 1 \cdots$$

C 与 R 比较,可知第3、5、7、8、10位的二进制数据发生了错误。若将 C 和 R 的各个对应位进行异或运算,将得到如下序列:

$$E = R \oplus C = 0 0 1 0 1 0 1 1 0 1 0 \cdots$$

序列 E 是因噪声干扰而产生的差错二进制数据序列(简称差错码),其中"1"表示错误位,"0"表示正确位。

引起差错的噪声有两类:一类是由分子热运动引起的白噪声;另一类是由来自各种电磁干扰引起的冲击噪声。白噪声能在信道中引起随机错误,而冲击噪声则可造成突发错误。

为了实现无差错通信,DCS 采用信息冗余技术,以提高检错和纠错能力。在数据通信中,利用抗干扰编码实现差错控制的基本方式有:自动纠错、检错重发以及二者混合纠错(简称 HRC)。抗干扰编码是常见的纠错和差错控制方法。它是按一定规则在二进制数据上加冗余码,然后一起发送,在接收端按相应规则检查二进制数据和冗余码的关系,从而发现是否有差错,甚至自动纠正差错。只能检测错误不能纠正错误的抗干扰编码称为检错码。具有自动纠错功能的抗干扰编码称为纠错码。常用的抗干扰编码有:奇偶校验码,循环冗余码。

1. 奇偶校验码 奇偶校验码是最简单的检错码,其编码规则是把要传送的数据码元分成组,在每组二进制数据后面加一位校验位(又称为奇偶校验位),校验位的码元和要传送的数据码元中的"1"的个数相等。若为偶数时叫偶校验;"1"的个数若为奇数时叫奇校验。接收端按同样规则检查,如果不符合规律则有差错产生。这种编码方式只能发现奇数位个差错,而且不能确定出现差错的位置。

奇偶校验可分为垂直奇偶校验、水平奇偶校验及水平垂直奇偶校验,其中,在实际应用中,水平垂直奇偶校验的检错能力较强,广泛应用于计算机网络中。

2. 循环冗余码 循环冗余码(Cyclic Redundancy Check,CRC)简称循环码,它的检错能力相当强,是 DCS 中最常用的纠错码。由于循环码属于线性码的一个子类,所以首先介绍线性码,然后再介绍循环码以及利用生成多项式形成循环冗余码的过程。

(1) 线性码与循环冗余码。设传送的信息码为 k 位,附加检验码是 r 位,$r=n-k$,两者共同组成了 n 位抗干扰编码,记为 (n,k) 码。当 r 位检验码都是由 k 位信息码的某几位经异或运算后得到,这种抗干扰编码称为线性码。它可以表示成 (n,k),其中 n 表示码长,k 表示信息码长。例如 $(7,3)$ 码,即码长为 7bit,信息码长为 3bit。

在 $(7,3)$ 码中,信息码用 $a_0 a_1 a_2$ 表示,检验码则用 $a_3 a_4 a_5 a_6$ 表示,组成的线性码则为 $a_0 a_1 a_2 a_3 a_4 a_5 a_6$。校验码可用式(2-1)求得

$$\begin{cases} a_3 = a_0 \oplus a_2 \\ a_4 = a_0 \oplus a_1 \oplus a_2 \\ a_5 = a_0 \oplus a_1 \\ a_6 = a_1 \oplus a_2 \end{cases} \tag{2-1}$$

由于信息码为 3 位,可组成 8 个抗干扰编码,如表 2-1 所示。

若表中任意两个码字的对应位作异或运算得出的结果仍然是表 2-1 中 8 个码字中的一个,则称这组码具有线性码的封闭性。

若把线性码 (n,k) 的一个码字 $m=(m_0, m_1, \cdots, m_{n-1})$ 向右循环移动 1 位后得到的码字还是线性码 (n,k) 中的码字,则称这种线性码为循环码。表 2-1 中的线性码就是循环码。

表 2-1 (7,3) 码

信息码	校验码	线性码	信息码	校验码	线性码
000	0000	0000000	100	1110	1001110
001	1101	0011101	101	0011	1010011
010	0111	0100111	110	1001	1101001
011	1010	0111010	111	0100	1110100

(2) 系统循环码的生成步骤。设某 k 位信息码为 $m=(m_{k-1}, m_{k-2}, \cdots, m_1, m_0)$,其相应的多项式为

$$m(x) = m_0 + m_1 x + m_2 x^2 + \cdots + m_{k-1} x^{k-1} \tag{2-2}$$

将式(2-2)中 $m(x)$ 两边分别乘以 x^{n-k},得到

$$x^{n-k} \cdot m(x) = m_0 x^{n-k} + m_1 x^{n-k+1} + \cdots + m_{k-1} x^{n-1} \tag{2-3}$$

利用余式定理,式(2-3)可写成

$$x^{n-k} \cdot m(x) = q(x) \cdot g(x) + r(x) \tag{2-4}$$

式中 $q(x)$——多项式 $x^{n-k} \cdot m(x)$ 除以生成多项式 $g(x)$ 后的商式;
$r(x)$——多项式 $x^{n-k} \cdot m(x)$ 除以生成多项式 $g(x)$ 后的余式。

因为生成多项式的次数是 $(n-k)$,所以 $r(x)$ 的次数必为 $(n-k-1)$ 或小于 $(n-k-1)$,即

$$r(x) = r_0 + r_1 x + r_2 x^2 + \cdots + r_{n-k-1} x^{n-k-1} \tag{2-5}$$

因此,由 $g(x)$ 生成的循环码中的一个码多项式,记为

$$\begin{aligned} v(x) &= x^{n-k} \cdot m(x) + r(x) \\ &= m_0 x^{n-k} + m_1 x^{n-k+1} + \cdots + m_{k-1} x^{n-1} + r_{n-k-1} x^{n-k-1} + \cdots + r_1 x + r_0 \end{aligned} \tag{2-6}$$

对应的二进制循环码为

$$v = (m_{k-1}, \cdots, m_1, m_0, r_{n-k-1}, \cdots, r_1, r_0) \qquad (2-7)$$

式中　m_{k-1}，…，m_1，m_0——k 个信息位，r_{n-k-1}，…；

　　　r_1，r_0——$n-k$ 个校验位。

这样，在传送时先把 m 个信息位对应的码元多项式乘以 x^{n-k}，再除以生成多项式 $g(x)$（按异或运算法则，作减法不产生借位，加法不产生进位），得余式的对应码元和信息码元一起构成循环冗余码。

接收端收到的信息组成多项式，除以同一生成多项式，如余式不为 0，则表示发生了差错。

【例 2-1】 已知信息码 $m=101$，设采用的生成多项式为 $g(x)=x^4+x^3+x^2+1$，求生成（7, 3）循环冗余码。

解： 已知信息码 $m=101$，对应的多项式 $m(x)=1+x^2$，生成多项式 $g(x)=x^4+x^3+x^2+1$，为了获得循环冗余码，将多项式 $m(x)$ 乘以 x^4（这里 $n-k=4$）成为 x^6+x^4，再除以生成多项式 $g(x)$

$$
\begin{array}{r}
x^2 + x + 1 \cdots\cdots\text{商式}\\
x^4+x^3+x^2+1 \overline{\smash{\big)} x^6 + x^4 }\\
\underline{x^6 + x^5 + x^4 + x^2 }\\
x^5 + x^2 \\
\underline{x^5 + x^4 + x^3 + x }\\
x^4 + x^3 + x^2 + x \\
\underline{x^4 + x^3 + x^2 + 1}\\
x + 1 \cdots\cdots\text{余式}
\end{array}
$$

得余式 $r(x)=x+1$，于是循环冗余码多项式为

$$v(x) = m(x)x^4 + r(x) = x^6 + x^4 + x + 1$$

对应的二进制循环冗余码为 1010011。

目前，国际上较多使用的循环冗余码有三种，它们生成的多项式分别为

$$\text{CRC-12} = x^{12} + x^{11} + x^3 + x^2 + x + 1 \qquad (2-8)$$

$$\text{CRC-16} = x^{16} + x^{15} + x^2 + 1 \qquad (2-9)$$

$$\text{CRC-CCITT} = x^{16} + x^{12} + x^5 + 1 \qquad (2-10)$$

当字符长度为 6 位时，用式（2-8）；当字符长度为 8 位时，用式（2-9）或式（2-10）。在 DCS 中，一般使用 8 位字符，即用 16 位 CRC 码。

除此之外，还应采用屏蔽措施，以及选择合理的调制方法，提高信噪比，这样虽然不能消除差错，但可以大幅度降低差错。

衡量数据在传输过程中的可靠性常用误码率 p_e。所谓误码率是指在数据传输时二进制位（或码元）在传输过程中出现错误的概率，即

$$p_e = \frac{N_e}{N} \qquad (2-11)$$

式中　N——传输信息总位数；

　　　N_e——出错的二进制位数。

对于 DCS 的数据传输，误码率要求低于 10^{-9}。

2.3.6 信道极限传输能力

一般信道极限传输能力与频带宽度、信噪比和信号调制方式有关，信道频带越宽或信噪比越高，传输能力就越强。目前，调制方式所产生的影响只能用经验公式表示。

1. 无噪声信道上的最高数据传输速率 根据 Nyquist 抽样定理可知：如果一个无噪声信道的频带宽度为 $H(Hz)$，信道上传输的信号由 V 个离散电平组成，则在这个信道上最高数据传输速率为

$$R = 2H\log_2 V \tag{2-12}$$

对于 16 进制信号，信号电平有 16 级（$V=16$），此时无噪声信道的最高数据传输速率为频带宽度的 8 倍。

2. 噪声信道上的最高数据传输速率 实际信道通常具有噪声，例如白噪声和干扰噪声。根据 C. Shannon 定理有噪声信道的最高数据传输速率为

$$R = H\log_2\left(1 + \frac{S}{N}\right) \tag{2-13}$$

式中 $\frac{S}{N}$ ——信号的信噪比，与信号使用的电平等级无关。

【例 2-2】 已知数据传送的信噪比为 10，频带宽为 3kHz，试求无噪声与有噪声信道上的极限传输能力。

解：第一种情况：无噪声信道上的极限传输能力

由题意可知，频带宽度为 3kHz，信道上传送的信号假设为 2 个离散的电平，则

$$R = 2H\log_2 V$$
$$= 2 \times 3 \times 10^3 \times \log_2 2 \, \text{bit/s}$$
$$= 6 \text{kbit/s}$$

第二种情况：有噪声信道上的极限传输能力

由题意可知，数据传送的信噪比为 10，频带宽度为 3kHz，则

$$R = H\log_2\left(1 + \frac{S}{N}\right)$$
$$= 3 \times 10^3 \times \log_2(1+10) \, \text{bit/s}$$
$$= 10.38 \text{kbit/s}$$

3. 信号调制技术对极限传输能力的影响 信号调制技术对信道最高数据传输速率的影响，可以用经验式(2-14)表示

$$R = kH \tag{2-14}$$

式中 H ——信号频带宽度（Hz）；

k ——频带效率，反映调制技术影响（bit·Hz/s），它的经验值为：

调频：0.5~1.7。

二相制调相：0.9。

四相制调相：1.8。

八相制调相：2.5~3。

2.3.7　DCS 的通信网络特点

DCS 的通信网络将工程师站、操作员站、现场控制站连接起来,以达到危险分散、控制功能分散、显示与管理集中的工业控制目的,因此,它与一般办公室用的局部网络有很大的区别,主要有以下特点。

1. 实时响应能力　DCS 的通信网络属于工业计算机局部网络,要求必须有良好的实时性。一般办公室自动化计算机局部网络响应时间为 2~6s,而工业计算机网络响应时间要求为 0.01~0.5s。

2. 高可靠性　DCS 的通信网络必须具备连续工作的能力,数据传输的误码率必须小于 10^{-9}。为了提高通信网络的可靠性,通信网络采用冗余技术,以防止任何中断和故障所造成的意想不到的后果。

3. 适应恶劣的工业现场环境　DCS 的通信网络必须适应各种恶劣的工业现场环境,必须具备克服来自工业现场的各种干扰的能力,如抗电源干扰、抗雷击干扰、抗电磁干扰和抗接地电位差干扰等。

4. 分层结构　DCS 的结构是分层的,因此,其通信网络也具有分层结构,可将工厂分布式管理和控制系统分为三层,每一层有适合自己的网络系统。

2.3.8　DCS 的通信网络协议

由于 DCS 的生产厂家不同,型号也不一定相同,在硬件和软件上的差异给通信带来许多困难。所以,必须有一套使网络上全体"成员"共同遵守的"约定",以便实现彼此通信和资源共享,这种约定即是网络协议。

为了便于通信网络的标准化,国际标准化组织(International Standard Organization, ISO)于 1978 年 3 月公布了开放系统互连参考模型(The Reference Model of Open System Interconnection, OSI),作为指导发展计算机网络的协议层模型,所谓"开放"即表示遵循参考模型的相关标准的任何两个系统具有相互连接的能力。OSI 模型提供了一个 7 层的主体结构,可供各种标准选用。这 7 层的定义如表 2-2 所示。

表 2-2　OSI 模型的各层含义

层　次	定　义
1. 物理层	它是通信网上各设备之间的物理接口,直接把数据位信息从一台设备传送到另一台设备
2. 数据链路层	它负责将传送的数据按帧结构格式化,组织成帧,实现差错控制和介质访问控制,实现对物理层的管理
3. 网络层	它的主要功能是信息包的路径选择和链路的协调管理,防止链路的死锁和堵塞
4. 传输层	它为会话层提供可靠而透明的端对端传送服务,使信息传送无差错
5. 会话层	提供用户进程之间的一次会话,其目的在于通过进程之间连接的建立和调节,使得连接双方的交互活动变得简易
6. 表示层	实现用户与服务之间的翻译与转换
7. 应用层	它为用户进程通信执行面向应用的任务,包括必要的监督和管理

OSI 参考模型如图 2-8 所示,采用分层结构,将网络的软、硬件功能分为几层,并按下

述两种原理工作：第一种原理是等层通信，即在网络中每一层上，任何程序或进程（在网络术语中被称为实体）都按标准的或约定的协议与另一机器上的等层（Peer）程序或进程进行通信，而不管哪一机器上的其他层；第二种原理是每一层为其上一层提供服务，每一层通过接口与其上层发生关系，因此隐蔽了其功能实现的细节。

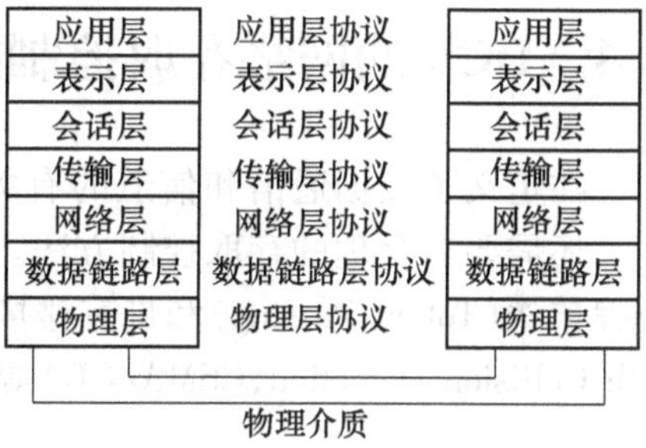

为了实现局域网标准，IEEE 计算机学会于 1980 年 2 月建立了 IEEE802 委员会，负责制定局域网标准，即 IEEE802 标准。该标准的内容包括：

IEEE802.1：系统结构和网络互连。

IEEE802.2：逻辑链路控制。

IEEE802.3：CSMA/CD 总线访问方法和物理层技术规范。

IEEE802.4：令牌总线（Token Passing Bus）访问方法和物理层技术规范。

IEEE802.5：令牌环（Token Passing Ring）访问方法和物理层技术规范。

IEEE802.6：城市网络访问方法和物理层技术规范。

IEEE802.7：宽带网络标准。

IEEE802.8：光纤网络标准。

IEEE802.9：集成声音数据网络。

IEEE802 标准实现了 OSI 参考模型的低层协议。它规定了逻辑链路控制（LLC）层、介质存取控制（MAC）层和物理层（PS）三个层次的内容，它们相当于 OSI 模型的第 2 层和第 1 层，即数据链路层和物理层。IEEE802 标准的层次结构与 OSI 模型的对应关系如图 2-9 所示。

图 2-8 OSI 参考模型

图 2-9 IEEE802 标准与 OSI 模型的对应关系

此外，为了适应工业生产过程的恶劣环境，建立工业环境局域网络，美国通用汽车公司发起的制造业自动化通信协议（Manufactured Automation Protocol，MAP），并且国际电工委员会（IEC）也制定了过程数据高速公路（Process Data HiWay，PROWAY）协议。这两种协议能够满足过程控制高可靠性和实时数据传输等方面的要求，完全适合于 DCS，因此得到了广泛的支持。

2.4 DCS 的网络存取控制技术

在定义了数据通信和信道的有关协议的基础上,为了能够迅速准确地实现网络传送信息,还需要有合理的存取控制方法。在 DCS 中,常用的存取访问控制技术有:轮询(Poll)、令牌传送(Token Passing)和带有碰撞检测的载波监听多重访问(Carrier Sense Multiple Access with Collision Detection, CSMA/CD)等。

2.4.1 轮询(Poll)

轮询主要适用于集中控制的网络(如星形网、树形网和有总线控制器的总线网),在 DCS 中称为 1 对 n 的控制方式。它是由主站(或总线控制器)向其他站(节点)逐个查询,根据被查询站的应答信息,确定该站是否要发信,并确定是否让其发信,待这一站发送完信息后,通知主站,让主站再继续查询。图 2-10 表示轮询的工作过程。轮询的优点是结构简单,网络访问分配情况可以预先确定;它的缺点是访问速度慢,可靠性差等。

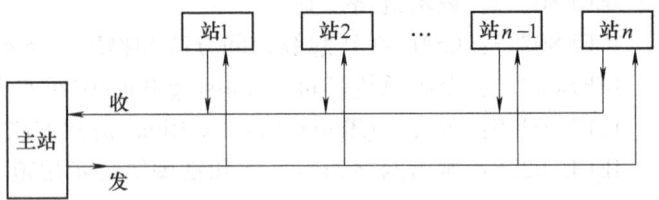

图 2-10 轮询工作过程

2.4.2 令牌传送(Token Passing)

令牌传送适用于环形网或在逻辑序列上将节点连接成环的总线网。在采用广播方式的 DCS 中称为 n 对 n 的控制方式。它是由环上有一个称为令牌的信息包沿环中各节点依次传送信息的。该令牌有空、忙两种状态,在网络启动时,由指定源节点产生一个空令牌,并送到网上传送,当令牌传到要传送信息的节点处时,节点将判断令牌是否为"空"状态,如果为空,便将令牌置为"忙"状态,并置入含有数据、源节点和目的节点地址的传送信息,形成信息包,然后将此令牌送入网络上传输。由目的节点读取并存储该信息包,同时继续转发该包。当令牌沿网络循环一周返回到原来的源节点时,撤消该包,把令牌置成"空"状态并将它传给下一个节点。在这里,数据传输和令牌传递交替进行,图 2-11 归纳了上述令牌传送的工作过程。图 2-11a 为空令牌在环路中流动,被 A 站截获;图 2-11b 为 A 站发送数据给 C 站,C 站接收并转发数据;图 2-11c 为 A 站收回所发的数据;图 2-11d 中 A 站收完所

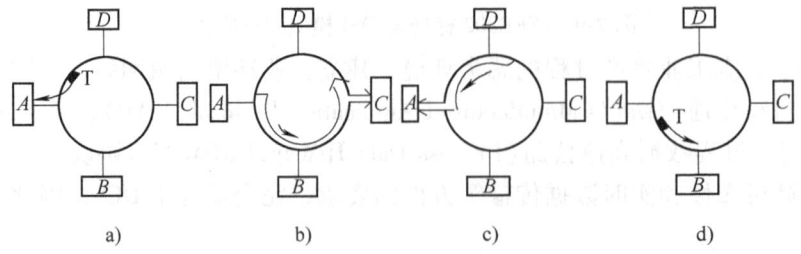

图 2-11 令牌传送的工作原理

发数据后，重新发出令牌到网络上传送。

令牌传送的优点是不需要网络控制器，网络访问分配情况可以预先确定，所以它适用于大型总线网络系统；它的缺点是当令牌丢失或信息包在环上无限制地循环时，必须由指定的监视节点向网络中注入一个新令牌或将信息包撤消。

2.4.3 带有碰撞检测的载波监听多重访问（CSMA/CD）

带有碰撞检测的载波监听多重访问技术适用于总线网。由于接在总线上的各个站共享一条广播式的传输线，任何站都可以平等地向传输线发送信息，这就存在几个站可能同时发送信息，导致信息在传输线上发生"碰撞"的情况，因此要采用载波监听多重访问（CSMA）技术，即"先听后讲"。它是由发送站先对传输线进行监听，如传输线上无数据传输，即发送信息；如发现有数据在传输线上，则等待一段时间（按照一定算法）再发送。发信完毕后，等待应答信号，如超过应答信号返回最长时间，再重发数据帧。即使这样也可能发生信息碰撞，所以，还可以采用"先听后讲，边讲边听"的办法，即CSMA/CD技术，它是发送站在发信的同时，还对传输线监听（边讲边听），如果"听"到的和"讲"的不一样，立即停止发信，而改发堵塞信号（碰撞标志），通知网上各站已发生碰撞。然后，再等待一段用某种算法得到的时间后，再按CSMA方式，重发该信息帧。CSMA/CD工作原理如图2-12所示。

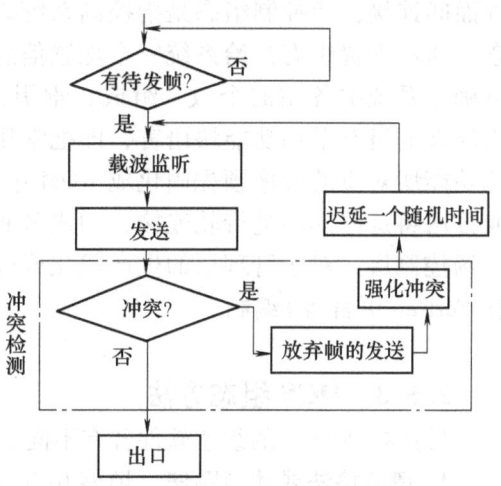

图 2-12 CSMA/CD 工作原理

这种方法的优点是网络结构简单，易实现，可靠性高，允许节点迅速地访问通信网络；它的缺点是通信响应时间不确定，如果网络分布区域较广，则通信效率会降低。

2.5 DCS 的组态

DCS 的回路控制器具有丰富的控制功能。在具体的回路中，它总是以某些特定的功能去控制回路。这些特定的功能（包括操作）可根据设计需要来确定，这就叫做组态（configure）。正确组态涉及系统的正确设计。

DCS 的组态功能已经成为工业界很熟悉的内容，一个 DCS 的组态功能直接影响着整个 DCS 受用户欢迎的程度。几乎所有的 DCS 都在不同程度上支持组态功能的配置，但是不同的 DCS 的组态各有千秋。

DCS 的组态功能一般包括硬件组态（又称为系统配置）和软件组态两方面的内容。

2.5.1 DCS 硬件组态

DCS 硬件组态实际上是完成系统设备间的软连接，它是先选择硬件设备，然后在显示器上完成系统硬件的配置，也就是硬件系统的建立（setup）问题，它包括以下几方面的内容：工程师站的选择（包括机型、显示器尺寸、内存、硬盘容量、打印机等）；操作员站的选择（包括操作员站的个数和操作员站的配置，如显示器尺寸及是否采用双屏、主机型号、内存配置、磁盘容量的配置、打印机的台数和型号等）；现场控制站的选择（包括现场控制站的个数、地域分布、每个现场控制站中所配的各种模板的种类及块数、电源的选择等）。

硬件配置一般视现场具体要求而定。

2.5.2 DCS 软件组态

DCS 软件组态包括画面组态和控制组态。画面组态主要完成操作员站上的各种画面、画面间连接；而控制组态是指控制系统软件的生成，包括基本配置组态和应用软件的组态。基本配置组态是给系统一个配置信息，采用面向问题的语言，其方法是填表式语言，可确定系统中各站的个数、组成、索引标志，每个站的最大点数、最短执行周期等；应用软件的组态采用功能块语言，即把常用的运算功能、信号交换功能、PID 控制功能及其他功能所对应的程序预先固化成 ROM 中的各种模块，然后用最简单的编程语言或图上作业方法将这些模块进行软连接，构成各种控制系统的应用软件，这类应用软件主要用于现场控制层。对于管理层的生产优化或经营优化的管理软件，仍然用高级语言（如 C 语言和 Fortran 语言等）编制。

2.5.3 DCS 组态方法

虽然各种 DCS 的组态软件各有不同，但组态方法大致可分为两种。

1. 填表格法或功能图法 填表格法是用户根据生产过程要求，在 DCS 制造商提供的、用于组态的表格上采用菜单方式，逐行填入相关参数，完成相应组态工作的方法。实现这种组态的语言是面向问题的语言，例如给系统各控制站配置信息等。功能图法主要用于功能块的连接，填写功能参数，通过软连接实现组态功能，这一组态过程也叫做功能块语言，属于 DCS 组态语言的一种。由于功能图直观反映逻辑元件的关系，所以应用较广泛。

2. 编程法 编程法是采用厂商提供的编程语言或允许采用的高级语言编制程序，输入组态信息，用 C 语言或 Fortran 语言在管理层编制优化管理软件等。高级语言是 DCS 组态语言的一种。

随着 DCS 的发展，人们越来越重视 DCS 的软件组态和配置功能，即要求系统中配有一套功能齐全、通用性强，适应不同应用对象的组态生成工具软件，这样既提高了系统开发速度，又保证了系统软件的成熟性和可靠性。

目前，在工业控制中应用较多的 DCS 中，诸如西屋公司的 WDPF、横河公司的 CENTUM CS、HoneyWell 公司的 TDC3000、FOXBORO 公司的 I/A 系列、ABB 公司的 Industrial IT、SIEMENS 公司的 PCS7、浙大中控技术有限公司的 JX-300X、和利时公司的 HOLLiAS 等都相继配置了具有自己特色的、功能丰富的组态软件。可以说，DCS 的组态配置功能的好与坏是它能否受到用户欢迎的一个重要因素。

大部分工业控制系统的组态生成软件一般包括图 2-13 所示的组态软件功能。

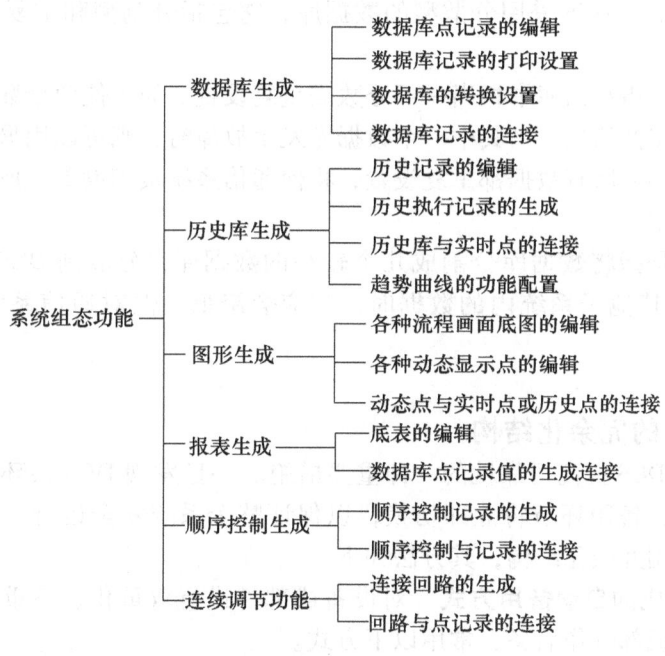

图 2-13 组态软件功能

2.6 DCS 的可靠性

高可靠性、高可用性和高效率是 DCS 的生命力所在。DCS 是在人们意识到集中式直接数字控制系统的弊端后，随着微处理器和大规模集成电路的发展而研制出来的，这使 DCS 的可靠性比集中式 DDC 控制提高很多。

此外，DCS 还充分利用计算机技术、通信技术、显示技术、人机交换技术、硬件制造技术及其他电子技术的最新技术成果，在系统的冗余化结构、CRT（显示器）操作站的设置、通信系统、系统的自诊断与在线维护功能、电源系统设计以及其他许多环节上都获得了更高的可靠性。

2.6.1 DCS 的分散结构

DCS 属于松耦合结构的多处理机系统，系统中的每一个子系统都有相当强的独立处理能力，一个子系统出现故障，对系统中其他部分没有什么影响，这正体现了操作管理集中、分散控制的 DCS 设计思想，其具体体现如下。

1. 结构分散化 DCS 的结构从纵向上看是分阶层的。管理计算机位于阶层的上层，对实时性要求较低；控制功能和现场 I/O 接口位于阶层的下层，对实时性要求较高。

2. 功能和地域分散化 从响应性、经济性角度考虑，控制功能和现场 I/O 接口在横向上进行分散配置。

3. 负荷分散化 主要将危险分散，如使用单回路调节器或单回路的控制卡，使危险分散到单个回路。

4. 数据库分散化　DCS 采用分散型的数据库，它包括分割型和重复型两种形式，以保证危险分散。

重复型数据库是指数据库中相当一部分数据重复设置。为了使两个数据库的内容经常保持一致，必须互相交换信息。当其中一个数据库发生故障时，则可以用另一个数据库进行快速恢复。其缺点是如果所有数据都重复设置，将使通信系统负担增重。所以，这种方式要限制在某一级别上使用。

分割型数据库是指将数据库分割成几个较小的数据库，分散到 DCS 的不同子系统中。缺点是当需要参照其他子系统内的数据时，响应会降低，但对通信系统来说，总的负荷较轻。

2.6.2　DCS 的冗余化结构

冗余化结构是 DCS 提高可靠性的一种重要措施。一旦发现 DCS 某环节出现故障，使该局部环节丧失功能，备用环节将立即切换，以保证整个系统安全运行。所以，一般对 DCS 的关键性环节均采用冗余化结构，其方法如下。

1. 用多重化构成的自动备用方式　对设备或部件进行双重化、三重化设置。一旦发生故障，用其他设备或部件作后备，常用以下方式。

（1）同步运转方式：指两台以上的设备或部件同步运转，执行相同的操作，将它们的输出进行核对，从而确定系统运转操作。在两台设备同步运转的系统中，只有当两者输出一致时才能工作的系统，称为双重化系统(Dual System)；而在三台设备的输出中取输出相同的两个作为正确值的运转方式，称为"三中取二"方式，又称为三重化系统。这种方式可靠性最高，常用于 DCS 中特别关键的部位，但费用较贵。

（2）待机运转方式：采用多设一台设备作为备用，平时使其处于待机状态，在发生故障时，启用备用设备，使运转能继续进行，这种方式称为 1 对 1 的备用方式，也称为双工系统(Duplex System)。

此外，还有在同类的 N 台设备或部件上准备一台备用设备的方式，称为 N 对 1 的备用方式，一旦 N 台设备或部件中有一台出现故障，用 $N:1$ 切换装置将出现故障的设备或部件隔离，并用备用设备或部件取代。常见的 N 对 1 的备用方式有 $1:1$、$3:1$、$7:1$、$11:1$ 等。

在一般 DCS 中，对局部的自动备用（如通信网络的传输介质）采用 1 对 1 方式；而对系统全体的自动备用采取 N 对 1 方式。待机运转方式是 DCS 中主要冗余结构方式。

（3）后退运转方式：在正常时使用 N 台设备或多重处理机，分别承担各种功能，当其中之一出现故障时，其他设备或处理机放弃一部分不重要的功能进行相互备用，这种方式最经济，但相互间必须存在公共部分，因此需要复杂的软件处理。

2. 手动备用方式　虽然用多重化组成的自动备用方式几乎可以对一切需要备用的系统或部件实现备用，但还可以采用更简便的手段（如手动操作等）来防止系统停止工作。如可以将 DDC 系统中维持过程运转所必需的最低限度的手动备用功能纳入到 DCS 系统中，组成简易的备用手段。

2.6.3　DCS 的高可靠性通信系统

通信系统是 DCS 的重要组成部分，要求可靠性极高。保证其高可靠性的具体措施有：①按循环冗余码检查传输信息，有差错的重发；②采取1∶1的冗余结构，提高传输系统的可靠性；③对于出现故障的站（或节点），自动切换或隔离，使传输链路重构；④具备离线和在线通信设备的自诊断，以及维护和更新故障设备等功能，并可实现通过网络在 CRT 上显示故障代码，等待及时处理。例如，图 2-14 所示的环形传输网络就属于1∶1冗余结构。在这两个环中传输方向相反，图中小方框表示工作站或节点，无论是通信线路被切断或工作站发生故障，环形网都可以自动切换重构，形成闭合环形网络，保证信息正常传输。

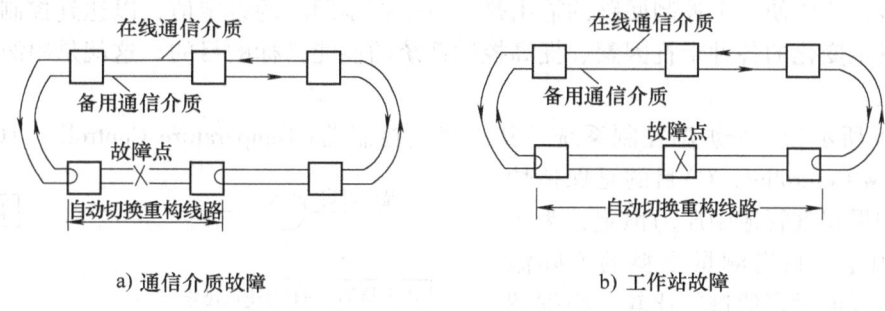

a) 通信介质故障　　　　　　　b) 工作站故障

图 2-14　1∶1冗余结构介质的重构

2.6.4　DCS 的程序化自诊断功能

为了提高可靠性，DCS 的各设备应具有较强的自诊断功能，具备在线和离线自诊断检查各设备的工作状态，并显示发生的故障及故障类型的能力。一旦发现故障，能及时处理。通常 DCS 的自诊断有硬件与软件之分，自诊断可以是插板级，也可以是设备级，显示可以用发光二极管，也可以用液晶显示或其他显示装置。例如 HS2000 系统通过 SNET 随时将诊断到的故障信息送到系统操作员站，操作员根据操作员站上的系统运行状态图，直接查看到每个站、每条网络、每块模板的工作状态。

2.6.5　DCS 的软、硬件的可靠性

DCS 在软件、硬件方面采取如下措施以提高可靠性：
1) DCS 的硬件采用宇航工艺，可靠性和性能价格比得到提高。
2) 所有 I/O 卡配有良好的浪涌电压吸收器，并采取滤波、屏蔽等措施，能承受雷雨天气的强烈电磁干扰。
3) 对 DCS 的管理计算机采取一系列安全保密措施，如设置各种权限，提高对数据库和文件等资源的保护。
4) 对操作员键盘和工程师键盘加以区别，采用键锁手段，防止人为造成的系统故障。

此外，还需要相应的环境条件，如控制室和机房设计，供电装置，电气布线，地线敷设，屏蔽措施等来加强 DCS 的可靠运行。

2.7　DCS 的常用控制算法

常规 PID 控制算法在第 1 章中已经介绍，它虽然是控制系统中最基本和使用最广泛的一

种形式，但在 DCS 中都备有很多种复杂控制算法和模块来适应生产发展的需要，所以，有必要再讨论一下 DCS 常用的复杂控制算法。

2.7.1 串级控制

串级控制是在单回路、单参数控制系统的基础上发展起来的一种控制技术。由于一般的单回路 PID 控制在各种干扰因素同时作用下很难满足对被控对象的高精度的控制要求，为此，引进了新的控制技术，即在原控制系统的控制回路中，增加一个或多个控制回路，而且是相互串接。这样使一个控制回路的输出是另一个控制回路的设定值，以达到控制可能引起被控对象发生变化的各种干扰因素、提高控制系统的性能指标的目的，这就是串级控制技术的基本思想。

图 2-15 所示为一个炉温控制系统，其中温度控制器（Temperature Controller, TC）和流量控制器（Flow Controller, FC）目的是保持炉温恒定。如果煤气管道中压力恒定，为了保持炉温恒定，只需测量出料的实际温度，用它与温度设定值进行比较，根据偏差值的 PID 运算结果来控制煤气管道上的阀门。当煤气总管压力恒定时，阀位与煤气流量保持一定的比例关系，即一定的阀位对应一定的流量，当进、出料量保持稳定时，炉子的温度保持恒定。但实际上，因煤气总管同时向许多炉子供应煤气，煤气压力会随负荷的变化而波动，此时煤气

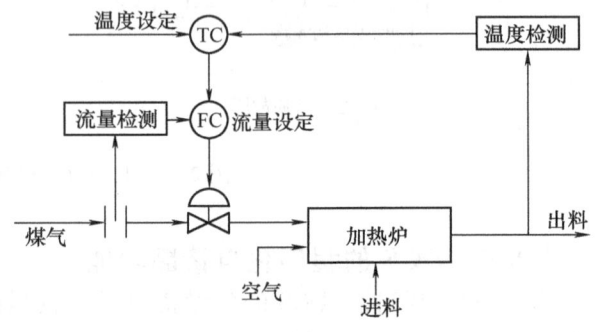

图 2-15 炉温和煤气流量的串级控制系统

管道阀位与煤气流量不再呈现单值关系。煤气压力的变化引起流量的变化，最终导致炉温变化，由于炉温发生偏差又会引起系统的调整。但因为控制时间的滞后，系统仅靠一个主回路是不能获得满意的控制效果的。所以，为了及时检测系统中可能引起被控对象变化的各种因素并加以控制，在炉温控制系统的主回路中，增加一个控制煤气流量的副回路，构成串级控制系统。副回路管道短，滞后时间小，能够及时控制阀门开度。图 2-16 所示为该系统的串级控制系统的结构图。

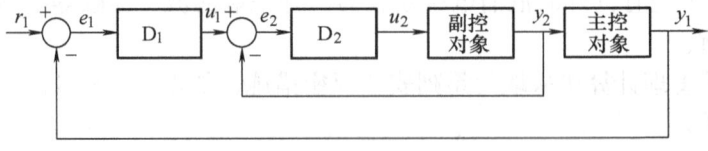

图 2-16 炉温和煤气流量的串级控制系统的结构图

在图 2-16 中，主控对象为加热炉的温度，副控对象为流过阀门的煤气流量，D_1 为温度调节器，D_2 为流量调节器。主控对象与 D_1 组成系统的主回路，副控对象与 D_2 组成副回路。由图 2-16 可知，主回路调节器的输出是副回路的给定值。在一般情况下，不管串级控制系统有多少级，其算法总是从外面的回路向内依次进行计算。

串级控制系统中，副回路给系统带来许多优点：由于副回路的作用，串级控制比单回路

控制更具有抑制各种干扰的能力,因此,设计时应把主要的干扰包含在副回路中;采用串级控制可以克服被控对象的纯滞后影响,改善系统的控制性能;若系统中含有非线性被控对象,将其包含在副回路中,能够适应操作条件和负荷的变化,自动改变副回路控制器的给定值,使控制系统仍具有良好的自适应能力。

在串级控制系统中,主、副控制器的选型非常重要。对于主控制器,为了减少稳态误差,提高控制精度,应具有积分控制功能,为了使系统反应灵敏,动作迅速,应加入微分控制,因此主控制器应采用 PID 控制算法;对于副控制器,通常可以选用比例控制,当副控制器的比例系数不能太大时,则应加入积分控制,即采用 PI 控制算法,一般副回路很少采用 PID 控制算法。

2.7.2 前馈控制

前馈控制是对扰动量或给定值的变化按补偿原理进行调节的开环控制系统,是在前苏联学者所倡导的不变性原理的基础上发展成的。其特点是当扰动产生后,被控变量还未显示出变化之前,根据扰动作用大小进行调节,以补偿扰动作用对被控变量的影响。如果这种前馈作用运用恰当,可以使被控变量不会因扰动作用而产生偏差,比反馈控制要及时,并且不受系统滞后的影响。

图 2-17 所示为换热器的前馈控制系统及其结构图。设扰动通道的传递函数为 $G_f(s)$,控制通道的传递函数为 $G_0(s)$,则如把扰动测量出来,并通过前馈补偿装置 $G_d(s)$ 的控制作用,此时有

$$Y(s) = [G_f(s) + G_d(s)G_0(s)]F(s)$$

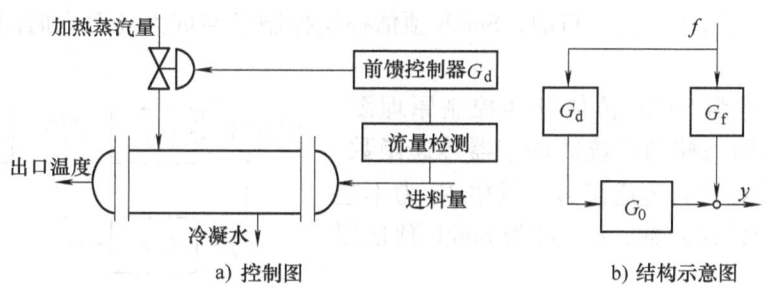

图 2-17 换热器的前馈控制系统及其结构图

为了使系统在扰动 f 作用下,输出 y 的偏差等于零,则应满足条件

$$G_f(s) + G_d(s)G_0(s) = 0 \tag{2-15}$$

即

$$G_d(s) = -\frac{G_f(s)}{G_0(s)}$$

由式(2-15)可见,对于精确的控制对象和扰动数学模型,如果补偿得当,对于某一特定扰动,前馈控制系统的品质十分理想,明显优于反馈控制系统。但是,要实现完全补偿并非易事,因为工业过程的数学模型是时变的、非线性的;同时,扰动也是不可完全预见的,前馈控制只能在一定程度上补偿扰动对被控制变量的影响。因此,为了保证有更大的适应性,在工业过程中经常把前馈控制与反馈控制结合起来,构成前馈-反馈控制系统。前馈控制克服主要扰动的影响,反馈控制克服其余扰动及前馈补偿不完全部分。这样,系统即使在大而

频繁的扰动下，依然可以获得良好的控制品质。

图 2-18 所示为加热炉的前馈-反馈控制系统及结构图。对于加热炉流体出口温度的前馈-反馈控制，当进料流量发生变化时，不需要等到出现偏差，燃料就会作相应的变动，结果将会使调节过程中温度偏差大为减少，且前馈控制的引入并不影响系统的稳定性。前馈控制系统特别适合于扰动可测、不可控或扰动变化频繁且幅度较大的场合。

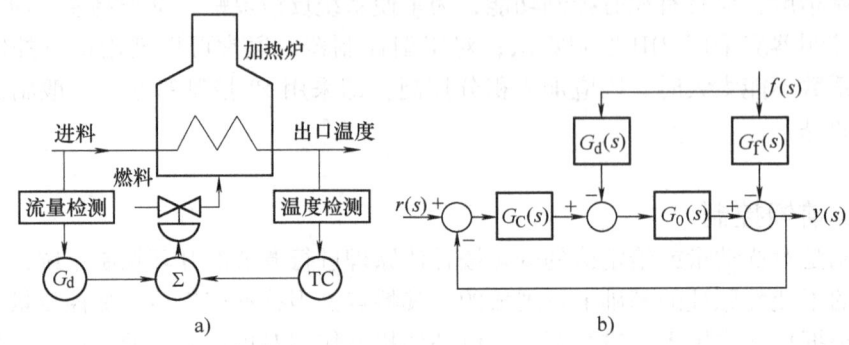

图 2-18 加热炉的前馈-反馈控制系统及结构图

2.7.3 Smith 预估补偿控制

从广义角度来讲，几乎所有的工业过程控制对象都具有时滞的特性。对于大时间滞后系统而言，采用 PID 控制很难得到满意的控制品质。所以，在设计控制系统时，为了提高系统的控制质量，应尽量减少处于闭合回路中的时滞，1957 年 O·J·M·Smith 提出了预估补偿控制方案来解决这个问题。目前，Smith 预估补偿控制已经成为克服大时间滞后系统的主要方法之一。

图 2-19 所示为 Smith 预估补偿控制原理图。图中 $G_1(s)$ 为单回路控制系统的调节器传递函数，$G_0(s)\mathrm{e}^{-\tau s}$ 为被控对象的传递函数，其中 G_0 为不包含纯滞后部分的传递函数，$G_C(s)$ 为 Smith 预估器的传递函数。

未加入 Smith 预估器时的系统闭环传递函数为

$$G_B(s) = \frac{G_1(s)G_0(s)\mathrm{e}^{-\tau s}}{1+G_1(s)G_0(s)\mathrm{e}^{-\tau s}} \quad (2\text{-}16)$$

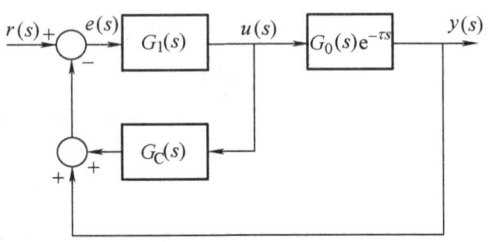

图 2-19 Smith 预估补偿控制原理图

由于在 $G_B(s)$ 分母中含有时滞 $\mathrm{e}^{-\tau s}$，它降低了系统的稳定性，并且时滞时间常数 τ 越大，系统将越不稳定，这就是时滞过程难以控制的原因。

为了改善系统的控制品质，引入 Smith 预估器，这时系统的闭环传递函数为

$$G'_B(s) = \frac{G_1(s)G_0(s)\mathrm{e}^{-\tau s}}{1+G_C(s)G_1(s)+G_1(s)G_0(s)\mathrm{e}^{-\tau s}} \quad (2\text{-}17)$$

为了使原闭环特征方程中不含时滞 $\mathrm{e}^{-\tau s}$，即

$$G_B(s) = \frac{G_1(s)G_0(s)\mathrm{e}^{-\tau s}}{1+G_1(s)G_0(s)}$$

为使 $G'_B(s)=G_B(s)$ 需满足

$$1+G_C(s)G_1(s)+G_1(s)G_0(s)e^{-\tau s}=1+G_1(s)G_0(s)$$

则 Smith 预估器的传递函数为

$$G_C(s)=G_0(s)(1-e^{-\tau s}) \tag{2-18}$$

因此，Smith 预估器的实际连接如图 2-20 所示。经过 Smith 预估器的补偿作用后，系统的特征方程分母中不含 $e^{-\tau s}$ 项，消除了时滞项对控制系统的影响，$e^{-\tau s}$ 仅将控制作用在时间坐标上推移了一个时间 τ，此时系统的过渡过程及控制品质与无时滞时完全一致。

随着电子技术及计算机应用的普及，在 DCS 系统中，Smith 预估器的应用会越来越普遍。

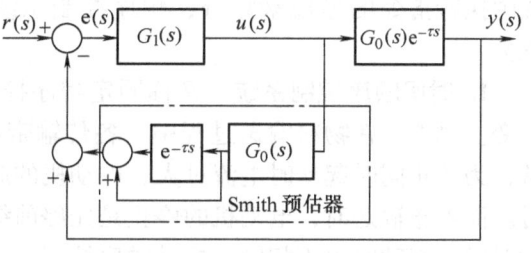

图 2-20 Smith 预估器补偿控制系统

2.7.4 超驰控制

超驰控制系统通常是从保证生产安全角度来考虑的，其特点是若干个控制器共用一个执行器，其中一台控制器处于正常工作状态，另一台控制器处于待命备用状态，因此称为超驰控制器。当生产工艺过程出现不正常的情况时，就由超驰控制器取代正常控制器进行工作；直至工况恢复正常，再切换到原来的控制器，继续工作，这就是超驰控制的工作原理。

例如在锅炉燃烧控制系统中，一般以锅炉的蒸汽压力为被控变量，通过控制燃料量（在此为燃料气）来保持蒸汽压力恒定。但是在燃烧过程中，控制阀后的燃料气量有时会出现不稳定的状况。当燃料气的压力过高时会造成脱火现象，而当压力过低时会造成回火现象。这些现象均是不允许发生的。为此，需在系统中加入一个超驰控制环节来防止脱火，另再设置一个低流量联锁环节以防止回火，如图 2-21 所示。

在图 2-21 中，控制阀为气开式，采用低值选择器 LS；蒸汽压力控制器 P_1C 为正常控制器；燃料气阀后的压力控制器 P_2C 为超驰控制器，两者均为负逻辑。正常工况下，由蒸汽压力控制器 P_1C 去控制燃料气阀，使蒸汽压力满足工艺要求。当蒸汽压力

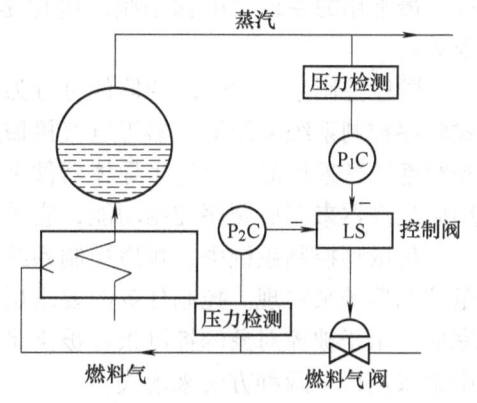

图 2-21 锅炉燃烧超驰控制系统

下降时，由于蒸汽压力控制器 P_1C 作用，逐渐打开燃料气阀，增大燃料气以提高蒸汽压力。如果燃料气阀打开过大，阀后的压力达到极限状态，再增大压力就会产生脱火现象。此时，由于阀后的压力控制器 P_2C 是负逻辑，其输出立即减小，通过低值选择器 LS 取代蒸汽压力控制器 P_1C 的工作，调小燃料气阀，使燃料气的阀后压力脱离极限状态，防止了脱火事故的发生。回到正常工况后，蒸汽压力控制器 P_1C 重新切换上去，以维持正常的蒸汽压力。

在超驰控制系统中，两个控制器中始终有一个处于偏差的状态，而且要求两者能够迅速且及时地进行切换。因此，在设计、使用中应特别注意积分饱和的问题。

2.7.5 顺序控制

所谓顺序控制是按照预先规定的顺序(逻辑关系),逐步对各阶段进行信息处理的控制方法。这里,每个阶段的指令执行必须以满足一定的条件为前提,而信息的处理包括逻辑运算及记忆某些信息等。顺序控制以逻辑关系为前提,运算过程也是以逻辑运算为主,输出信息也是二进制的开、关或通、断等逻辑量,因此,顺序控制又称逻辑控制。根据顺序控制系统中执行指令的形成来划分,顺序控制系统可分为时间顺序、逻辑顺序和条件顺序控制三类。

1. 时间顺序控制系统 又称固定程序控制系统,它的执行指令是按时间排列的,固定不变。例如,在物料输送过程中,各传输带电动机的起动和停止就属于这种控制系统。通常,为防止同时起动时电流过大,电动机的起动是先开后级再开前级,且起动时间有一定延时。而停止输送时,电动机的停止是先停前级再停后级,其停止时间也有一定延时,而且延时时间与起动时也不相同。这种顺序控制系统由于各阶段的执行条件是时间,且时间是事先确定的且不变的,因此,这种系统称为时间顺序控制系统。

2. 逻辑顺序控制系统 该系统执行指令是按先后顺序排列的,和时间无严格关系。例如在反应器进料系统中,当进料量达到反应器内料位的某一值时,系统才能起动搅拌电动机。因此可以认为进料量的变化会影响达到预定料位的时间,而起动搅拌电动机的条件是料位达到预定值。逻辑顺序控制系统在工业生产过程中应用较多。它们通过条件测定来决定下一步是否执行。

3. 条件顺序控制系统 系统是以条件成立与否为前提,但其条件不同时有不同执行过程。最常用的系统是电梯系统。电梯是升还是降,取决于电梯现在的位置、外界给予的指令等。

顺序控制系统按所用的器件可分为继电式、无触点式及可编程序式顺序控制系统。继电式顺序控制系统采用继电器等电气机械式的触点和线圈来完成顺序控制功能;无触点式顺序控制系统常采用晶体管等半导体器件来完成顺序控制功能;而可编程序式顺序控制系统则采用微处理器来完成顺序控制功能,它采用软接线方式使得系统调试和修改更方便。

集散型控制系统中,顺序控制系统通过分散过程控制装置、可编程序逻辑控制器以及批量控制器等来实现。控制任务的要求反映在应用程序中,控制任务的实现通过程序的执行来完成。由于被控对象的控制条件被满足的时间和程序顺序执行的不协调,在集散型控制系统中常采用以下两种方法来解决。

1) 巡回扫描:当 CPU 在运行状态时,它将反复自动地执行用户程序,更新输入输出映像区。这种方式称为巡回扫描。执行一次的时间称为扫描时间或扫描周期。在一个扫描周期内,CPU 每次对顺序控制系统的一个逻辑回路进行输入扫描、程序执行(逻辑运算),并把输出送到输出映像区。巡回扫描时,定时对输入、输出接口进行采集和输出,将数据放在输入和输出映像区。而程序的巡回扫描仅对输出映像区进行。

2) 实时采集和输出:为了提高实时性,在巡回扫描时,当需要某一过程变量的信息时,就中断程序,实时采集该数据并存入输入映像区,然后执行后续程序步骤。当需要输出某一变量时,也立即执行相应的输出任务。这样,可以较好地解决系统对实时性的要求。

应该指出,由于输入的信息是实时采集的,可能会发生实时采集结束时该变量的状态发生了变化,这要在下一次扫描周期才能被感受到,但由于扫描周期很短,可以认为系统采集的信息是当时的工作状态。并且在编程时,对于脉冲宽度小于扫描周期的信号要采用延时脉冲宽度到一个扫描周期的措施。扫描周期与程序执行指令的执行时间、指令类型、指令数量有关。

集散型控制系统中顺序控制系统的编程方法很多,如梯形图、功能模块、助记符及编程语言等。通常,集散型控制系统提供一种或几种编程方法。梯形图法是采用梯形图来描述顺序控制系统的逻辑顺序关系;功能模块法是把逻辑运算作为功能模块处理,按功能块组态的方法,将其连接起来完成编程;助记符方法在可编程逻辑控制器编程时经常采用,它通常由操作码、标识符和元素参数表示;编程语言采用集散型控制系统提供的语言或通用的高级语言来编程。图2-22所示为一个典型的梯形图及其助记符。

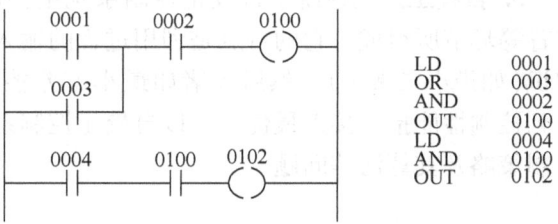

图2-22 一个典型的梯形图及其助记符

2.7.6 自适应控制

自适应控制是建立在系统数学模型参数难以确定的基础上,而且随着系统行为的变化,自适应控制也会相应地改变控制器的参数,以适应系统特性的变化,保证整个系统的性能指标达到令人满意的程度。

由于工业生产过程复杂,人们很难准确地描述它的动态特性,特别是很难准确地描述及预测其变化规律,因此采用常规的反馈控制方法难以达到预期的控制目的。为此可采用自适应控制方法,对其模型或控制规律进行自动调整及修正,以保证预期控制目的的实现。

自适应控制系统是一个具有适应能力的系统,它必须能辨识过程参数与环境条件的变化,在此基础上自动地校正控制规律,因此,自适应控制是辨识与控制的结合。

自适应控制的结构有许多形式,例如简单自适应控制系统、参考模型自适应控制系统及自校正控制系统等。

1. 简单自适应控制系统 简单自适应控制系统实际上是一种非线性控制系统,或采用自整定控制器的控制系统,它可以用一些简单的控制算法辨识出过程参数或模型。从控制角度来看,非线性控制系统是依据偏差e值的大小来进行控制的。偏差大了,控制作用增强;偏差小了,控制作用缓和。而对于采用自整定控制器的自适应控制系统,主要利用专家经验规则进行PID参数的自整定,目前许多集散型控制系统或可编程序控制器都含有自整定控制器,采用临界比例度法、模式识别法等实现PID参数自整定。

2. 参考模型自适应控制系统 参考模型自适应控制系统主要适用于随动控制系统,它主要由参考模型、对象或过程、反馈控制器和自适应律等环节组成,如

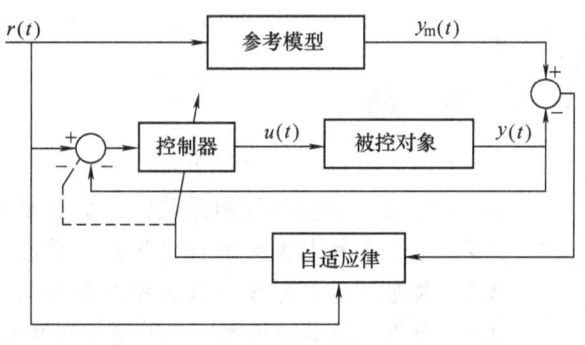

图2-23 参考模型自适应控制系统

图 2-23 所示。控制器参数的自适应调整原理为：输入 $r(t)$ 同时加到控制器和参考模型上，加到控制器上的 $r(t)$ 对过程进行控制，系统的输出为 $y(t)$；参考模型是一个理想的模型，$r(t)$ 加到参考模型上后，其输出 $y_m(t)$ 直接反映系统希望的动态响应，把 $y(t)$ 和 $y_m(t)$ 进行比较，偏差经过自适应律运算，产生适当的调整信号，直接改变控制器参数，从而使 $y(t)$ 逐步接近 $y_m(t)$，直至偏差趋近于零，自适应过程自动停止，控制参数自整定完毕。设计这类自适应控制系统的方法基于稳定性理论和非线性系统稳定性理论。

3. 自校正控制系统 自校正控制系统主要由自校正调节器、自校正控制器和零、极点配置等环节所组成。它的特点是利用过程的输入和输出信号，对过程的数学模型进行在线的辨识（如最小二乘法），然后按诸如最小方差控制策略进行修正，改变调整器的控制作用，直到控制性能指标接近最优。所以自校正控制系统需要解决闭环辨识、性能指标的确定以及控制策略及其算法等问题。

小　结

　　本章从几个方面详细阐述了集散型控制系统的基础理论。首先，围绕"控制与管理集中，功能与危险分散"的设计思想，着重介绍了集散型控制系统的基本概念、结构组成及其特点，使学生充分理解集散型控制系统以 4C 技术为基础，采用分级、逐层的控制结构，实现过程计算机控制的目的。

　　其次，围绕集散型控制系统所采用的网络技术，介绍了数据通信的基础知识及通信数据存取控制技术。重点介绍计算机网络的结构特点、数据通信过程中差错控制的几种方法以及信道传输能力的计算。使学生了解几种常用网络协议的内涵及数据存取方式的工作原理。

　　然后，简要介绍了集散型控制系统软件组态和可靠性问题。

　　最后，介绍了集散型控制系统常用的几种控制技术，对其基本工作原理和典型应用进行了介绍。

习　题

2.1　什么是集散型控制系统？它的主要特点是什么？
2.2　集散型控制系统的设计思想是什么？
2.3　集散型控制系统一般由哪几部分组成？各自主要功能是什么？
2.4　什么是计算机网络？集散型控制系统的通信网络常采用什么类型的网络形式？

2.5 什么是通信网络协议?常用的通信网络协议有哪几种?

2.6 试分别画出数字量 65H 和 BAH 的不归零、归零及差分曼彻斯特编码的信号波形图。

2.7 已知数据传输中发送端的码元序列为 01101101B,试求接收端码元序列分别为 01101100B 和 01100011B 时的差错码元序列。

2.8 已知信息码 m=1011,要生成循环码(8,4),设采用的循环码生成多项式为 $g(x)=x^4+x^3+x^2+1$,求生成的循环码。

2.9 已知数据传送的信噪比为 10,频带宽度为 3kHz,试求

(1) 无噪声信道上理论极限传输能力;

(2) 噪声信道上理论极限传输能力;

(3) 双绞线噪声信道实际传输能力。

2.10 OSI 参考模型分为几层?各层的主要作用是什么?

2.11 IEEE802 标准包括哪些内容?

2.12 说明 IEEE802.3、IEEE802.4 和 IEEE802.5 通信协议主要解决网络通信哪一层的问题?各有什么特点?

2.13 在 DCS 中,对通信网络访问的存取控制技术主要有哪几种?

2.14 提高集散型控制系统的可靠性的途径有哪些?在软件、硬件方面各有什么措施?

2.15 集散型控制系统中,对关键性部件、系统通常要采用哪些冗余结构?

2.16 串级控制技术的基本思想是什么?它有哪些优点?

2.17 前馈控制的基本思想是什么?前馈和反馈相结合有什么好处?

2.18 试述 Smith 预估补偿控制系统的设计思想及其实现方法。

2.19 常用的顺序控制系统编程方法有哪几种?其功能是什么?

第 3 章 国产集散型控制系统——HS2000

HS2000 集散型控制系统是中国信息产业部六所设计研发的 DCS 产品，它吸收了国外 DCS 的先进技术，又兼容国外流行的 PLC 在逻辑顺序控制上的功能。所以，HS2000 系统既是一个性能优异的 DCS，又是一个灵活的 PLC 系统。

3.1 HS2000 系统的基本特点

3.1.1 高可靠性

HS2000 系统的高可靠性主要体现在以下几方面：

（1）现场控制站中的主控制器（CPU）模板、I/O 通道模板及电源均可实现冗余配置，保证系统在出现故障时能实现无扰动切换。

（2）所有 I/O 通道模板均采用智能化设计，使系统的控制功能分散到板级，实现了板级状态和故障自诊断，真正体现了危险分散、控制功能分散的 DCS 设计思想。

（3）所有现场信号全部隔离，防止各种干扰信号对系统的影响。

（4）系统的通信网络为双冗余设计，在任何一条网络无法正常工作的情况下，启动备份通信网络来保证系统通信正常工作。

（5）操作站可以实现多重配置，互相构成冗余备份。

（6）I/O 现场控制站的模板采用针型欧式连接器，连接可靠、抗振、防粉尘性能好，抗干扰能力强，是普通边缘连接器的 20 倍。

3.1.2 直观、方便的操作平台

HS2000 系统的设计原则是为广大用户提供一个完全汉化的操作平台，使技术人员通过简单培训就能对应用系统进行组态，操作人员在较短的时间内就能熟练地对系统进行各种操作。HS2000 系统的直观、方便操作具体表现在以下几方面：

（1）全面汉化的组态软件，清晰的组态思想，基于 Windows 窗口技术的操作界面，使用户可以生成自己所需要的应用系统，因此使维护和控制方案的升级、修改极为方便。

（2）全面汉化的在线操作软件，使操作者可按照提示菜单运行各种控制操作，汉字触摸键盘和轨迹球为操作者提供了极为方便的操作工具。

（3）各种汉字报表和分析报告为领导决策提供方便、可靠的依据。

3.1.3 方便的维护手段

HS2000 系统的维护手段具体表现如下。

（1）HS2000 系统实现了板级故障诊断技术，并可随时在操作员站上显示各站、各个模板的运行状态，便于现场人员及早发现系统中存在的故障。

（2）现场控制站中各种模板上均有运行状态指示灯，打开机柜就可以看到各板运行情况，如有故障，则故障灯可以指示具体故障位置。

（3）所有模板（包括电源、CPU、各 I/O 通道模板）均可带电直接插拔，如果系统采用冗余配置，则工作板和备份板可以自动实现无扰动切换，更换故障板时，对回路不产生影响。

3.1.4 系统的开放性

HS2000 系统的开放性具体表现为以下几种。

（1）系统的操作员站和工程师站均选择通用性好、可靠性高的工业 PC，它们的市场货源丰富，无需考虑备品、备件，且升级容易。

（2）系统网络上可直接挂接 PC 作为网关，连入厂级信息管理系统，加上管理功能，可方便地构成 CIMS 系统。

（3）系统可向下挂接多种流行型号的 PLC（如 OMRON，SIEMENS 等）及智能仪表，对于其他一些非流行的 PLC，可通过开发通信软件实现连接。

3.1.5 完善的质量保证体系

（1）HS2000 系统的设计、开发、研制生产过程严格遵循《军工产品质量管理条例》，从设计和生产上保证了系统的可靠性。

（2）所有系统的元器件均从厂家直接进货，保证器件可靠性。

（3）严格器件的老化、筛选工作。

（4）所有系统的模板入库前进行高温运行老化 100h。

（5）系统出厂前进行全面测试与老化。

通过以上措施，保证 HS2000 系统的平均无故障时间（MTBF）指标在 50000h 以上。

3.1.6 优良的系统性能

HS2000 系统的信号处理技术指标为：

（1）输入信号处理精度。热电阻、热电偶无需变送器，可直接处理，最大误差为 0.2%；其他变送器输入信号处理误差：电流为 ±0.1%、电压为 ±0.2%。

（2）中断型开关量（SOE）输入分辨率 ≤1ms。

（3）输入信号的隔离电压 ≥1500V。

（4）回路控制可编程周期为 0.2s、0.5s、1s、2s 任选。

（5）系统操作画面键盘响应时间 <1s。

（6）系统的平均无故障时间 MTBF≥50000h，平均修复时间 MTTR<5min。

3.2 HS2000 系统的基本组成

HS2000 系统是分层式集散型控制系统,可根据用户的要求,组合成小型、中型或大型的综合控制系统。系统是以网络为基础,各种不同的设备挂接在网络上,实现协调工作、数据和信息共享,共同完成各种控制及管理功能。HS2000 系统的体系结构如图 3-1 所示。

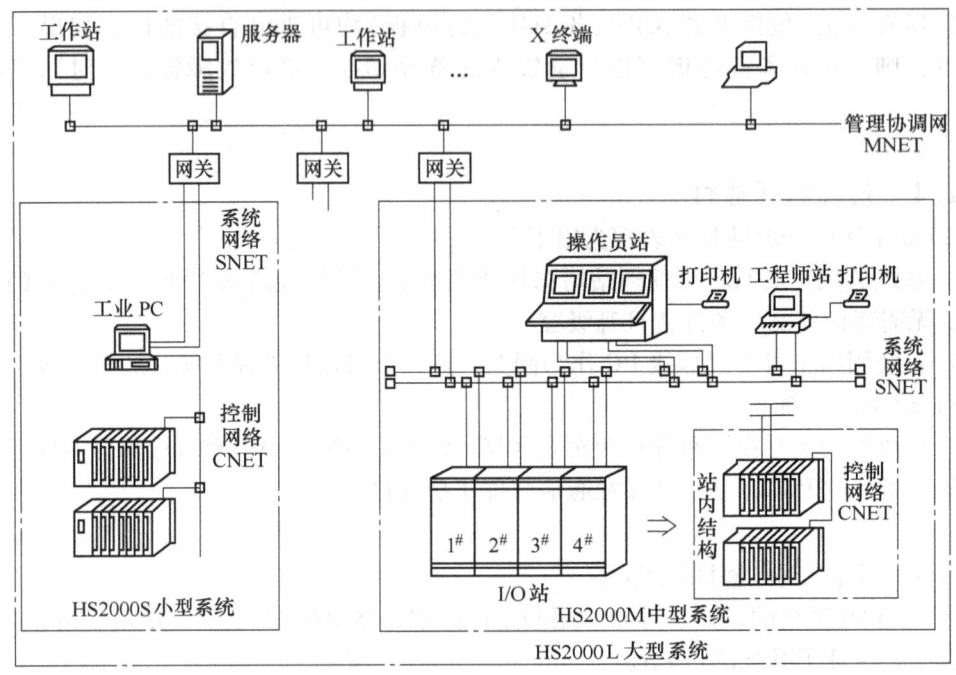

图 3-1 HS2000 系统的体系结构

作为一个分层式集散型控制系统,HS2000 系统的体系结构是建立在多层数据网络的基础上,因此,下面以 HS2000 系统中的多层网络结构为主线,介绍 HS2000 系统的组成。

3.2.1 HS2000 系统的三层网络结构

HS2000 系统由三层网络组成,根据不同的系统规模要求可以灵活配置成 HS2000 系统的大型、中型和小型系统。

1. 管理协调网络(MNET) 管理协调网络 MNET 为 HS2000 系统的最高一级网络,配置在 HS2000L 大型系统中,其功能如下:

1) 协调不同装置之间的控制数据通信。
2) 实现企业内多组装置的管理数据通信。
3) 协调大型工业过程不同部分之间的控制。

MNET 为开放式标准局域网络,采用 TCP/IP、Ethernet 等网络协议以及 Novell 网结构,MNET 的主要技术指标为:

1) 通信介质采用光缆或同轴电缆。
2) 通信速率≥10Mbit/s。
3) 通信距离可达 20km。

2. 系统网络(SNET) 系统网络(SNET)是连接系统中工程师站、操作员站和 I/O 现场控制站的主干网，配置在 HS2000M 中型系统中，适用于中等规模装置的控制系统。其功能如下：

1）实现 I/O 现场控制站向操作员站数据传输。
2）完成各 I/O 现场控制站间的数据传送，以满足大范围协调控制的需要。
3）完成操作员站和工程师站向 I/O 现场控制站传递组态数据或控制指令的操作。
4）保持各操作员站之间数据的一致性。

SNET 采用双冗余结构，在任何一条网络失效的情况下都不会影响通信功能，从而大大提高了通信的可靠性。系统网 SNET 的主要技术指标如下：

1）采用工业令牌总线协议(Token Bus)，符合 IEEE802.4 标准。
2）传输速率 2.5Mbit/s。
3）传输最大距离 6.5km。
4）传输介质采用隔离同轴电缆或光缆。
5）网络最大节点数为 32 个。

3. 控制网络（CNET） HS2000 系统的一个突出特点是 I/O 现场控制站内采用了目前国际工控领域较为先进的体系结构，即各个 I/O 组件之间及各组件内部的各模板之间的数据联系采用网络通信，而不是传统的并行总线。这种结构的优点是：

1）各 I/O 通道模板之间相对独立，功能进一步分散，其中某一块模板出现故障时，不会对其他模板产生影响。而在过去的并行总线结构中，如果某块模板出现故障，特别是如果总线接口部分出现故障，由于故障很难隔离，经常导致整个系统的瘫痪。
2）采用网络技术连接各模板，有利于提高配置的灵活性，很容易将各 I/O 组件分散到控制现场，从而提高系统的 I/O 处理能力并缩短信号电缆的长度。

HS2000 系统的控制网络 CNET 采用国际最流行的控制局域总线(CAN Bus)。该总线具有以下特点：

1）支持多主结构。
2）可以与各种微处理器连接。
3）提高优先级控制，实时性强。
4）具有很强的错误识别和处理能力。
5）支持点对点发送和广播发送功能。
6）可编程序控制器的传输速率<1Mbit/s。
7）工业现场工作温度(-40~85℃)。

由上述指标可知 CAN Bus 非常适合于工业现场的数据传输。目前，该总线是各种现场总线(Field Bus)产品中发展较成熟的一种。HS2000 集散型控制系统采用这一先进技术，并引入控制网络的概念。

3.2.2 HS2000 系统的 I/O 现场控制站

HS2000 系统中各种 I/O 信号（AO、AI、DO、DI 等）的输入输出、信号的转换处理、回路控制算法和逻辑算法的实现等功能，均是通过 I/O 现场控制站实现的。

I/O 现场控制站最多包括 4 个卡件机箱及箱内的各种卡件模板，还有现场电源、接线端子、风扇等设备。下面介绍两个常用术语：

1) 模板（Module）：插在机箱内的各个部件，包括电源、CPU 卡件板和各种 I/O 功能卡件板。

2) I/O 组件：一个卡件机箱加上插在箱中的各种模板合起来构成一个 I/O 组件（I/O Unit）。

HS2000 系统的 I/O 组件分为两种：一种为主控组件；另一种为辅助组件。两者唯一区别是：主控组件内包括 CPU 主控制器模板（也称为 CPU 模板），而辅助组件内只包括 I/O 通道模板，不包括主控制器模板。一般而言，一个 I/O 现场控制站由一个主控组件和 0~3 个辅助组件组成。

1. 主控组件　构成一个主控组件的基本要素是机笼、底板和电源。机笼和底板为固定结构。每个底板上有 8 组插槽，每组插槽上可插一种功能模板。各插槽允许插入的模板种类如下：

1) 0 号插槽只能插入电源模板。

2) 1 号插槽内插入 CPU 模板。

3) 2 号插槽内可插入各种 I/O 通道模板，也可插入 CPU 模板。若插入 CPU 模板，则该 CPU 模板是 1 号插槽内 CPU 模板的冗余备份板。

4) 3~7 号插槽内只能插入 I/O 通道模板，其中任意两个相邻的插槽可以插入同一配置的 I/O 通道模板，构成冗余结构。

组件内的 CPU 模板通过 CNET（印在底板上）与各 I/O 通道模板相连接并进行通信。一个 I/O 控制站内可以装一个主控组件和 0~3 个辅助组件，它们之间也通过 CNET 通信。

每块 CPU 模板上挂了一个系统网络 SNET 控制器模板，用来向其他 I/O 控制站、操作员站及工程师站进行通信，该 SNET 控制器模板不占用插槽位置。

每块 I/O 通道模板上也挂了一块信号转换和调理板，用来实现输入信号的隔离、滤波和放大，并通过该板连接至各种端子接线板。信号转换和调理模板也不占用插槽位置。

2. 辅助组件　辅助组件和主控组件的区别是：辅助组件机箱内不插入 CPU 主控制器模板。1~7 号插槽内全部插入 I/O 通道模板，其他完全同主控组件。一般而言，辅助组件是作为主控组件的 I/O 扩充而存在的，两者共同构成一个 I/O 现场控制站的主要组成部分。

辅助组件也可以直接通过控制网络 CNET 挂接在工业 PC 上，在工业 PC 上配置一块 CNET 网卡，就构成一个低成本的 HS2000S 小型系统。

3.2.3　HS2000 系统的操作员站

HS2000 系统的操作员站具有完成诸如总貌显示、工艺画面显示、控制分组调节、趋势曲线显示、报警观察处理、生产记录报表的在线打印、运行状态及故障显示等功能。操作员可通过专用薄膜键盘及轨迹球，方便地进行这些操作。

HS2000 系统的操作员站采用开放结构，选用高可靠性的工业 PC，配以其他设备，组成一个完整的操作员站系统。HS2000 系统的操作员站的组成如下：

1) 工业操作台。

2) 高可靠工业 PC，80386 或 80486CPU，4~8MB 内存，210MB 硬盘，串、并行接口等。

3) 20in 工业彩色监视器。

4) 彩色薄膜操作键盘、轨迹球。

5) 双冗余网络控制板。

3.2.4 HS2000 系统的工程师站

HS2000 系统的工程师站能实现对应用系统的功能组态、组态数据下载，同时也能起到运行监视作用。

在工程师站上运行的全方位、汉化组态软件，具有工位数据库组态、图形组态、历史数据及趋势组态等功能。整个组态软件运行在 MS-Window 图形界面下，为用户提供一个灵活、方便、全面的工程平台，以实现用户的各种控制策略。工程师站硬件也可不单独配置，而由系统中任何一台操作员站代替。HS2000 系统的工程师站的组成如下：

1) 标准的 IBM-PC 兼容机：80386 或 80486CPU，4MB 内存，串、并行接口。
2) 210MB 硬盘，3.5in 软盘驱动器。
3) 14in 彩色监视器。
4) 汉字打印机。
5) 标准键盘。
6) 网络控制板。

3.3 HS2000 系统的硬件配置

为了适应不同用户的需要，HS2000 系统可以配置成以下三种模式：

1) HS2000S 小型集散型控制系统，适用于工业锅炉控制及石油、化工、冶金、制药等行业的小型装置。
2) HS2000M 中型集散型控制系统，适用于 20 万千瓦及以下电站控制和数据采集、中型石化、冶金、建材等大多数工业装置的过程控制和数据管理。
3) HS2000L 大型集散型控制系统，适用于大型火力、水力电站等大型工业装置，全厂能源管理及厂级综合自动化系统等。

3.3.1 HS2000S 小型集散型控制系统的配置

HS2000S 小型集散型控制系统由辅助组件和工业 PC 通过 CNET 控制网络连接直接构成，如图 3-2 所示。在生产过程现场，由辅助组件实现现场数据的输入输出及处理，由工业 PC 实现各种监视和控制操作功能。

HS2000S 小型控制系统的配置规模：

1) 系统可以配置 1~2 个操作员站，其中只能有一个站作为控制站，另一个作为监视站兼在线备份站。

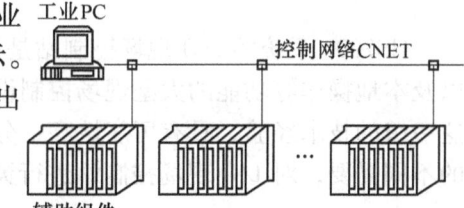

图 3-2 HS2000S 小型系统

2) I/O 辅助组件最多为 4 个，最多可容纳 I/O 通道模板数为 28 块。
3) 最大 I/O 点数为 200 个 AI 点、32 个 AO 点、200 个 DI 点和 200 个 DO 点。
4) CNET 控制网络最大传输距离为 1000m。

3.3.2 HS2000M 中型集散型控制系统的配置

HS2000M 中型控制系统是典型的"三站一线"结构，即由 SNET 系统网络连接多个操作员站、工程师站及 I/O 现场控制站组成，如图 3-3 所示。每个 I/O 现场控制站内一般包括 1 个主控组件和 1~3 个辅助组件，构成一个较大规模的工业控制系统，是一个典型的集散型控制系统。

HS2000M 中型控制系统的配置规模：

1) 工程师站：1 台。
2) 操作员站：1~8 台。
3) I/O 现场控制站：1~20 台。

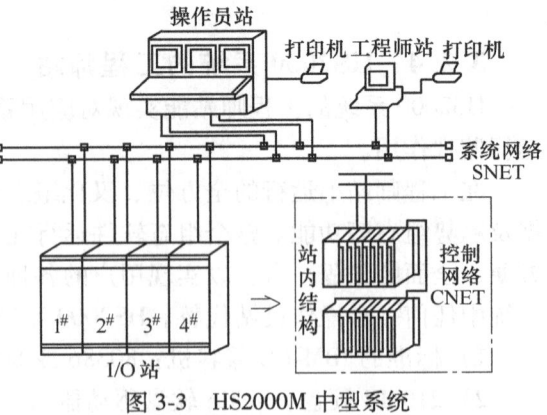

图 3-3 HS2000M 中型系统

其中：工程师站可以用操作员站复用；I/O 现场控制站可以配置成 HS2000S，即 I/O 现场控制站可带有本地操作功能（CRT 和操作键盘、轨迹球等）；每个 I/O 站配置一个主控组件，0~3 个辅助组件。组件中包括双电源、双 CPU 控制器模板及 26 个 I/O 通道模板。1 个 HS2000M 中型控制系统可控制回路可达几百个，可采集数据的点也可达几千个，并可根据用户的需求灵活地进行配置。可满足绝大多数工业控制现场的需求。

3.3.3 HS2000L 大型集散型控制系统的配置

HS2000L 大型集散型控制系统是在 HS2000M 中型集散型控制系统和 HS2000S 小型集散型控制系统的基础上，集现场装置控制、多装置协调控制和厂级生产管理功能于一体的大型综合性系统，其结构如图 3-1 所示。

HS2000L 系统由多套 HS2000M 中型系统和 HS2000S 小型系统构成控制层，由基于 MS-Windows 的 PC 以及基于 X-Windows 的工作站（workstation）构成管理层，两者之间通过高速局域网连接起来。由于采用开放标准，在这个高速局域网络上能挂接的工作站、PC 的数量没有明确的限制，配置也是极为灵活的。

3.4 HS2000 系统的 I/O 现场控制站配置

HS2000 系统的 I/O 现场控制站是一个具有信号采集、回路调节、逻辑联锁、顺序控制以及本地操作等功能的大型现场控制设备。它吸取了国外多家集散型控制系统在现场控制站这一级的技术经验，具有可靠性高、分散度高、可冗余配置等技术特色，用户可以根据现场的不同需要，对 I/O 现场控制站进行灵活配置。

3.4.1 I/O 现场控制站的应用容量

如前所述，I/O 现场控制站从结构上看，主要由插件机箱及机箱中的各种模板插卡组成。正常情况下，一个 I/O 现场控制站在配置上包括 1 个主控组件和 1 个辅助组件。最大限度配置为 1 个主控组件和 3 个辅助组件。

- 1 个主控组件最多容纳 5 块 I/O 通道模板，1 个辅助组件最多容纳 7 块 I/O 通道模板。一个 I/O 现场控制站的最大容量为：

1) 48 个控制回路数。

2) 255 个模拟量输入点数。
3) 64 个模拟量输出点数。
4) 512 个开关量输入/输出点数。
5) 144 个脉冲量输入点数。
6) 192 个中断开关量(SOE)点数。
7) 24 个脉宽调制(PWM)信号输出点数。
8) 48 个交流采样输入点数。

3.4.2 I/O 现场控制站的硬件构成

I/O 现场控制站一般由 I/O 功能组件、现场电源和各种端子板组成，其主要部分是 I/O 功能组件。

1. I/O 功能组件　HS2000 系统的 I/O 功能组件主要包括组件机箱、总线底板以及在底板上所插入的 I/O 功能模板(即电源模板、主控制器 CPU 模板、各种 I/O 通道模板)；CPU 模板上挂着一个 SNET 系统网络控制器模板，各 I/O 通道模板上挂着相应的信号调理板，构成一个相对完整的控制系统。其中主控组件和辅助组件的配置方法在前述 3.2.2 中已介绍，在此不再赘述。这里主要介绍如何构成 I/O 功能模板的冗余结构。

(1) HS2000 系统的 I/O 现场控制站的电源经过特殊设计，即双重化冗余配置。两个组件内的电源并联构成双重化冗余电源，在任何一个电源出现故障的情况下，另一个电源可单独对两个组件供电。

(2) 主控组件内可配置两块 CPU 模板，构成双重化冗余结构。处于工作状态下的 CPU 模板出现故障后，可自动、在线、无扰动地切换至备份 CPU 模板，保证 I/O 现场控制站正常工作。

(3) 其余 I/O 功能模板中，凡是相邻两块均可构成双重化冗余结构。处于工作状态下的 I/O 功能模板出现故障后，可自动、在线、无扰动地切换至备份 I/O 功能模板，以保证 I/O 通道的正常功能实现。

(4) 每块 SNET 网络控制器模板内置两套 SNET 网络控制逻辑，本身即为双重化冗余结构；若系统中配置了 CPU 模板双冗余结构，则所挂着的两块 SNET 网络控制器模板即可构成多重冗余结构。

经过这些多层次的双重化结构组合，使 I/O 现场控制站构成一个可靠性极高的控制系统。

2. I/O 功能模板设计特点　HS2000 系统的 I/O 控制站中所有 I/O 功能模板均采用智能化设计，即每块模板都带有微处理器，这种设计的优点主要表现在以下几个方面：

(1) 输入/输出信号的转换、处理在 I/O 板级上即可完成，无需主控制器参与，使系统的分散度增加，从而提高系统的可靠性。

(2) 减轻了系统主控制器 CPU 的负荷，使系统的效率进一步提高。

(3) 有效地对模板的运行状态进行检测，实现故障自诊断。一旦发现某块模板出现故障，除冗余切换外，还能将故障信息上报至操作员站显示，并伴以声光报警；所有的 I/O 功能模板的面板上都安装三个状态指示灯，它们分别是：故障灯(红灯)、正常工作灯(绿灯)和通信灯(黄灯)。

(4) 减少控制网络 CNET 上的数据流量，提高系统的吞吐量。

一般情况下，I/O 功能模板分为公共模板、I/O 通道模板和调理端子模板三大类，其中公共模板包括网络接口板、总线底板、电源模板和主控制器 CPU 模板。

3. I/O 功能模板的型号及分类　I/O 功能模板的型号定义如下：

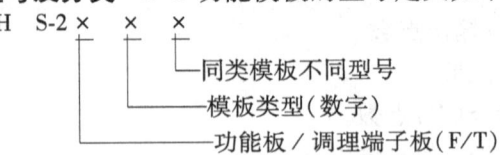

其中，模板类型编号为：
9——辅助功能模板。
8——主控制器 CPU 模板。
7——保留。
6——数字量通道模板。
5——保留。
4——模拟量通道模板。
3——I/O 功能扩展板。
2——SNET 网络接口板。
1——总线底板。
0——保留。

HS2000 系统提供了丰富的硬件模板产品，各种模板型号及其功能如表 3-1 所示。

表 3-1　HS2000 系统各种模板一览表

类型	型号	插件名称	点数/点（输入/输出）	使用场合	
				主控组件	辅助组件
公共模板	HS-910	电源模板			可用
	HS-210	I/O 组件总线底板			可用
	HS-2F70	系统电源模板			可用
	HS-2F71	现场电源模板			可用
	HS-2F20	SNET 网络接口板			不可用
	HS-280	主控制器 CPU 模板			不可用
I/O 通道模板	HS-2F40	多点模拟量输入模板	16	可用	
	HS-2F41	多点模拟量输出模板	16		
	HS-2F60	多点开关量输入/输出模板	32		
	HS-2F61	多点脉冲量输入、中断开关量（SOE）以及 PWM 模板	脉冲输入量：12 SOE：4 PWM：2		
I/O 调理端子模板	HS-2T40	多点通道隔离模入调理板	模入：16 热电偶：15		
	HS-2T41	多点热电阻型模入调理板	8		
	HS-2T42	多点通道非隔离模入调理板	16		
	HS-2T43	多点无源型 4~20mA 模入调理板	16		
	HS-2T46	多点通道隔离模出调理板	16		
	HS-2T60	触点型开关量输入/固态继电器(SSR)/(I/O)转换板	32		
	HS-2T61	多点开关量输出调理板	32		
	HS-2T62	通道隔离开入/脉入/PWM 调理板	脉入/开关：16 PWM：2		
	HS-2T63	多点组间隔型开关量输出端子板	32		
	HS-2T30	通用外接端子板(带热电偶冷端补偿)	16		
	HS-2T31	固态继电器(SSR)PI/O 端子板	16		

注：模入——模拟量输入；模出——模拟量输出；开入——开关量输入；脉入——脉冲量输入。

4. 现场电源 现场电源设置在I/O机柜中的上部,提供±24V、±12V直流电压,为现场二线制变送器及I/O端子板供电。单独配置现场电源的原因是HS2000系统的I/O通道采用了完全隔离技术,即现场与控制系统间的电气信号是完全隔离的,从而大大提高了控制系统抗现场干扰与冲击的能力。由此,要求系统和现场供电的电源单独配置。

现场电源的供电指标如下。

1)输出电压范围:0~32V可调。

2)输出电流:0~3A。

5. I/O现场控制站的技术指标

(1)电源规格

1)输入电压范围:AC:220(1±10%)V(峰值240V)。

　　　　　　　　DC:110(1±10%)V(峰值125V)。

2)频率:(50±5)Hz。

3)功耗:220W,最大250W。

4)输出电压:DC5(1±10%)V。

5)输出最大电流:40A。

(2)停电时存储器保护

1)停电后的存储器保护保持时间:360h以内。

2)电池类型:镍镉电池。

3)充电方式:连续自动充电。

4)寿命:2年(与充电次数有关)。

【例3-1】 已知某HS2000系统现场控制站的AO信号为4~20mA、12路,试选择所需I/O通道模板、调理模板及其端子板的型号和数量。

解: 根据表3-1可知,该HS2000系统现场控制站的I/O通道模板、调理模板及其端子板为如表3-2所示。

表 3-2

类　型	数据点参数	通道模板	调理模板	端子板
AO	4~20mA、12路	2F41×1	2T46×1	2T30×1

【例3-2】 已知前题I/O站的开关量信号如下:

(1) DI:干结点输入,38点。

(2) DO:电平输出,32点。

试分别选择所需I/O通道模板、调理模板及其端子模板的型号和数量。

解: 根据表3-1可知,该HS2000系统现场控制站的I/O通道模板、调理模板及其端子板如表3-3所示。

表 3-3

类型	数据点参数	通道模板	调理模板	端子板
DI	干结点输入,38点	2F60×2	2T60×2	2T30×3
DO	电平输出,32点	2F60×1	2T60×1	2T30×2

3.5 HS2000 系统的软件组态

HS2000 系统提供了全方位的工控组态软件,该软件继承了国内外知名 DCS 组态软件的优点,吸取了近年来流行的各种基于 PC-Windows 环境的工控组态软件的灵活、易操作、界面友好等特点,从而为广大中国用户提供一个灵活、方便、全面汉化的工程平台,以实现用户的各种控制策略。

HS2000 系统的软件分为工程师站组态软件、操作员站实时监控软件以及 I/O 现场控制站软件三大部分。这三部分软件分别运行于系统的不同层次的硬件平台,并通过系统网络及网络通信软件,彼此相互配合、相互协调,交换各种数据及管理、控制信息,从而完成整个集散型控制系统的各种功能。

3.5.1 工程师站组态软件

HS2000 系统的工程师站上配有一套全汉化、功能齐全的系统组态软件,该软件具有工位数据库组态、历史数据及趋势组态、控制及算法组态、报表组态、事故追忆组态等功能。整个组态软件运行在 MS-Windows 图形界面下,各组态功能分别在各个窗口中实现,用户通过简单的 CAD 式绘图、填表及文本输入等操作,即可完成对应用系统的组态工作。

组态工作完成后,通过系统网络将组态生成的各种数据下载到系统的各操作站及 I/O 现场控制站,这些站点依据收到的组态信息,即可分散实现各种控制、监视、调节和管理功能。下面就介绍该系统软件的组成和特点。

1. 系统配置组态 该系统软件可以方便地定义整个系统的硬件配置,完成对现场各种信号的定义,并支持各种标准、非标准现场信号的转换。由于该软件采用标准的 Windows 界面,通过下拉式菜单、文本输入框、多项选择等 Windows 风格操作,即可完成诸如某工位的组态等操作。图 3-4 所示为某模拟量输出信号的组态画面。

2. 控制及算法组态 通过 HS2000 系统的控制及算法组态可以生成系统所有回路连续控制算法、顺序控制算法、特殊处理算法及统计算法。系统参照国际最新组态标准 IEC 1131-3,吸取国际先进 DCS 组态软件的组态方法,为用户提供功能块、结构文本语言及梯形图三种组态方法,可以完成任何从简单到复杂的控制策略的组态。

1) 功能块组态主要用于连续控制过程,它提供了包括算术运算在内的十几类、共几十种算法,可满足绝大多数过程控制组态的需要。

2) 结构文本语言是基于字符的编程语言,适合于那些需要复杂的数学公式或流程关系来表达的复杂计算和处理的组态。

3) 梯形图语言提供了一种传统的、高性能的联锁与顺控算法组态方法,图 3-5 所示为一幅梯形图执行文件操作功能时的界面窗口。

3. 流程图组态 HS2000 系统提供了一个高水平的图形组态工具软件,利用该工具软件提供的大量标准图符、图表,系统可方便地生成各种美观且直观的流程图、总貌图等。流程图可以支持开窗口、滚动显示、立体画面等高级功能,并支持十余种动态数据显示方式(如数值、棒图、趋势图、变图、变色、模拟仪表等)。

4. 汉字报表组态 HS2000 系统提供了一个图形化的报表生成工具软件,用户通过"所

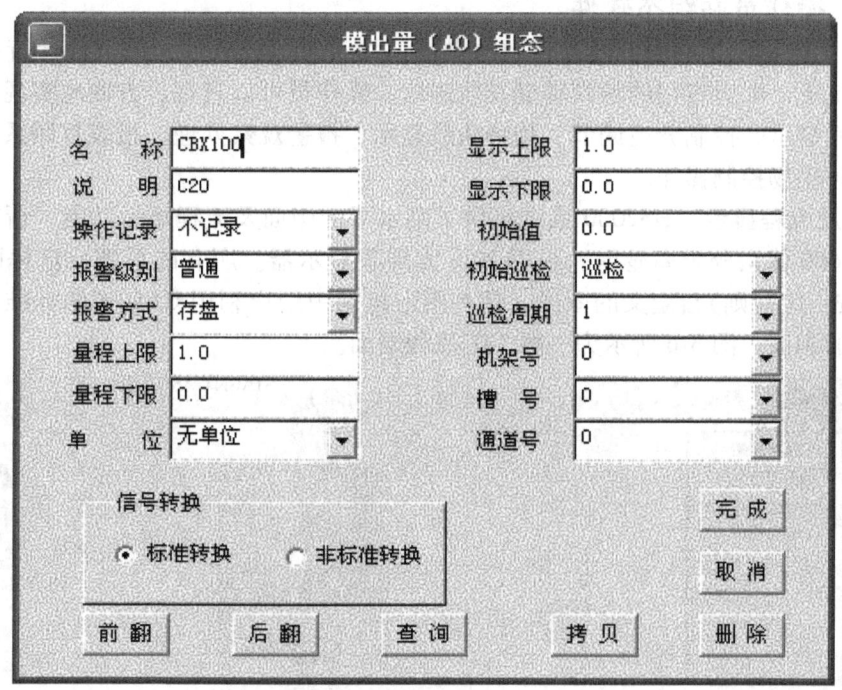

图 3-4 典型的模拟量输出信号的组态画面

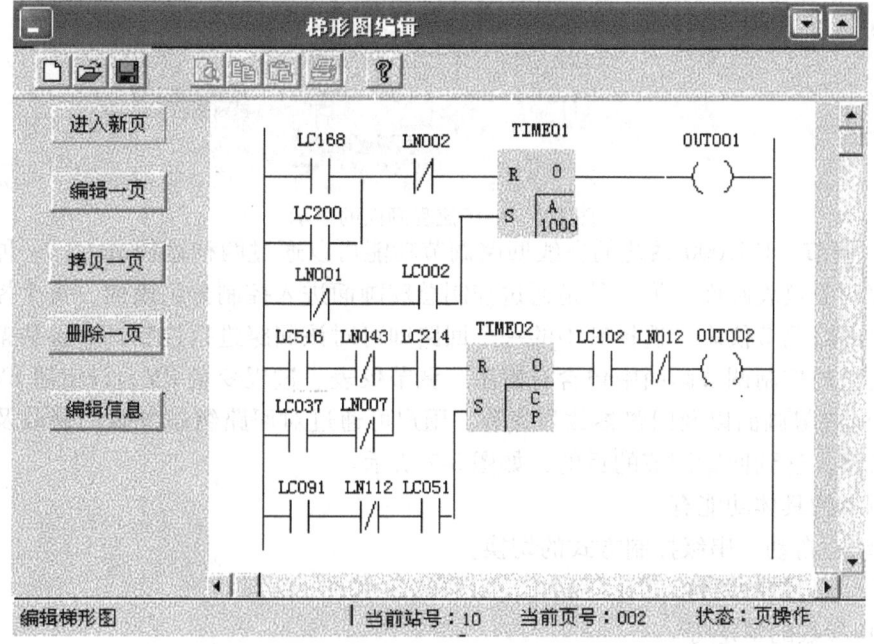

图 3-5 梯形图语言的界面窗口

见即所得"的方式,在报表编辑窗口内任意绘出所需的报表格式,再定义出在报表上需要实时打印的动态点,即完成各种工厂用的班报、日报、月报等各种统计报表。

3.5.2 操作员站组态软件

HS2000 系统提供了一套方便、直观的操作员站实时监控软件,该软件运行在实时、多任务操作系统下,配合专用的触摸键盘及轨迹球,操作员可以直观、方便地实现诸如总貌显示、工艺画面显示、控制分组调节、趋势曲线显示、报警观察处理、报表打印系统运行及故障显示等各种现场控制操作。

1. 画面及流程显示 HS2000 系统提供了高水平的画面及流程显示功能,所有画面均按 16 色、800×600 像素分辨率显示,采用 20in 大屏幕显示器。所有的总图、流程画面等都是基于用户(按一定规则)自定义的图形,即在图形组态中用户利用 CAD 式的标准 Windows 界面,定义出的画面。图 3-6 所示为一幅工艺流程画面。

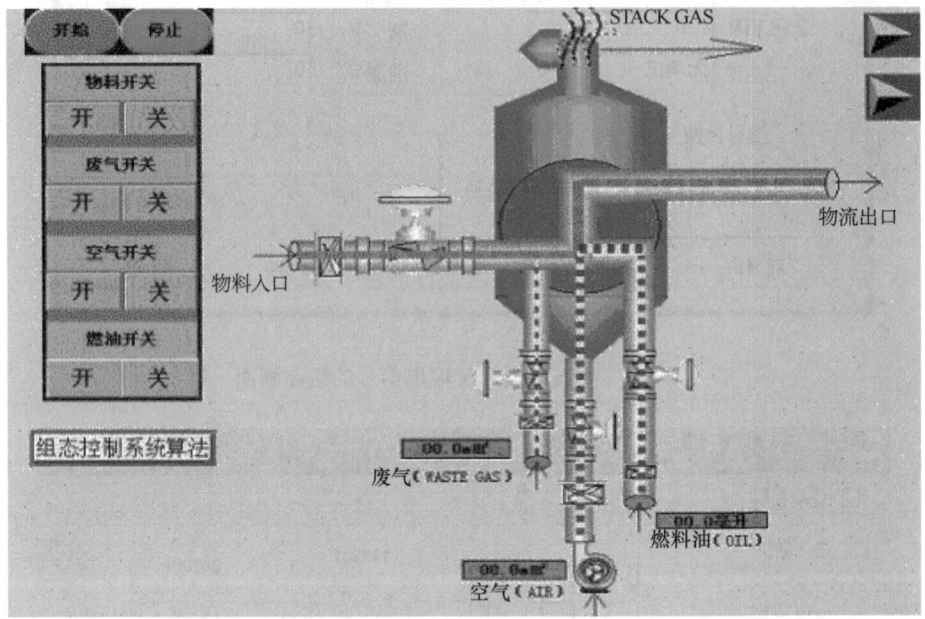

图 3-6 一幅流程画面的显示

2. 控制调节 HS2000 系统的在线回路调节功能可以通过两种途径进入:一种在流程图画面中开辟调节仪表画面;另一种是通过控制总貌画面进入控制分组画面,每个控制分组画面包括 8 个回路调节仪表,选择其中的一个回路即可对该回路进行控制调、参数整定等。

一个完整的控制调节画面中包含有棒图、调节仪表、过程变量 PV、设定值 SV、中间变量 MV、实时趋势画面以及回路参数列表等。用户可通过对回路组态参数的修改及修改后回路特性的观察,达到回路调节的目的,如图 3-7 所示。

回路调节的具体功能有:

1) 手动、自动、串级控制方式的切换。
2) SV、MV 值的调整。
3) PID 参数的整定等。

3. 趋势显示 HS2000 系统的趋势显示包括实时趋势显示和历史趋势显示两种,它们都是用曲线方式反映过程变量 PV 的变化状态。

(1) 实时趋势显示是一种短时、动态的趋势显示方式,即在显示窗口中动态地显示出一条或多条沿时间轴动态延伸的趋势曲线。一般而言,这种趋势曲线采样时间为 1s,曲线

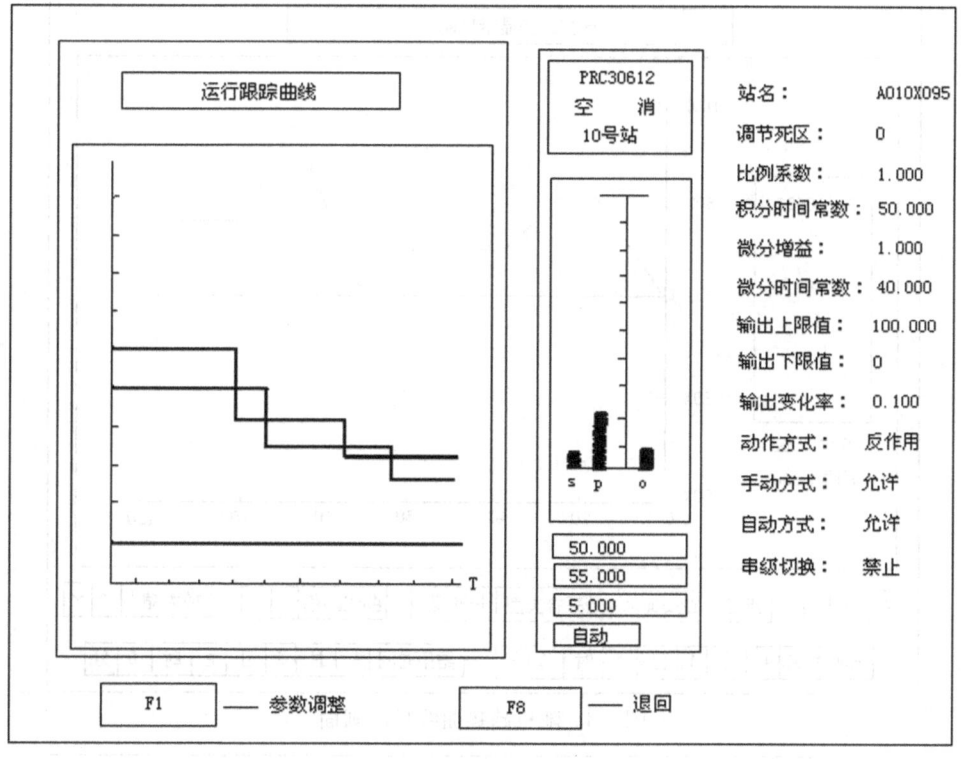

图 3-7 控制调节画面

时间最长只有若干分钟,一般可见于回路调节画面,也可见于流程画面,由用户在组态时定义。

(2)历史趋势曲线是由系统保存的一段时间以来各变量的变化趋势曲线,这些变量都应事先在历史数据库组态中加以定义。历史趋势曲线显示分为随机方式和组方式两种。图3-8 所示为随机趋势曲线显示画面。

4. 报警管理和显示　HS2000 系统提供了多方位的报警手段,在报警列表画面中列出了当前正处于报警状态的所有报警的细节,包括工位名称、报警发生时间、工位点的汉字说明、报警性质、报警值及工程单位等信息,系统可以通过多种形式通知操作员报警正在发生,并在多种画面中以直观的方式通知操作员系统中正在发生的报警,操作员可在图 3-9 所示的"报警列表"画面中仔细观察报警的详细信息,如:

① 在流程画面中,会在越限的工位数值旁出现报警箭头。

② 在回路总貌画面中,会在处于报警状态的回路处以红色色块标志报警的发生。

③ 对于特别重要的工位,可在组态时定义其强制报警功能,待报警发生后,无论系统处于何种状态下,都会在当前屏幕上出现一条醒目的红色报警条,在报警条中通知用户正在发生的报警的工位名称、报警性质及当前值等,必要时辅以声光报警。

5. 报表管理和打印　HS2000 系统的报表打印功能充分考虑到用户的需要,可方便地组态和打印汉字班报表、日报表、月报表等,省却了一直沿袭的抄表工作。

报表打印功能具有如下特点:

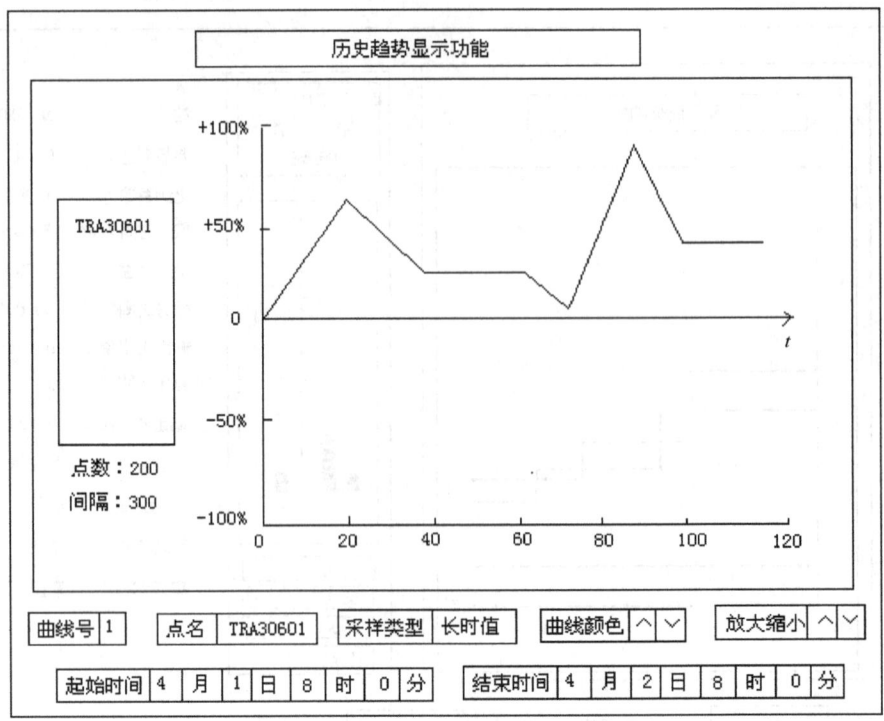

图 3-8 随机趋势曲线显示画面

图 3-9 报警列表画面

① 报表格式由用户在组态时自行决定，组态时采用"所见即所得"的方式，用户可按照自己的习惯定义报表的格式，在屏幕上编辑成的报表格式即为将来在打印机上见到的。

② 报表采用了全汉化方式，生成的报表完全符合中国人习惯的班、日、周、月等形式。

③ 可对报表打印进行精确的定时，包括每天、每周及每月的固定时间打印等。

④ 报表可由事先定义的事件激活打印，一旦发生诸如某物理量越限、开关变位等事件，能自动打印出相关报表。

⑤ 可由用户随时通过键盘调用打印系统中的任何一张报表。

⑥ 在打印任何一张报表的同时，可将此报表备份存入内存，这样一旦因打印机故障或其他原因未能打印出该报表时，可将备份报表调出打印。

⑦ 还可在报表中设置统计计算功能，计算算法可在"控制与算法组态"中具体定义。

⑧ 最多可定义 500 幅报表，每张报表的最大幅面为 80×180，特殊情况下可以增加行数。

6. HS2000 系统的其他功能

（1）提供了较全面的系统自诊断功能，在系统的各个层次进行故障诊断，包括：现场控制站 CPU 主控制器诊断，各过程通道模板诊断和通信网络诊断等。

（2）可通过系统提供的操作界面实现在线组态功能，对各工位的组态信号进行一定的修改，由于这些修改都是在整个系统正常运行的情况下完成的，无须关机、停机，这样就为现场局部的仪表更新或控制系统的小范围检修提供了方便。

（3）系统可对不同级别、不同工段的操作人员施行口令字保护。系统工艺工程师使用较高级别的口令字——工程师口令字；而现场操作人员使用较低级别的口令字——操作工口令字。只有得到工程师口令字允许，现场操作工才能访问诸如在线组态、回路调整等某些高级功能。

（4）通过操作记录功能可将操作人员的一些操作记录在操作记录表内，表上按时间顺序列出了各操作发生时间、操作类别、操作对象等信息，可随机调出、查询。

（5）在线控制策略调试功能，可将自己的控制策略在流程图组态时表现出来，配以相似的动态显示数据，在控制调试时对整个系统的控制逻辑状况一目了然。

（6）利用系统提供的在线时钟维护功能，可以方便地对系统时钟进行修改，并通过网络将时钟信息发至其他各站点，以保证整个系统时钟同步。

（7）文件转储功能，提供了历史趋势数据转储，可以在不退出运行状态的情况下，调用一组实用的文件操作命令，实现硬盘数据向软盘转储。

3.5.3 I/O 现场控制站组态软件

I/O 现场控制站是整个 HS2000 系统的核心部件，对现场信息的采集、各种控制策略的实现都是在现场控制站上完成的，在 I/O 现场控制站上配有固化的运行软件，支持各种控制运算、数据采集、控制策略、故障诊断和冗余切换等。

1. 采集、控制功能 在工程师站组态生成的各种控制策略以及工位数据库等，经系统网络实时下载到各现场控制站以及现场控制站内的 I/O 智能插件中，在此进行信号采集、工程量转换、控制运算及控制信号的输出等。

2. 通信功能 现场控制站的通信功能分为两部分：一是经由系统网络 SNET 与上位操作

站及工程师站组态的通信，各种现场采集信息发给操作站，同时操作站针对操作指令发向控制站；二是控制站内部的通信功能，经由控制网络 CNET，完成主控制器 CPU 与各过程通道模板间的信息交换。

3. 可靠性保障功能 HS2000 系统的现场控制站在各个层次上实现双重化冗余。电源、主控制器 CPU 以及 I/O 通道模板都可实现板级双重化配置，大大提高系统的可靠性。与此相适应，在主控制器、各 I/O 通道模板上都作了相应的软件处理，以保证故障诊断、冗余切换、故障恢复等动作的正常进行。

小 结

本章首先介绍了国内集散型控制系统——HS2000 系统的结构及组成特点，在阐述 HS2000 系统的 3 层网络结构性能时，着重介绍了如何利用这 3 层网络来灵活配置不同规模的集散型控制系统。

其次，通过示例介绍系统的硬件配置方案，要求重点掌握 HS2000 系统的 I/O 现场控制站的硬件配置方法，其内容涉及其 I/O 功能组件的分类、选择等，为后续的 DCS 课程设计打下良好的基础。

最后，介绍了 HS2000 系统组态的基本功能及其应用，要求掌握 HS2000 系统组态的基本思想。

习 题

3.1 HS2000 系统的基本特点是什么？
3.2 HS2000 系统的结构组成有何特点？
3.3 何谓 DCS 的"三站一线"结构？
3.4 HS2000 系统的 I/O 组件分为几种？它们有何区别？
3.5 已知某 HS2000 系统的 I/O 现场控制站的 AI 信号如下：
(1) 控制回路：4~20mA，12 路；
(2) 检测回路：4~20mA，28 路；
(3) 热电阻回路：16 路。
试选择所需 I/O 通道模板的数量和型号，并配套选择 I/O 调理模板及其端子模板。

3.6 已知某HS2000系统的I/O现场控制站的AO信号为：4~20mA，18路。试选择所需I/O通道模板、调理模板及其端子模板。

3.7 已知上题中I/O现场控制站的开关量信号为：

(1) DI：干结点输入，32点；

(2) DO：电平输出，38点。

试分别选择所需I/O通道模板、调理模板及其端子模板。

3.8 某中型HS2000系统的DCS硬件配置如图3-10所示。已知各I/O现场控制站的信号如表3-4所示，试为其中某一I/O现场控制站选择所需I/O通道模板、调理模板及其端子模板。

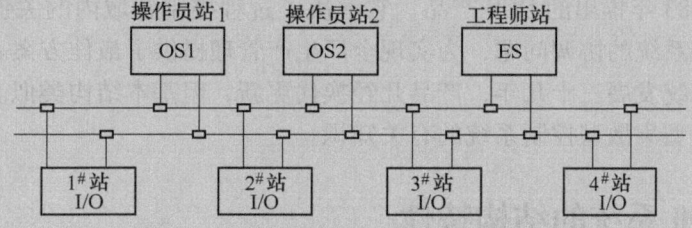

图3-10 某中型HS2000系统的硬件配置

表3-4 题3.8 I/O信号表

信号	站号	11#	12#	13#	14#
AO	控制	4~20mA 12路*	4~20mA 18路*	—	4~20mA 16路*
AI	检测	4~20mA 28路	—	4~20mA 56路	1~5V 32路
AI	热电阻	16路	64路	16	
AI	热电偶	—	20路	8	
AO	控制	4~20mA 12路*	4~20mA 18路*	4~20mA 8路	4~20mA 16路*
AI	检测	—	4~20mA 16路		1~5V 32路
DI		干结点48点	—	干结点32点	干结点16点
DO		晶体管输出32点	—	—	—

注：表中含有"*"标志的各项均为冗余结构。

第 4 章　大型集散型控制系统—TDC3000

TDC3000 集散型控制系统是美国霍尼韦尔（HoneyWell）公司在 TDC2000 的基础上，经过 8 年的研究，于 1983 年推出的 DCS 产品。它解决了过程控制领域内的关键问题——过程控制系统与信息管理系统的协调问题，为实现全厂生产管理提供了最佳方案。

集散型控制系统发展三十几年，产品几经换代更新，但基本结构类似。本章以 TDC3000 产品为例，介绍大型集散型控制系统的有关知识。

4.1　TDC3000 系统的结构特性

图 4-1 所示为典型集散型控制系统 TDC3000 的结构图。TDC3000 系统主要由三种通信网络组成，它们是局域控制网络（Local Control Network，LCN）、通用控制网络（Universal Control Network，UCN）、高速数据通路（Data HiWay，HW），每种网络上挂有不同功能的模块，实现控制系统的分散控制、集中管理。下面就分别介绍这三种网络的特性。

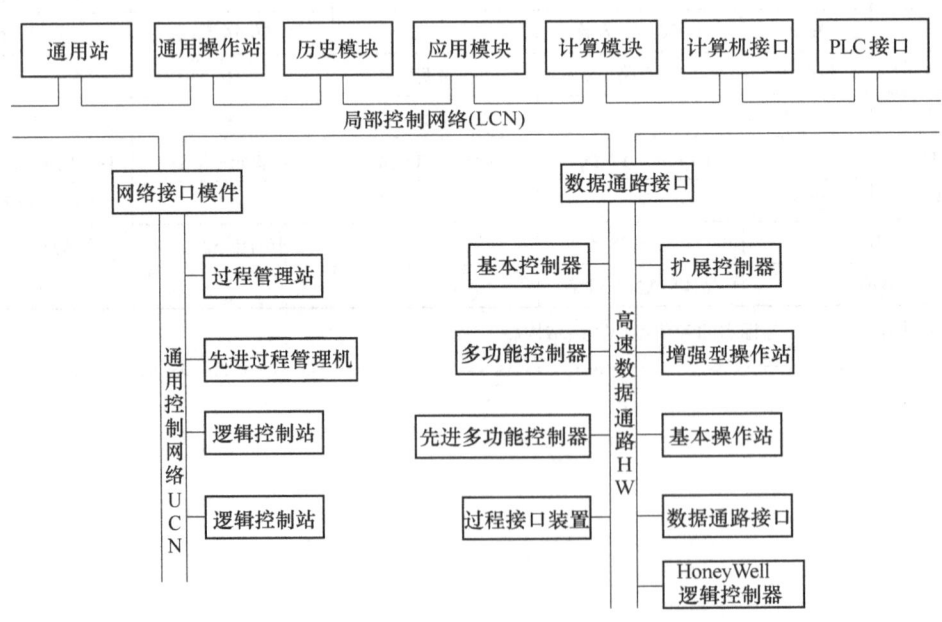

图 4-1　典型集散型控制系统 TDC3000 的结构图

4.1.1 TDC3000 的局域控制网络

局域控制网是 TDC3000 的主干网,它是短程高速通信链,采用冗余结构,令牌存取通信控制方式符合 IEEE802.4 标准,传输速率为 5Mbit/s,总线拓扑结构,传输距离不大于 300m。其功能就是联接一系列内部模块,与局域控制网相连的设备最多达 64 个模块,通过扩大器可连接 96 个模块。

在 TDC3000 的 LCN 网上挂接着许多模块,下面就逐一介绍。

1. 通用站(Universal Station, US) 通用站是 TDC3000 的主要人机接口。它的控制台内集成了一个可灵活组态的系统,一般每个控制台配备三台通用站,一台用于总貌显示,一台用于单元细目显示,另一台则用于报警显示。如果其中一台用于过程编程或维修,另两台就可以取代它的全部功能。

按操作任务划分,通用站功能可分为工程师功能、操作员功能和维护人员功能。工程师功能是指系统网络组态、过程组态、区域数据库组态、流程图绘制、自由报表编制、控制程序编写等;操作员功能是指监视或控制生产过程、处理报警显示、打印报表、报告趋势、监视系统状态及显示流程画面等;维护人员功能是指提供硬件显示、故障诊断、显示及打印故障信息等。

所以说,一个 US 可以由操作员、工程师或维护人员分别操作,用以完成不同的任务,例如生成全系统的管理调度图表画面、生成历史画面和趋势画面等。

2. 通用工作站(Universal Work Station, UWS) 通用工作站是 TDC3000 的又一个人机接口,具有 US 的全部功能。它主要是为工厂办公室管理设计的,用来做模块标准控制台或专门用户控制台,对生产过程进行集中监视、操作和管理,具有"触摸屏幕"和"开窗口"功能。

3. 应用模块(Application Module, AM) 它是用控制语言(Control Language, CL)来完成通用控制网络和高速数据通路网络上所连接的模块不能实现的功能,如高级控制功能、复杂及多变量运算功能等,并可提高过程控制及管理水平。每一应用模块能高速地处理多达 1500 个回路的信息,必要时还可冗余配置多个应用模块,以降低操作故障。

4. 历史模块(History Module, HM) 历史模块是 TDC3000 的存储单元,可以用来存储过程报警、操作员状态改变、操作员信息、系统状态改变、系统维护及提示信息、连续过程历史数据等。另外,还可以存储系统文件、确认文件及在线维护信息。它是应用模块和通用站的数据源模块。

5. 计算模块(Calculating Module, CM) 计算模块可以通过使用高级编程语言编程来实现更高水平的控制。它可以与其他计算机进行通信,使用预先编好的软件包,也可以为用户提供开发、调试和实施诸如执行过程优化、生产规划和工厂管理等程序的开发环境。

6. 接口模块

(1) 网络接口模块(Network Interface Module, NIM) 网络接口模块提供了通用控制网络与局域控制网络的通信指标,并实现了协议间相互转换。它使局域控制网上模块能访问通用控制网络设备上的数据,并将局域控制上的程序和数据库装载到增强型过程管理站(APM)等通用控制网络设备上;也可将 NIM 设备的报警及信息传递到局域控制网。每个局域控制网最多有 10 个冗余 NIM 模块。

(2) 高速通道接口(HiWay Gateway,HG) 它是高速数据通路网与局域控制网之间进行数据传输和格式变换的双向接口,主要作用是信息交换、匹配、诊断、报警和时间同步。

(3) 计算机接口(Computer Gateway,CG) 它提供了诸如DEC、IBM、HP等上位机与局域控制网络相连接的接口。

(4) 可编程控制器接口(PLC Gateway,PLCG) 它是局域控制网络与可编程序控制器进行通信的接口模块。

(5) 工厂信息网络接口(Plant Information Network Module,PINM) 它是局域控制网络(LCN)与全厂信息网络(PIN)进行通信的接口模块。

4.1.2 TDC3000的通用控制网络

通用控制网络(UCN)是1988年开发的、以MAP为基础的双冗余实时控制网络,采用令牌总线通信方式,传输速率为5Mbit/s,支持32个冗余设备,应用层采用RS511标准。UCN网是作为直接与过程相连接的数据采集和设备控制的通信通道。

在TDC3000的UCN网上还挂接着一些其他模块。

1. 逻辑控制站(Logic Manager,LM) LM是用于逻辑控制的现场控制站。它具有PLC控制的特点,同时在UCN网络上可方便地与系统中各模块进行通信,使DCS与PLC更有机地结合。LM能使其数据集中显示、操作和管理,LM提供逻辑处理、提醒逻辑编程和逻辑程序执行等操作,能与LCN和UCN网中的模块进行通信,并利用控制网络设计特点,把快速逻辑控制和TDC3000过程管理功能有机地结合起来。

2. 过程管理站(Process Manager,PM) PM集多功能控制器和过程接口单元两者功能于一体,并在速度、容量和功能方面有更大改进和提高。PM由过程管理模块(PMM)和I/O系统两部分组成,其中PMM由通信处理器和调制解调器、I/O链接口处理器、控制处理器等三部分组成;I/O系统由一个冗余的I/O链和最多40个I/O处理器组成。

PM为数据监测和控制提供了高度灵活的输入/输出功能及强大的控制功能。由于具有专用调节控制功能、全集中联锁逻辑功能,并采用面向过程工程师的高级语言(CL/PM),PM可方便地实现连续控制、逻辑控制、顺序控制和批量控制等功能。PM的快速扫描周期达0.75s,速度是增强型多功能控制器(AMC)的2倍。一个PM可处理多达50000条CL/PM语言。

3. 增强型过程管理站(Advanced Process Manager,APM) APM是过程管理站(PM)的发展,它为用户提供一个可靠的输入/输出及控制技术,除了具有PM的相同功能外,APM还可以提供更密集的连续控制和离散控制以及某一装置的子系统信息。

过程管理站和增强型过程管理站具有相同的结构,使用同样的输入/输出端子FTA、同样的供电机柜,并且可以进行完全的点对点通信。

PM和APM是TDC3000的关键部分,二者都能提供以下的控制和数据采集功能:

1) 可组态的常规控制。
2) 可组态的离散控制(包括逻辑和电动机控制)。
3) 与子系统装置进行串行通信。
4) 光纤远程输入/输出。
5) 与现场仪表连接,实现数字一体化。

由于 PM 和 APM 具有强大功能，因此，它们可以帮助用户更好地管理生产过程，提供灵活、直接的过程及连接，具有从简单到复杂的各种控制功能，其先进控制策略将连续、顺序、逻辑和数据采集功能以及复杂的数学运算一体化。

以上提及的 LM、PM、APM 都是新型的过程控制和数据采集系统，采用 IEEE802.4 标准通信协议。

4.1.3 TDC3000 的高速数据公路

高速数据公路是第一代集散型控制系统的通信系统，采用串行、半双工工作方式，存取采用定时询问方式控制，传输介质为 75Ω 同轴电缆，传输速率为 250kbit/s。为了通信可靠，高速数据通路网(HW)都是冗余配置的。HW 是作为直接与过程相连接的数据采集和控制设备的通信通道，即过程控制单元、数据采集器的现场信息经过 HW 送到 CRT 操作站和监控计算机进行集中处理；反之，CRT 操作站和监控计算机的操作、管理信息经由 HW 送至 PCU 和 DAU。

1. 基本控制器(Basic Controller,BC)　它是第一代 DCS 过程控制单元，它由一个以微处理器为基础，能提供多功能控制的控制器文件夹，一个用来与过程信号(PV)相连接的专用端子盘和作为人机接口的数据输入器三个部分组成。其中控制器文件夹包含 8 个计算模块（由软件实现的控制功能槽，SLOT），可组成 8 个单回路或若干个复杂控制回路；一个端子盘，盘上共设有 8 条端子排，用以连接现场的输入、输出信号，并且它包含一块带有端子板、插座及其他电气器件的印制电路板；一个数据输入器，它是数据板和 SLOT 选择器的总称，由一个输入键锁、两个数字显示器和不同的功能按键组成。其中 SLOT 选择器由 8 个 SLOT 按钮、一个保持键和一个复位键组成。

基本控制器这种过程控制和数据采集装置，将控制、通信和显示策略有机地结合成硬件、固体和软件包。它可以组成不同的控制方案，控制一个或多个回路，可以实现较复杂的控制功能，例如串级控制、前馈控制等。

2. 增强型控制器(Enhanced Controller,EC)　增强型控制器主要完成连续输入/输出和逻辑操作，提供 16 个控制输入、8 个控制输出、16 个数字量输出和 16 个任选的数字量输入。

3. 多功能控制器(Multifunction Controller,MC)**和增强型多功能控制器**(Advanced Multifunction Controller,AMC)　MC 是第二代 DCS 中最主要的现场控制单元，是在第一代系统的基本控制器基础上发展起来的，采用了更先进的 CPU 芯片（如 M68020）和更大存储容量的 ROM、RAM、EPROM 等存储设备，它由控制器文件夹、点卡文件夹、端子板和连接电缆等组成。它不仅具有连续控制功能，而且还具备顺序的批量控制功能，以及对 I/O 更完善的监控功能，并可完成各种复杂运算。MC 和 AMC 都能够进行 I/O 信息操作、逻辑运算以及间歇（批处理）操作过程的顺序控制。它们都有 16 个模拟控制回路，最多可处理 32 点模拟输入、72 点模拟输出、256 点数字信号输入和 64 点计数器输入信号。两者的基本区别是插件大小不一样（AMC 大）和槽口处理速度不一样，MC 是每秒处理一次，AMC 是每秒处理两次。

4. 增强型操作站(Enhanced Operator Station,EOS)　增强型操作站由硬件和软件两部分组成。其中硬件包括 CRT 监视器、键盘、软盘驱动器及电子组件箱四部分；软件主要由系统程序磁盘和数据磁盘两大类磁盘组成。

EOS 是子系统中的操作站(即挂接在数据公路 HW 网上,而不是 LAN 网上),在原来 CRT 操作站的基础上,加强集中监视操作、工艺流程图显示以及任意格式报表打印等功能,改善人机交换界面。

5. 新操作站(US*)　它使用开放的 X-Window 技术,操作员能够同时观察工厂信息、网络数据和过程控制数据。

另外,还有本地批量操作站(LBOS),它主要用于小型系统。

4.2　TDC3000 系统的数据采集和控制

TDC3000 提供了从简单到复杂整个范围内的各种控制策略,许多工厂的控制策略现在可以采用一台 HoneyWell 的过程管理机来完成,它不仅能用来实现数据采集,而且还可扩展成强有力的控制功能,其中包括调节、逻辑和顺序控制,以适应连续的、分批的(间歇)或混合的控制。

对于一些控制场合,需要高级控制和强有力的计算功能来完成诸如高级最优化、历史数据管理和数据采集等任务,那么,就需要从过程管理站(PM,或高速通路模块)、应用模块(AM)和计算模块(CM)中根据最佳性能价格比来选择相应的控制系统以满足它们的实际需求。

对于一个典型的过程加热炉(见图 4-2),要求实现空气和燃料油的流量控制,其连续控制是由一些标准的算法,加上用户控制语言和 Fortran 语言编写的控制软件来实现的。

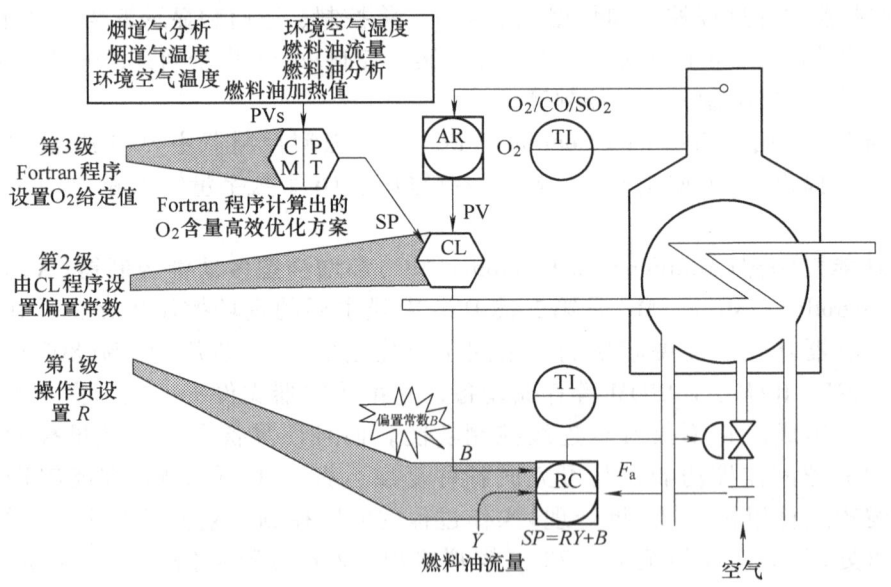

图 4-2　过程加热炉

为了更好地理解集散型控制系统的工作情况,现将在本教材中涉及的一些 DCS 图形符号归纳如下,见表 4-1。

表 4-1 常见的集散型控制系统部分图形符号表

类型	图形符号	功能说明	类型	图形符号	功能说明
控制	RC	比率控制器	控制	TIC	温度指示控制器
	FC	流量控制器		FIC	流量指示控制器
	PC	压力控制器	检测	TI	温度检测装置
	TC	温度控制器		PI	压力检测装置
	Σ	加法控制器		AR	分析记录仪
	×	乘法控制器	程序	CL	CL语言编制的程序段
	/	除法控制器		C P / M T	Fortran 语言编制的程序段

在图 4-2 中的第 1 级，空气和燃料油流量的比例是由与过程相连接的比率控制器来维持的。该控制器的设定值 $SP=RY+B$，其中 B 是空气流量的一个偏置常数，它是由另一级的计算获得，燃料油流量 Y 通过测量获得，而比率值 R 由操作员输入。

在图 4-2 中的第 2 级是来维持合适的氧含量。需要考虑烟道气中氧气 O_2 的含量（如图 4-2 所示）、空气和进料流入速率以及两股燃料总的燃料热（没有画出来）。操作员输入 O_2 的设定值，但是在本例是通过另一级的程序计算得到。

在图 4-2 中的第 3 级采用用户编写的 Fortran 程序。该程序计算的燃料效率作为过程变量，然后使用一过程模型，用以确定优化的 O_2 含量，并送出 O_2 的给定值到 CL 程序中，从而使燃料消耗量最小。CL 程序计算偏差量，同时投送给高速通路箱作为一个偏置值，该值是实际过程条件所要求的典型数据。

4.2.1 数据点介绍

数据点是处理信息的基础。在 TDC3000 中，所有过程数据和控制信息都以"数据点"形式表示。数据点集中了有关的参数和过程信息，一个参数可以是一对一的数据情况，例如一个数据点可以包含所有的数据值和关于控制回路的控制功能信息。每个数据集合和控制功能可以与一个或多个数据点连接。

1. 数据点结构　一个数据点包括三个部分内容：标志名、参数和功能。根据数据点类型，这三部分的内容可能不一样，但是其基本部分是相同的。

（1）标志名。由一字母数字名来区别每一数据点，每个名字是由 1~8 个字符组成的，而第一个字符必须是字母。

（2）参数。每个参数包含一个单一的值，该值可能是以下几种情况。

1) 输入数据：流量、温度、压力等。
2) 整定参数：增益、时间常数、偏置、倒数等。
3) 输出数据：阀门输出、报警状态等。

一个数据点所需的参数作业需要冠以名字，例如，若一个作业需要数据点 TIC100 输出，则简单地冠以 TIC100.OP 的名字。

（3）功能。当要求处理数据点时，被执行的功能都在功能组中，有些数据点仅有已固化的固定功能，它们适用于那些预先要完成作业的数据点类型。另外，数据点既有固定功能，也有用户所规定的功能，这些功能可能是算法、由用户所规定的一系列顺序步骤或用户写成的程序。

例如：

仅含标志名的数据点	TIC100
含有参数的数据点	TIC100.PV = 527F
	TIC100.SP = 543F
含有功能的数据点	OP = Function of （PV,SP,其他参数）

2. 数据点类型 为了简化建立数据点的过程，TDC3000 根据所完成的指定任务类型来标志数据点的类型。上述所提及的固定功能，随数据点的类型变化而变化。例如一个自力式控制器数据点，除了用户能选择的、固定的、允许接受输入的功能外，还要完成合适的校核，作为一种指令处理它们，并产生一个输出。换句话说，一个数字输入数据点，所具有的固定的功能是允许变换原始数字状态成为 PV 值，以供显示、记录或传输到其他数据点上。

表 4-2 列出了 TDC3000 常用的数据点类型，并简单地总结了它们所完成的基本功能，以及它们可以执行的位置。在 TDC3000 中，它们可以是在 UCN 装置、数据高速通路、应用模块或计算模块中被执行。每个数据点类型可完成的典型任务有：过程输入、标准控制、用户控制和实用程序等。

表 4-2 TDC3000 常用的数据点类型

数据点类型		执行地点				数据点功能
		UCN	HW	AM	CM	
过程输入	模拟输入	√	√			过程原始变量并转换成工程单位的 PV
	数字输入	√	√			过程原始状态并转换成 PV
	计数器	√	√	√		计数脉冲或转换成工程单位的计数值，用来累加如下的值：流量、速度、体积、事件计数等
标准控制	自力式控制器	√	√	√		组成的算法或 CL 算法的 PV 及 OP
	过程模块			√		执行由用户写在 CL 中的过程管理机或多功能控制单程序
	模拟 I/O 集成元件			√		显示 PV 并接收命令输出到某一执行控制环节
	数字 I/O 集成元件	√		√		显示 PV 并接收命令输出到某一最终控制环节
	逻辑	√	√			执行逻辑算法并输出参数到组态连接点

(续)

数据点类型		执行地点				数据点功能
		UCN	HW	AM	CM	
用户控制	用户			√		支持用户写的 CL 程序
	开关		√			从一个策略到另一个策略的条件开关
	高级控制接口数据点（ACIDP）				√	在计算模件中 Fortran 或 PASCAL 程序与系统数据库的接口
	计算结果数据点（CRDP）				√	存储 ACIDP 的计算结果
输出	模拟输出	√	√			将工程单元的 OP 转换 4~20mA 的输出值
	数字输出	√	√			OP 转换成一触点输出状态
实用程序	标志	√	√	√		允许操作员用于顺序功能通信或作为数字"便笺式存储器"变量
	定时器	√	√	√		定时过程作用，如保温时间、装料等
	数字	√	√	√		存储一可以设定或显示给操作员以及读出或设定顺序功能的数值。允许操作员与顺序功能通信，或可以用数字的"便笺式存储器"
其他	处理器状态			√	√	为一个 LCN 为基础的模件捕捉特征数据
	箱参数（PM 或 MC）	√	√			提供存取过程管理员或多功能控制器标志、数字以及时间变量

注：PV＝过程变量；OP＝控制输出；EU＝工程量单位。

3. 数据点驻留 数据点可以驻留在 TDC3000 中的一些部件里（见表 4-3）。当网络组成时，工程师规定了过程连接装置或 LCN 模块。该数据点保存在何处，由存取数据的信息出口来决定。

表 4-3 数据点驻留

数据点驻留	可用数据点信息出口
以高速通路为基础的箱	从它的过程连接点得到箱和信息
过程管理机	内部的从它的过程连接点得到信息，以及从同一通用工作站上的过程管理机得到信息
应用模块	在线数据库（来自系统所有节点上的现行数据）
计算模件	在线数据库+CM 文件+HM 历史文件

保存在数据点的装置或模块类型可能制约该点的功能。例如，在过程管理机或应用模块中的一个调节数据点与在基本控制中的调节点相比，对报警功能可有更多的选择。

4. 数据点的建立 在 TDC3000 中，一个特殊的"编码程序"功能，是用来在过程数据库中建立数据点的，并且输入它们所需要的信息。首先，"编码程序"需要数据点的名字和类型，基于这种初始信息，编码程序提供给工程师一系列关于定义这些点的问题（表格）答案。数据点建立起来以后，它的信息装入数据所驻留的装置中。

4.2.2 数据点应用

具有固定功能的数据点都可以被应用。例如，为得到一个工程量单位的 PV 的简单情况，工程师只要简单地在过程管理机中组态一模拟量输入数据点即可。换句话说，通过对一个数据点的功能、算法、控制语言和应用程序的描述，使工程师根据工程需要，对那些可选择功能的数据点作简单的或复杂的处理。

1. 算法 TDC3000 提供的标准编程的子程序称为算法，用来实现某一宽范围内的调节控制，各模块所能应用的算法如表 4-4 所示。在数据点组态时，根据所要实现的控制要求，工程师可以从所列的算法清单中做出选择，然后，根据所选择算法的类型，输入 PV 范围、SP 来源、报警限值、增益和标尺因子等。当数据点建立后，应用这些参数，所选择的算法程序就可以执行。

表 4-4 可使用的算法功能

算 法	BC	EC	MC	PM	AM
PID	√	√	√	√	√
算 术 运 算					
加	√	√	√	√	√
乘	√	√	√	√	√
除	√	√	√	√	√
选择器	√	√	√	√	√
纯滞后	√	√	√	√	√
超前/滞后		√		√	√
流量补偿		√		√	√
开关	√	√	√	√	√
逻辑		√	√	√	√
表示特征		√		√	√
自动/手动	√	√	√	√	√
数据采集	√	√	√	√	√
比率	√	√	√	√	√

例如，图 4-3 所示为在某一过程连接装置中，仅使用具有标准算法的连续控制图，其中的数据点包括：进料温度前馈控制和一个圆筒炉的空气/燃料比值控制。

（1）前馈控制。在图 4-3 和下述方程中，各物理量含义如表 4-5 所示。

表 4-5　图 4-3 参数列表

参数	含　义	参数	含　义
C_f	过程物料比热容	t_o	物料出口温度
F_g	废气的质量流量	X	温度控制器输出
F_f	进料质量流量	Q_f	把物料从进口温度升到出口温度所需要的总热量
H_g	废气热值	B	空气流量偏置
K_1	废气的热值常数	Q_g	由废气供给的热量
K_2	燃料油的热值常数	F_o	燃料油质量流量
K_3	出口温度常数	Q_o	由燃料油供给的热量
K_4	所需热量常数	R	空气/燃料比
t_i	物料入口温度		

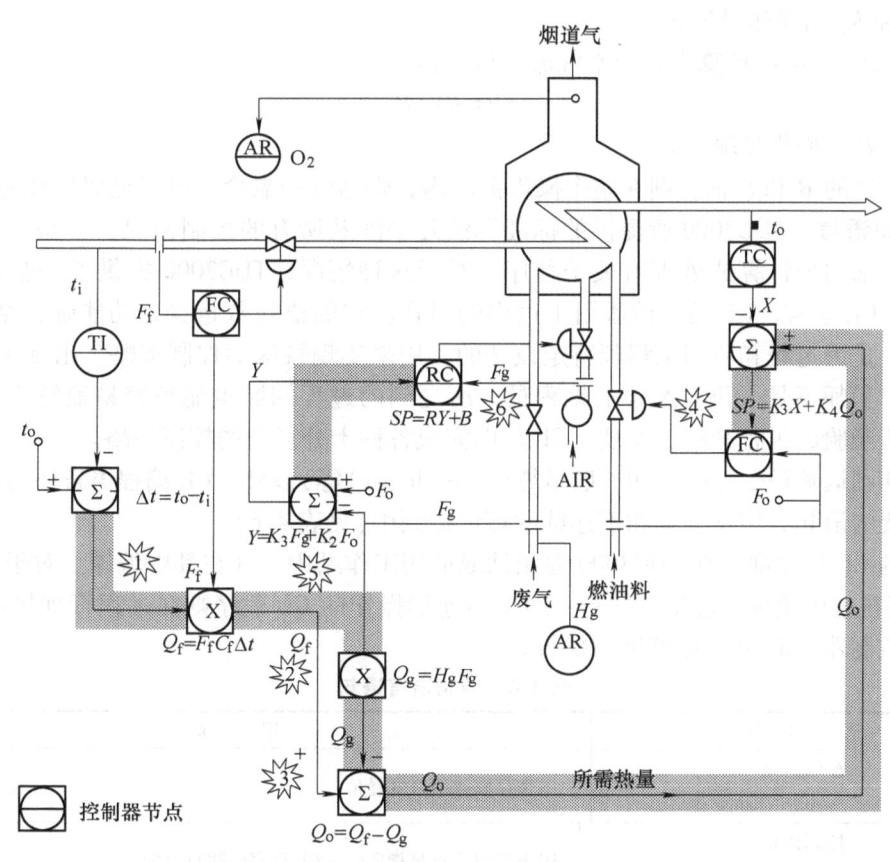

图 4-3　具有标准算法的连续控制图

在这个前馈控制例子中,当被处理物料量增加(或减少)时,就必然会导致由两股燃料所提供的总热量的增加(或减少)。所以 3 股热流(热量输入)要应用求和公式(4-1)与相乘公式(4-2)加以计算。

$$\Delta t = t_o - t_i \tag{4-1}$$

$$Q_f = F_f C_f \Delta t \tag{4-2}$$

其中，C_f 由操作员输入。

而 Q_g 可由式(4-3)计算求得，即

$$Q_g = F_g H_g \tag{4-3}$$

其中，H_g 由操作员输入。

燃料油供给热量 Q_o 可由式(4-4)计算求得，即

$$Q_o = Q_f - Q_g \tag{4-4}$$

因此，燃料油的供给是出口温度和物料进料流量两者的函数，即可由式(4-5)求得。

$$SP = K_3 X + K_4 Q_o \tag{4-5}$$

（2）空气/燃料比值控制。根据所用油和废气总量以及烟气中希望的氧气含量，本控制方案也控制空气流量。

首先，用式(4-6)计算总的热量(BTU)含量。

$$Y = K_1 F_g + K_2 F_o \tag{4-6}$$

其中，K_1 和 K_2 由操作员输入。

然后，用式(4-7)计算有效的空气流量给定值。

$$SP = RY + B \tag{4-7}$$

其中，B 和 R 由操作员输入。

选用合适的 B 和 R 值，则在整个操作范围内，烟道气中氧含量可以近似保持为常数。

2. 控制语言 TDC3000 所提供的标准算法几乎涉及所有的控制情况，但是，也有一些控制方案要求用户计算或处理有关子程序。对于这种情况，TDC3000 提供了一套高级的控制语言——CL 语言。CL 是一种适用于过程的语言。它的语句数量少，功能强，结构简单，使用方便，是为过程和应用工程师特定设计的，用来实现特殊的控制策略。出现了 CL 语言后，即使工程师不是一位有经验的编程员，所遇到的过程问题也能很容易地解决。换句话说，有编程经验的工程师将会发现，CL 足以完成各种十分复杂的控制策略。

除了四则运算 $(+,-,\times,/)$ 和一般运算（如 e^x、$\log(x)$ 等）以外，CL 编程语言还提供了一般的适于过程的语句，用于连续和不连续的环境控制中（见表 4-6）。

所有的 CL 程序都写在 TDC3000 通用站或通用工作站中，并在其中编译。对于连续操作的 CL 程序在应用模件中驻留和执行；对于不连续操作的 CL 程序则在过程管理机（CL/PM）和多功能控制器（CL/MC）中驻留和执行。

表 4-6 控制语言语句

语 言 类 型	用　途
存取语句 read　set　write　change　state	用来存取或更换变量值
控制语句 if　else　loop　then　goto　repeat	用来指向或重复指向——CL 程序的执行流向
延迟语句 pause　wait	在特定时间停止 CL 程序的执行
通信语句 call　fall　initiate　send　restart	允许一 CL 程序与它自己的子程序、其他 CL 程序或操作员进行通信
终止语句 resume　exit　abort　end	指令——CL 程序或子程序结束

在应用模块中，CL 程序可以与相应的调整用户和开关数据点类型相联系。在过程管理机和多功能控制器环境中，CL 程序可与过程模件数据点相联系。

（1）在连续操作中的 CL。对于连续操作过程，一个 CL 程序可称为一个"CL 块"，而且在 AM 中可以实现以下功能：①用某一用户的算法代替标准的 PV、控制或逻辑算法；②修正标准的点处理子程序；③提供用户处理子程序。

图 4-4 是图 4-3 燃料炉例子的继续，在图 4-3 中描述了如何使用 CL 程序来稳定两股燃料热量的波动和烟道气的氧含量。在图 4-4 及下述方程中，与图 4-3 中相同的字母表示的物理量含义相同。

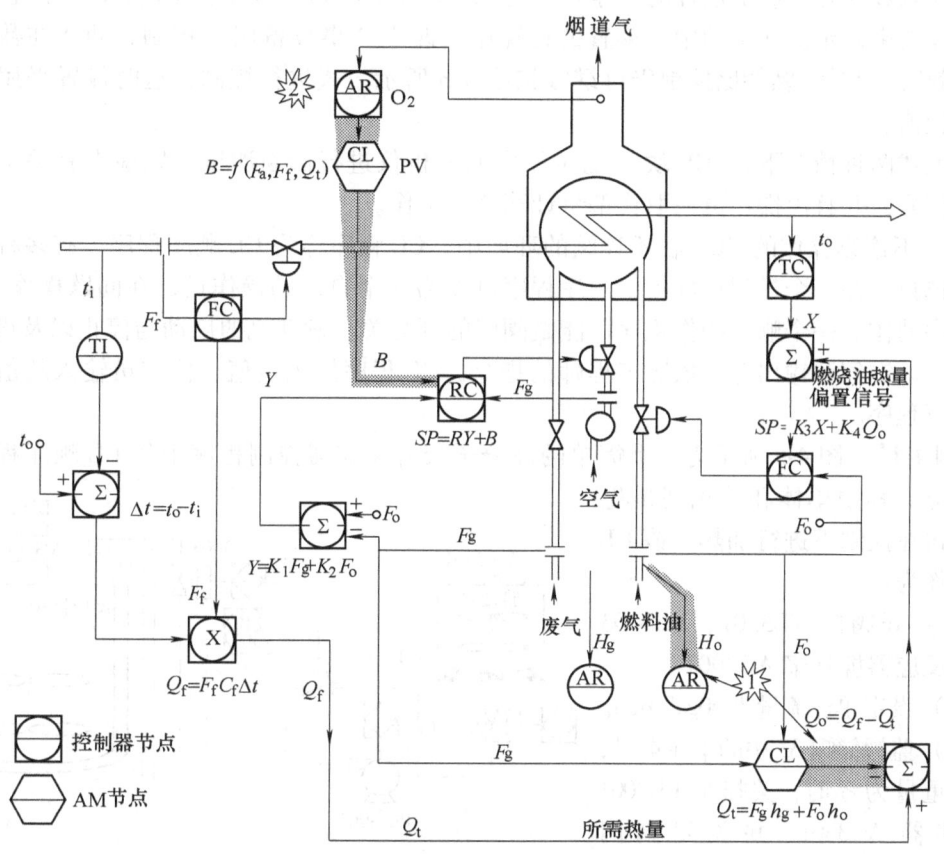

图 4-4　具有 CL 的连续控制

1）燃料和废气的浓度控制。在分析图 4-3 的控制方案时，假设燃料油的热量为常数，但实际情况并不是这样的。因此，用一台秒级分析记录仪（AR）来分析燃料油的燃烧热（h_o）。由与 CL 相连的数据点来读取和确认热值分析仪的数据，然后按式（4-8）计算两股燃料所提供的总热量 Q_t，并且将该值

$$Q_t = F_g h_g + F_o h_o \tag{4-8}$$

送到一个求和计算器，同物料流升高到适合出口温度所要求的总热量（Q_f）进行比较。因此，燃料油和废气浓度的任何变化立即影响到求和点数值，系统将其作为总的燃烧热偏置信号来处理。

如果从 CL 点输出的数据值变成无效,则前馈控制回路恢复到如图 4-3 所示的原样,即废气燃烧热不作考虑。

2) 氧含量控制。因为炉子的非线性,若保持空气与燃料比为常数,可使燃料在整个炉子的操作范围可以获得有效的燃烧,但实际中空气流量值可能不是最佳。

在本例中,基于分析仪的数据,与 CL 相连的数据点为比例控制器 RC 计算出一个空气流量偏置(B),该值是空气流量速度 F_a、进料质量流量 F_f 和总热量 Q_t 的函数,即

$$B = f(F_a, F_f, Q_t)$$

这一函数式是一燃烧过程的"学习模型",即可设定偏置(B)或比例(R),而且其余的值由操作员来设定。在本例中,偏置的计算用来改进"事故备用"控制,即使在数据点的输出失效时,空气/燃料比控制仍可继续按图 4-3 所示方式进行控制,这时偏置采用上述最好的偏置值。

在上述两种情况下,"CL 块"也对相应的分析仪进行诊断测试,以检查有关事故或不可信的信号,并且由操作员来取代偏量计算这项工作。

(2) 不连续操作的 CL。在不连续的环境中,CL 程序称为 CL 顺序程序,有多种可执行语句供选择。在一个过程模块中,顺序程序可作为一个自动的操作员,在间歇操作过程中,指导顺序动作。一个顺序操作程序可能是阀门的开与关、发动机的启动与停止以及设置数据点模式、设定值和输出等。依照工程师的指令,CL 程序按固定值、操作员输入的值或计算结果执行程序。

【例 4-1】 图 4-5 所示为一个简单的高分子聚合反应器控制程序中的 CL 顺序程序动作的一部分。其中单体和催化剂是先混合好再在控制下进行加热。该 CL 顺序动作为:

(1) 开阀门 VL3301、VL3003 并启动反应器搅拌桨 AG3001。

(2) 设定单体流量为 50gal/min。

(3) 监视储罐 33 中的单体重量,当储罐重量为零时,关掉泵 PU3001 和搅拌器 AG3301,并关闭阀门 VL3301 和 VL3003。

(4) 将单体流量回路投入人工操作,并且确保底阀完全关闭。

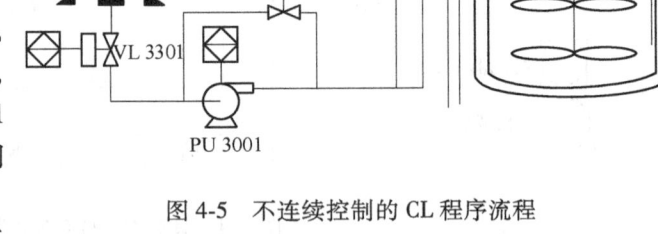

图 4-5 不连续控制的 CL 程序流程

(5) 给通用站送出一个信息,显示给操作员看,待确认后,再处理下一阶段。

CL 顺序程序为:

—— Phase 3 __ ch __ R30
　　—— step chrg __ mon
　　　　　OPEN VL3301,VL3003
　　　　　ON　AG3001
　　—— set flow to 50GPM

```
        SET   FIC301.SP=50
        ON    PU3001
        WAIT  WT3301.PV=0
        OFF   AG3301.PU3001
        CLOSE VL3301，VL3003
—— put loop in Manual and close valve
        SET   FIC301.MODE=MAN
        SET   FIC301.OP=0
—— display message for operator
        SEND（wait）："monomer charge complete"
```

注：标注"——"的语句为注释语句，不影响程序运行结果。

【例 4-2】 图 4-6 所示为某反应器自动加料、升温、恒温、降温、放料顺序控制系统的控制流程。其中 VL102 为进料阀；VL101 为进水阀；出料由泵 PUMP 控制；反应器由 TIC001 控制回路改变蒸汽阀开度实现。

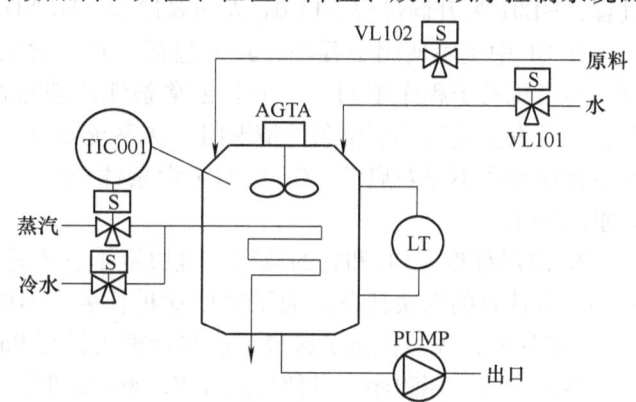

图 4-6 反应器自动加料、升温、恒温、降温、放料顺序控制系统

控制顺序如下：

（1）顺序启动时应确认：关出口泵 PUMP，进水阀 VL101 和进料阀 VL102 关。

（2）水、料比为 2∶1，总容积为 75%液位。

（3）开 VL101，当液位>50%时，关 VL101。

（4）开 VL102，当液位>75%时，关 VL102。

（5）搅拌。

（6）开蒸汽阀，自动升温由 TIC001 控制，给定 95℃，达到后保温 20min。

（7）关蒸汽阀，开冷水阀，降温到 20℃，关搅拌，保温 10min。

（8）开泵 PUMP 放料，当液位<5%时，关泵，结束。

CL 语言程序为：

```
    TST1：OPEN VL101              （加水）
         WAIT LT>50%              （液位到 50%）
         CLOSE VL101              （停止加水）
         OPEN VL102               （开进料阀）
         WAIT LT>75%              （液位到 75%）
         CLOSE VL102              （关进料阀）
         ON AGTA                  （开搅拌器）
    HE01：SET TIC001.MODE=ATUO    （自动调节温度）
         SET TIC001.SP=95         （设定温度 95℃）
         WAIT TIC001.DV<0.5%      （升温到 94.5℃）
```

```
        WAIT 1200 sec                （等待 20min）
        SET TIC001.SP=20             （设定降到 20℃）
LH01：WAIT TIC001 PV<19.5            （降温到 19.5℃）
        OFF AGTA                     （关搅拌器）
HEND：WAIT 600sec                    （等待 10min）
        ON PUMP                      （开排料泵）
        WAIT LT<5%                   （液位小于 5%）
        OFF PUMP                     （关出料泵）
        END                          （结束）
```

本程序段每句后面"（）"内的内容为对本句程序的解释。在本段程序中，TST1 为加料过程，HE01 为升温过程，LH01 为降温过程，HEND 为放料结束过程。

在 CL 中也可使用子程序，其中包括一种称之为"非正常条件处理器"的特殊的子程序。与常规的子程序不同，一个非正常条件处理器在执行完毕后，不能回到主程序上。因此，一旦发生这种非正常条件情况时，该系统就发生作用，直到非正常条件处理完之前，确保主程序动作不重新启动。CL 对非正常条件提供了 3 级的不同响应：保持原状、停车和紧急事故停车。

3. 应用程序　CL 和它的运行环境决定了它不适合执行诸如线性规划、某些高级控制等需要复杂计算的大块任务。为了完成这种任务，TDC3000 给主计算机（例如 HoneyWell Bull DPS6 或 DEC，VAX）提供了接口。这些计算机具有 Pascal 和 Fortran 语言的高级编程功能，编写这些语言的应用程序，可使用从 TDC3000 模件传来的数据。但是，在系统中程序的运行与数据点处理不相关，因为它们在 TDC3000 结构中的位置不一样。这种程序可对整个系统存取数据，其中包括历史数据。

（1）应用程序和数据点。在上述情况下，计算模块像 TDC3000 中的其他装置和模块一样，过程数据点在组态时被指定和分配。大多数模块中，数据点所包含的信息直接与过程（如 PV，SP，OP）有关，或与控制回路中的常数、范围和限制值有关。但是，在 CM 中，对于 Pascal 和 Fortran 程序，则与数据点包含的信息有关。

与 CM 数据点类型有关的是高级控制接口数据点（ACIDP）。每一个 ACIDP 连同一个 Pascal 和 Fortran 程序，以及该程序所包含的信息（如程序名、状态和执行步骤等），都可以在通用站上观察到。

计算模块还有另外一些数据点类型，称为计算结果数据点（CRDP）。CRDP 是用来存放 Pascal 和 Fortran 程序的计算结果，从而使得这些计算结果可为 LCN 上其他模块所使用。与 ACIDP 不同，一个 CRDP 不附在某一特定的程序里，它的内容可被多于一个的程序所利用。

图 4-7 所示为 Fortran 程序提供的一个高级控制应用示例，该程序用来计算燃料消耗最小时的燃料效率。由图可见，两个温度指示器 TI 提供给 Fortran 程序一些可能的 PV 信号。从而，Fortran 程序计算出氧气含量的最佳设定值 SP，同时，使得该 SP 可作为用户数据点 CL 程序的输入。为了调整氧气的供给量，反过来可以计算所要求的偏置 B。

（2）Pascal 程序在计算模块中执行。Pascal 程序语言有两个基本优点：容易修改并且自动生成文件，这样，除了方便编程员自己之外，还使其他阅读者对程序的目标一目了然。另

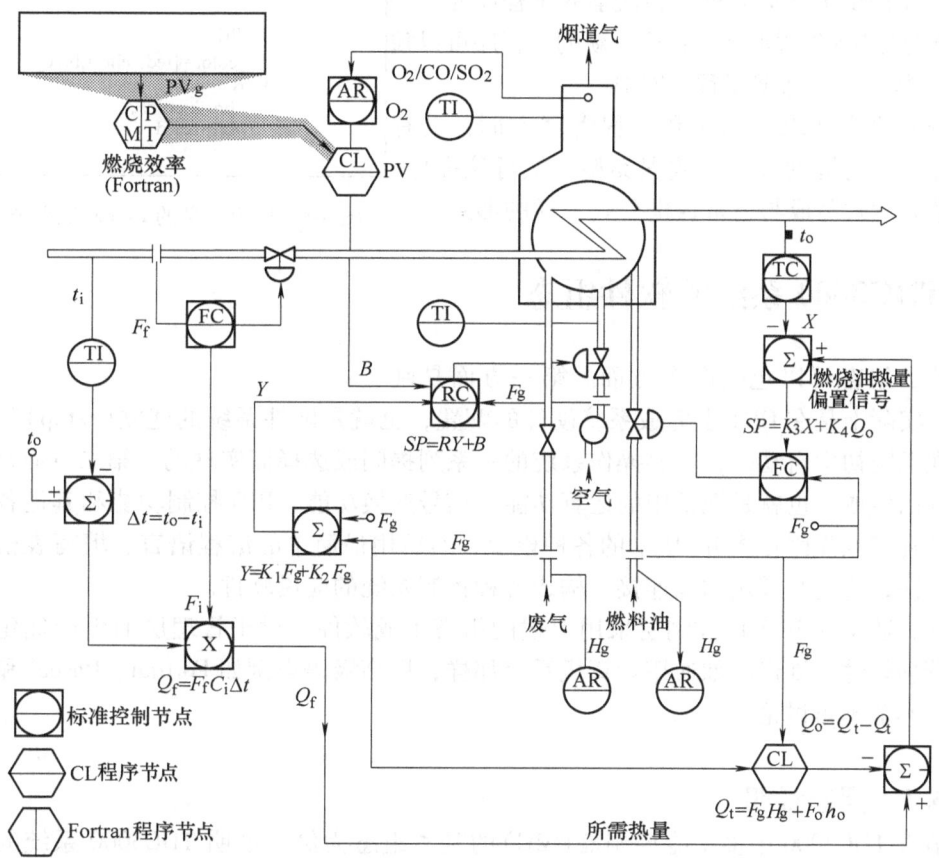

图 4-7 第三级连续控制

外，Pascal 程序有严谨的结构，可帮助减少编程错误。

Pascal 提供了极简单的、在其他语言中可找到的数据类型：布尔型、字符型、整型和实型。此外，还包括如表 4-7 所示的数据类型。

表 4-7 Pascal 部分数据类型

数据类型	备 注	数据类型	备 注
集	数据目标结构集合	指示器	间接参考数据
数组	同类数据目标种类表格	文件	外部记录集合体
字符串	一组字符		

Pascal 丰富的数据类型，使用户可以方便地定义各种常量和变量。例如，在图 4-8 所示的程序片段中，用应用类型（TYPE）命令去定义数据类型的"颜色"，又定义一个"电刷"变量，在最后一句中指定"电刷"变量为"红色"。

（3）Fortran 程序。在计算模块中执行的 Fortran 语言是广泛应用于科学和工程计算中的编程语言。虽然，在过去的多年里，新的特性和功能不断增加，但是，它的形式和格式始终保持一致。

Fortran 提供了大量的科学和数学的子程序库，并且它的模式结构允许添加新子程序。新的子程序可以独立编译和测试，然后加到子程序库中。

Fortran 语言在求解问题和过程管理方面，具有特殊的能力。它提供大量的数据类型、执行位操作、允许代数表达式写成与通常数学公式一样的形式。

```
TYPE
    color=[red,yellow,blue];
VAR
    brush:color;
    brush:red;
```

图 4-8　用户定义的 Pascal 数据类型样本

4.3　TDC3000 系统的软件组态

DCS 的组态可以包括两个方面。第一方面是硬件组态，实际上是在 CRT 上完成系统硬件的配置，也就是硬件系统的建立（setup）问题。它是通过在系统初次启动时，回答操作系统的一系列提问或选择而实现的。第二方面是指控制系统软件的生成，也就是把常用的运算功能、信号变换功能、PID 控制功能和其他各种功能所对应的程序预先固化成 ROM 中的各种模块，然后用最简单的编程语言、填写表格或图上作业等方法，将这些模块加以连接，构成各种控制系统的应用软件。

此外，通常在 DCS 的控制层采用上述的组态生成软件。对于管理层的生产优化或经营优化的管理软件，则仍旧如通用计算机系统那样，用高级语言例如 Fortran、Pascal 和 C 等加以编制，本节不再讨论。

4.3.1　组态说明

本节以 TDC3000 中多功能控制器（MC）的基本组态为例来说明 TDC3000 系统的组态方法。不同的控制器组态方法不同，但解决的基本问题是相似的。

4.3.2　组态字的构成

一般来说，设计控制回路时，要对控制所涉及的若干问题给予确定的回答，使控制器的控制功能满足要求。通过设定组态字，分别与回路控制中的若干组态代码相对应。表 4-8 为控制器的算法列表。

组态字实质是八进制的组态代码。组态字共 36 位，分成 9 组，每组 4 位，每一位（或两位）表示参数性质、操作要求或功能选择。

表 4-8　控制器的算法（功能）一览表

算法组态编号	算法（功能）	说　　明
00	数据采集	对 FV、RV 信号进行模/数转换后存在存储器，在 DEP 上进行显示
01	标准 PID	进行标准 PID 运算
02	PID 比率	执行标准 PID 加预设比率和偏置的串级控制
03	PID 自动比率	执行标准 PID 加自动计算比率的串级控制（在手动或自动时），实现无扰动的串级控制
04	PID 自动偏置	进行标准 PID 加自动计算偏置的串级控制（在手动或自动时），实现无平衡、无扰动的串级切换
05	DDC 自动后备	作上位机 DDC 控制时的自动后备

(续)

算法组态编号	算法（功能）	说　明
06	DDC 手动后备	作上位机进行 DDC 控制时的手动后备
07	SCC	由上位机进行 SCC 控制
10	PID 增益偏差处理	进行比例增益系数偏差绝对值的函数的 PID 控制
11	PID 积分偏差处理	进行积分作用系数偏差绝对值的函数的 PID 控制
12	PID 间隙	进行在间隙内输出保持不变的 PID 控制
13	PD+偏置[①]	进行 50%固定偏置输出的 PD 控制
14	DDC 自动后备[①] （PD+偏置型）	对上位机进行 DDC 控制，实现带 50%固定偏置的 PD 自动后备
20	超前/滞后补偿	进行超前/滞后补偿运算
21	选择性控制高值选择器	在选择性控制中进行高值选择运算
22	选择性控制低值选择器	在选择性控制中进行低值选择运算
23	加法器	进行两个输入信号的加法运算
24	乘法器	进行两个输入信号的乘法运算
25	自动/手动	能无扰动地从手动向自动切换
26	开关	实现两位开关
30	加法器（附键锁）	进行两个输入信号的加法运算（附键锁）
31	乘法器（附键锁）	进行两个输入信号的乘法运算（附键锁）
32	开方器（附键锁）	进行一个输入信号的开方运算（附键锁）
33	除法器（附键锁）	进行两个输入信号的除法运算（附键锁）
34	X、Y 乘积的平方根[①] （附键锁）	进行两个输入信号的乘积平方根运算（附键锁）
35	平方根的代数和[①] （附键锁）	进行各个输入信号的平方根代数和运算（附键锁）
36	高值选择器（附键锁）	选择两个输入信号中的较高值（附键锁）
37	低值选择器（附键锁）	选择两个输入信号中的较低值（附键锁）

① 在多功能控制器（MC）中，这 4 种算法已被取消，故有 24 种算法。

4.3.3　组态步骤

1. 画出控制系统框图　根据过程的实际需要，画出控制系统的框图。把图中的每个方框简化成只有两个输入和一个输出的槽路结构。MC 的连续控制功能是通过 16 个 SLOT 和 24 种标准算法来实现的。每个 SLOT 的信号处理除了有两个模拟输入、一个模拟输出外，还有两个报警状态输出。

2. 确定各槽路的有关特性　①要执行的标准算法；②X、Y 输入所对应的存储块号及槽路之间的相互关系；③显示特性；④选择 PV 跟踪和预置功能；⑤报警类型和高、低极限；⑥控制作用及其他的控制要求。

图 4-9 所示为控制器的部分组态字及其所对应的含义说明。

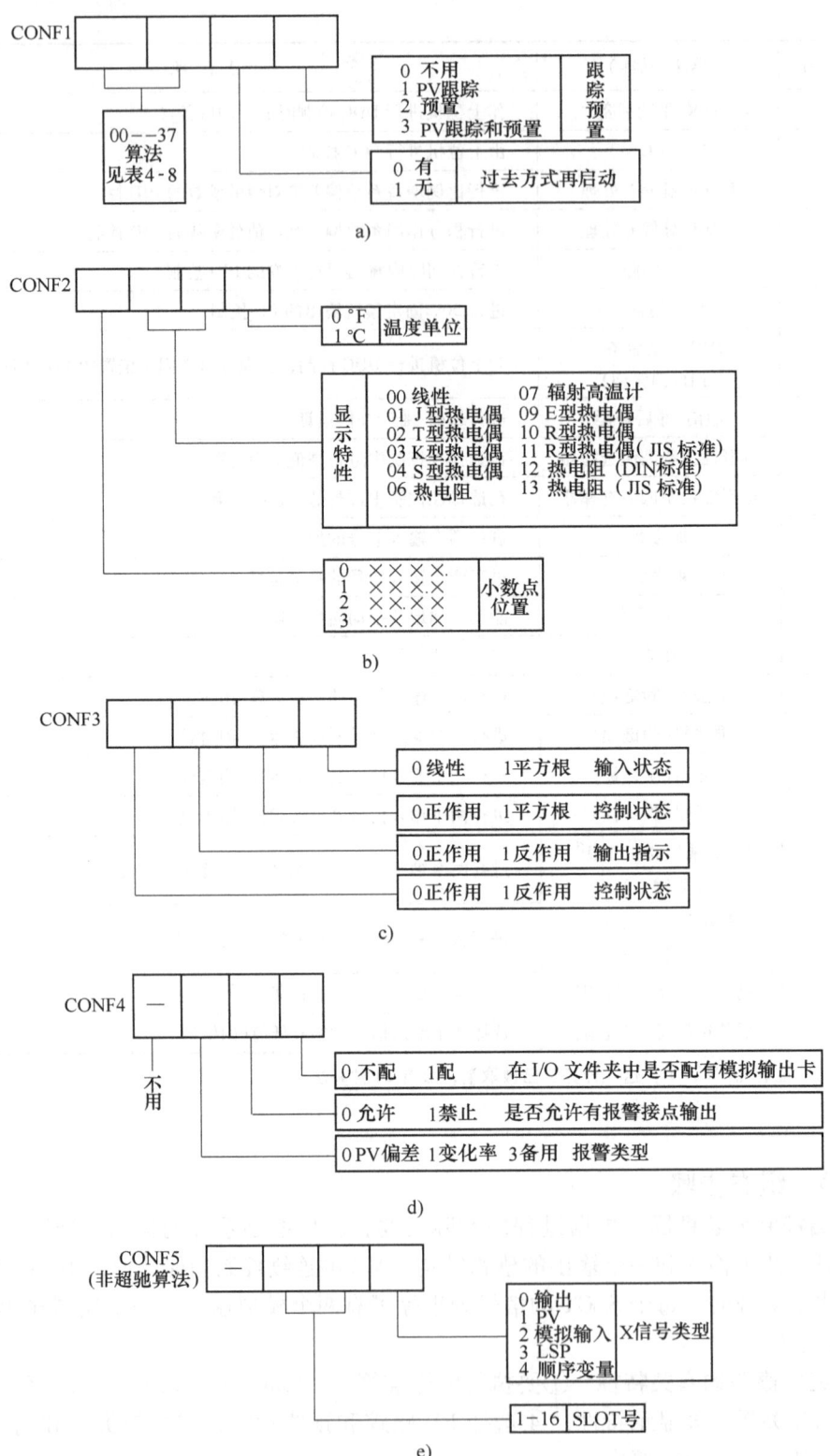

图4-9 控制器的部分组态字及其所对应的含义说明

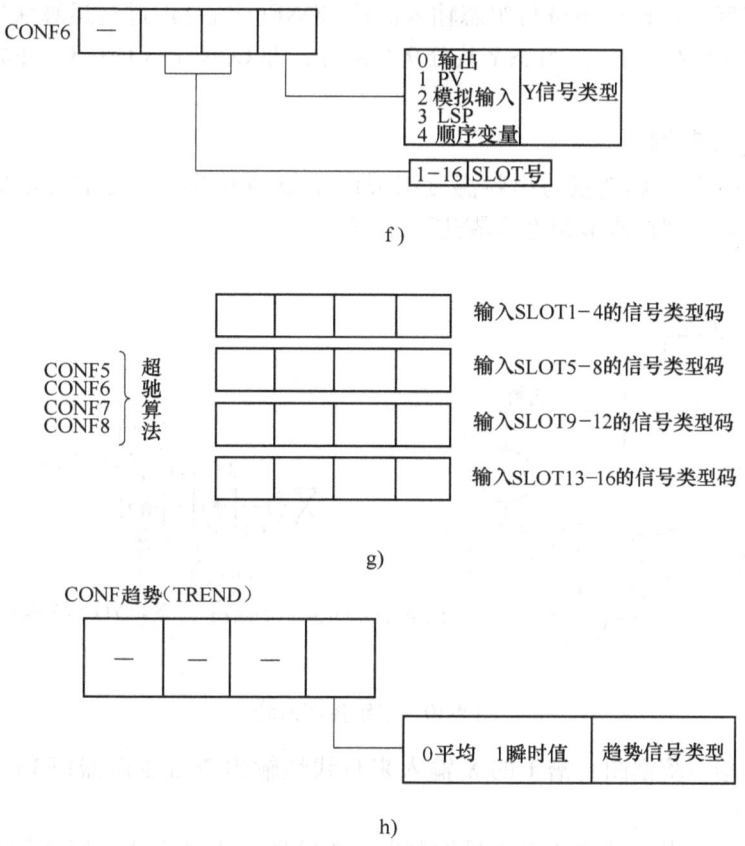

图 4-9 控制器的部分组态字及其所对应的含义说明（续）

3. 填写组态字 按表 4-9 的有关规定填写好组态字。

表 4-9 组态数据键盘操作

含 义	按 键 符 号	含 义	按 键 符 号
组态字 1	CONF+1+#+ENTER	比率	RATIO+#+ENTER
组态字 2	CONF+2+#+ENTER	偏置	BIAS+#+ENTER
组态字 3	CONF+3+#+ENTER	设定点	SP+#+ENTER
组态字 4	CONF+4+#+ENTER	输出	OUT+#+ENTER
组态字 5	CONF+5+#+ENTER	输出上限	OUT+HI+#+ENTER
组态字 6	CONF+6+#+ENTER	输出下限	OUT+LO+#+ENTER
组态字 7	CONF+7+#+ENTER	积分上限	TI+HI+#+ENTER
组态字 8	CONF+8+#+ENTER	积分下限	TI+LO+#+ENTER
组态趋势	CONF+T+#+ENTER	报警上限	ALMLMT+HI+#+ENTER
0%量程	0%+#+ENTER	报警下限	ALMLMT+LO+#+ENTER
100%量程	100%+#+ENTER	设定点上限	SP+HI+#+ENTER
K（增益）	K+#+ENTER	设定点下限	SP+LO+#+ENTER
T1（积分）	T1+#+ENTER	死区上限	CONF+PT+HI+#+ENTER
T2（微分）	T2+#+ENTER	死区下限	CONF+PT+LO+#+ENTER
TD（数字滤波时间）	TD+#+ENTER	总貌刻度系数	CONF+INDEX+#+ENTER

注：表中"#"代表需输入的数据，其余均为键的名称，例如 ENTER 为确认键。

4. 输入组态字 由操作站进行组态输入。按 CONF(组态)键进行运算块组态，其他功能键的符号、含义如表 4-9 所示。组态字共分 9 个部分，即 CONF1~CONF8，外加 CONF 趋势。

4.3.4 组态实例

图 4-10 为一加热炉燃料量与出料温度组成的串级调节系统，要求根据加热炉出料温度控制燃料量的流量。现按本节组态步骤进行组态。

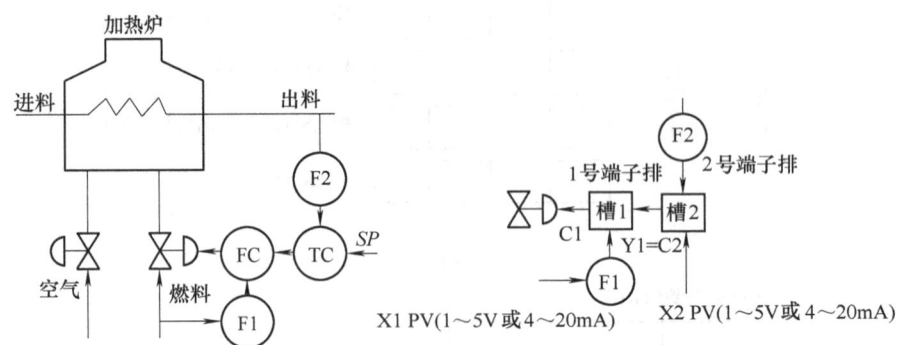

图 4-10 串级控制系统

第 1 步：根据系统框图，槽 1 的 X 输入来自线性输出流量变送器(F1)，其量程假定为每分钟 $0~909dm^3$。

初始启动时要求操作员将燃料流量控制器(槽 1)置于手动方式，以便调节其输出，使炉内温度迅速达到设定值。此后，就需要将槽 1 切换到串级方式，由串级控制系统更好地实施过程控制。此时，槽 1 的设定值将不再跟踪燃料流量的 PV 值，而是来自槽 2(温度控制器)的输出。因此对于槽 1 来说，为了实现由初始的手动方式切换到串级方式时的无扰动转换，要对槽 1 设置"PV 跟踪"和"预置"功能。而对于槽 2 则只需设 PV 跟踪。在本例中槽 2 的输出作为槽 1 的 Y 输入，便成了串级控制系统中的主环。

第 2、3 步：确定各槽路的有关特性并填写组态字。按表 4-9 的有关规定填写好组态字 CONF1~CONF6 以及 CONF，并用 SLOT2 和 SLOT1 构成系统。组态中的 CONF1~CONF6 及 CONF 的设置如图 4-11 所示。

第 4 步：输入组态字，可借助于操作站进行组态输入。功能按键 CONF(组态)用于运算块组态，其他功能按键的符号、含义如表 4-9 所示。

4.3.5 多功能控制器的其他几种组态功能

多功能控制器(MC)除了上述的基本连续控制功能外，还有逻辑控制功能、输入/输出监视功能和顺序控制功能。

1. 逻辑控制功能 MC 的逻辑控制功能由逻辑块实现。一台 MC 有 128 个逻辑块，即逻辑算法的容量为 128 个逻辑块。运算周期为 1s，每块执行的算法共 11 种。它们可直接用于工艺联锁，也可以作为顺序控制中的功能模块进行条件判断或状态变换，用户可根据需要进行组态。

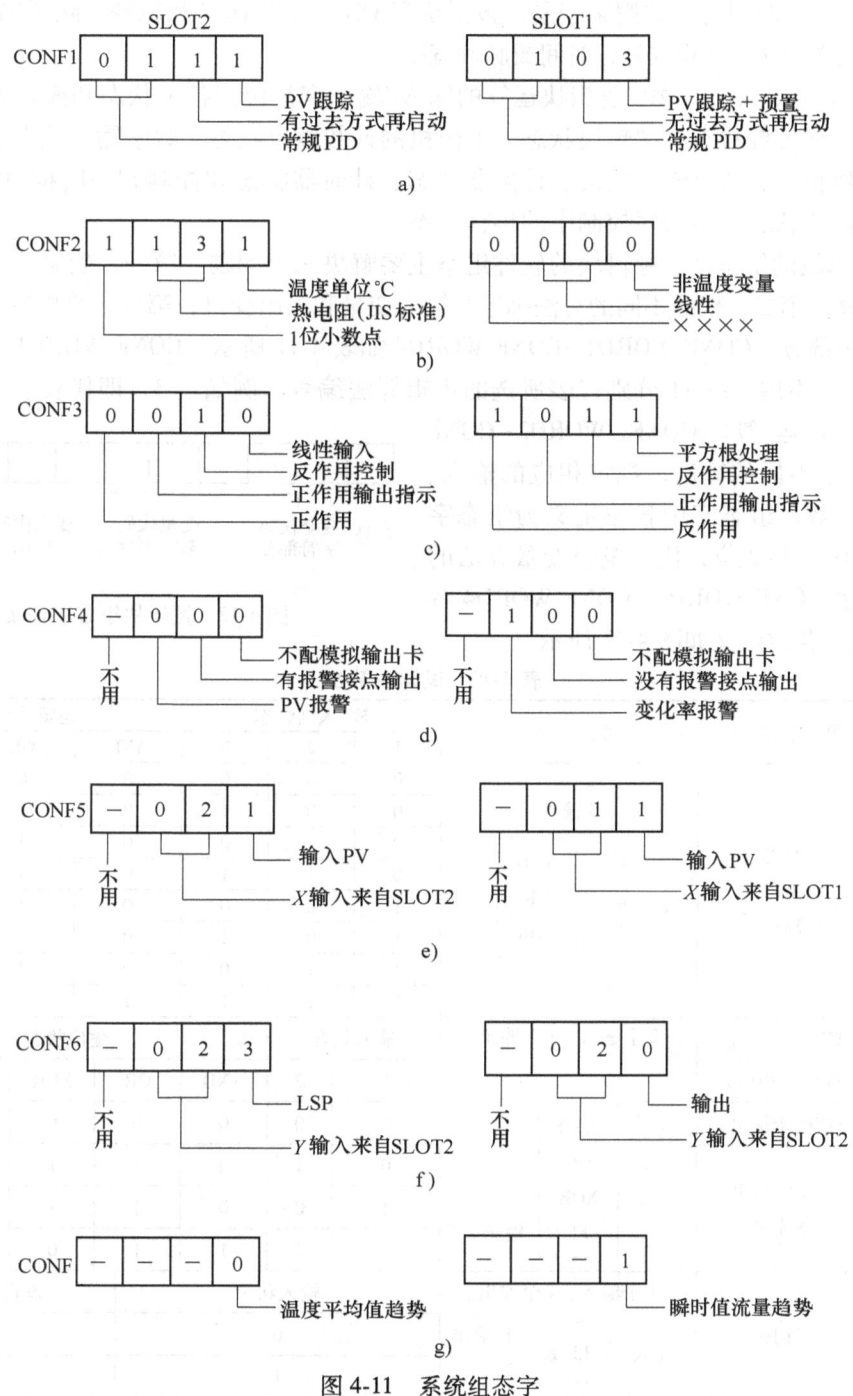

图 4-11 系统组态字

（1）逻辑块算法。MC 的逻辑块算法共有 4 类 11 种，如表 4-10 所示。第一类为 3 输入逻辑算法。它虽然只有 3 个输入而无输出，但逻辑块状态反映了逻辑运算的结果，所以可将它的状态作为其他逻辑运算的输入变量。第二类同常规逻辑算法，有 2 个输入、1 个输出。因为有输出端，所以可构成复合逻辑运算。第三类只有一种连接运算，输入为零时，输出逻辑状态为零。第四类为具有时间特性的逻辑变量，包括延迟 ON、延迟 OFF 和脉冲。除了输入信号外，还应给出时间常数 T，以确定延迟时间或脉冲宽度。

（2）输入/输出变量。MC 逻辑块运算的输入/输出变量包括各种状态和操作方式。它们是报警状态和预报警状态、逻辑块状态、上位机的计数溢出状态、数字输入状态、特征位状态、局部故障状态、数字输出状态、计数器状态、计时器状态和控制 SLOT（槽）的操作方式等。其中特征位状态就是顺序控制中的棋标状态。

（3）逻辑块的组态字。逻辑块的软件组态主要解决三个问题。第一，确定该逻辑块选用哪种逻辑运算；第二，根据不同的算法确定其输入变量和输出变量；第三，给出运算常数。具体组态分 4 个部分：CONF WORD1～CONF WORD4 如表 4-11 所示。CONF WORD1 为选定逻辑运算的算法，0 不用，1～11 分别代表所选的逻辑算法编号。例如填 3，即代表选用三输入的 XOR（异或）运算。CONF WORD2～CONF WORD4 则根据不同的算法，规定相应的输入、输出变量及参数。组态字中各位定义为组态字 CONF WORD1 总共 2 位，代表逻辑变量算法的编号，组态字 CONF WORD2～CONF WORD4 各由 10 位组成，各位定义如图 4-12 所示。

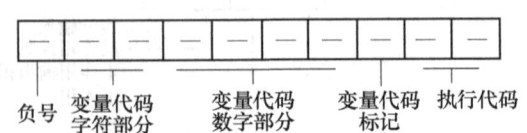

图 4-12 逻辑块组态字含义

表 4-10 逻辑块算法

算法编号	算法名称	类型		输入状态			逻辑块状态		
				1	2	3	AND	OR	XOR
1 2 3	AND OR XOR	3 输入	1 AND 2 OR 3 XOR	0 0 0 0 1 1 1 1	0 0 1 1 0 0 1 1	0 1 0 1 0 1 0 1	0 0 0 0 0 0 0 1	0 1 1 1 1 1 1 1	0 1 1 0 1 0 0 1
4 5 6 7	AND（带输出） OR（带输出） XOR（带输出） FLIP FLOP 触发器	2 个输入、1 个输出	1 AND OR XOR 2 FF 输出	输入状态 1 0 0 1 1	2 0 1 0 1	AND 0 0 0 1	输出状态 OR 0 1 1 1	XOR 0 1 1 0	FF （初值 0 不变） 0 1 0
8	连接	1 个输入、2 个输出	输入 LINK 1 输出 2	输入状态 0 1			逻辑块状态 0 1		
9 10 11	延迟 ON 延迟 OFF 脉冲	1 个输入、T(0～9999s)	T 输入 ON-DELAY OFF-DELAY PULSE	输入 延迟 ON 延迟 OFF 脉冲					

表 4-11 各算法逻辑块组态字内容

逻辑算法	CONF WORD1	CONF WORD2	CONF WORD3	CONF WORD4
不用	0	—	—	—
AND	1	输入 1	输入 2	输入 3
OR	2	输入 1	输入 2	输入 3
XOR	3	输入 1	输入 2	输入 3
AND-OUT	4	输入 1	输入 2	输出
OR-OUT	5	输入 1	输入 2	输出
XOR-OUT	6	输入 1	输入 2	输出
FLIP-FLOP	7	输入 1	输入 2	输出
LINK	8	输入	输出 1	输出 2
ON-DELAY	9	输入	延迟时间	—
OFF-DELAY	10	输入	延迟时间	—
PULSE	11	输入	脉冲宽度	—

1）负号的意义。在输入变量代码前加负号，表示取反状态。例如 DI1008.AS 为逻辑 1 时，表示数字输入 SLOT10 的第 8 点处于报警状态；而-DI1008.AS 为逻辑 1 时，是正常状态。

在数字输出变量前加一负号，就是在每个周期开始对输出进行预初始化，则在 1s 后使逻辑块的状态变化取反。例如，某顺序控制语句或人工指令使逻辑块状态脉冲算法在第 5s 切换到 OFF，如图 4-13 所示。不带负号的数字输出一直停留在 OFF，而带负号的数字输出在 1s 后（第 6s）恢复到逻辑块原来的状态。块状态在第 9s 变低，带负号输出也变低。

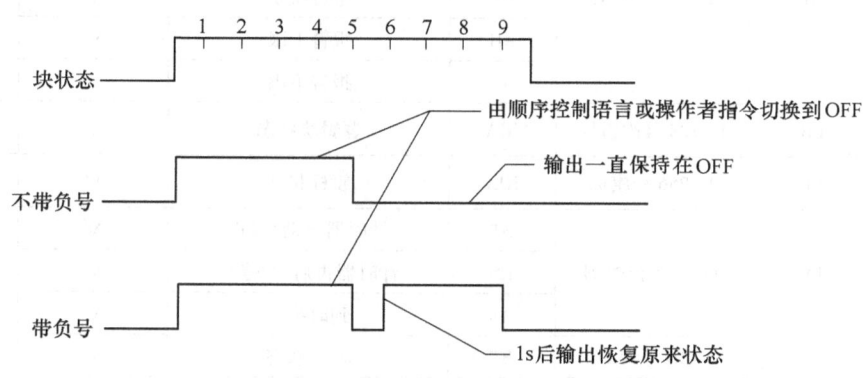

图 4-13 逻辑块输出

2）变量代码的字符部分。用 2 个英文字母代表输入/输出的变量类型。各代码意义如表 4-12 所示。

表 4-12

AI	模拟量输入	DI	数字量输入	DO	数字量输出	LB	逻辑块
CI	计算输入	FL	旗标变量	TM	计时器	LP	控制

3) 变量代码的数字部分。用数字表示点所在的位置是哪一个 SLOT 的哪一个点，所以最多有 4 位。例如，数字输入最多有 16 个 SLOT（槽），而每个 SLOT 有 16 个点，所以对第 16 个 SLOT 的第 16 点可填写 "DI 16 16.××"。

4 执行代码。用 2 个英文字母表示以该点所在的何种状态参加逻辑算法。例如，以控制 SLOT16 报警上限作为逻辑运算的输入信号 1，则可填写 CONF WORD2 为 "LP 16.AH"。

(4) 组态字输入方法

① [BOX VAR]#[ENTER] 调出箱变量显示。
② [L] 调出逻辑块变量显示，即 128 个逻辑块状态总貌。
③ [JOG] 按 CRT 上显示的列表顺序，移动索引标记选择所需组态的逻辑块。
④ [CONF] 屏幕左边出现逻辑块组态数据表。
⑤ [CONF][1]#[ENTER] 键入 1 号组态字。
⑥ [CONF][2]#[ENTER] 键入 2 号组态字。
⑦ [CONF][3]#[ENTER] 键入 3 号组态字。
⑧ [CONF][4]#[ENTER] 键入 4 号组态字。
⑨ 重复以上③~⑧，输入本 MC 中全部逻辑块组态。
⑩ 重复以上①~⑨，输入其他 MC 的逻辑块组态数据。

各种不同输入、输出时的 CONF2~CONF4 组态数据如表 4-13 所示。

表 4-13 CONF2~CONF4 逻辑运算组态数据一览表

点类型	变量代码		执行代码		适用场合	
	字符部分	数字部分	字符	意义	用于输入	用于输出
模拟量输入	AI	1~16 号 SLOT	ST	积算器启动/停止	√	√
			RS	积算器再启动/停止	√	√
			AS	报警状态	√	×
			AH	报警上限	√	×
			AL	报警下限	√	×
逻辑块	LB	1~128 号逻辑块	NIA	逻辑块状态	√	√
旗标变量	FL	1~256 号旗标	NIA	旗标状态	√	√
计时器	TM	1~32 号计时器	ST	计时器启动/停止	√	√
			RS	计时器再启动/停止	√	√
			AS	到时报警	√	×
数字量输入	DI	1~16 号 SLOT	ST	输入状态	√	×
		1~16 点号	AS	报警状态	√	×
数字量输出	DO	1~16 号 SLOT	NIA	输出状态	√	√
		1~8 号点				
计数输入	CI	1~16 号 SLOT	AS	报警状态	√	×
			AL	预报警状态	√	×
		1~4 号点	ST	启动/停止	√	√
			RS	再启动/停止	√	√

(续)

点类型	变量代码		执行代码		适用场合	
	字符部分	数字部分	字符	意义	用于输入	用于输出
控制	LP	1~16 号 SLOT	AS	报警状态	√	×
			AH	上限报警状态	√	×
			AL	下限报警状态	√	×
			OA	DO1 数字输出 1	√	√
			OB	DO2 数字输出 2	√	√
			LM	回路手动	√	×
			MA	手动	√	√
			AU	自动	√	√
			CA	串级	√	√
			CO	计算机	√	√
			IM	初始化方式	√	×
			SA	程序自动	√	√
			SM	程序手动	√	√
			SC	程序串级	√	√
			SO	程序计算机	√	√
			SD	程序方式	√	×

表 4-13 中执行代码 NIA 为逻辑状态，非 0 即 1，填表时一般省略。另外，表中控制部分的操作方式代码程序自动(SA)和程序手动(SM)等，与一般的自动(AU)、手动(MA)的区别在于输出由顺序控制语句或逻辑提供。而程序计算机方式与计算机方式的区别在于上位机发生故障后，切换的后备方式不同。前者切换到程序手动，而后者切换到一般手动。

（5）多功能控制器的逻辑块主要可用于构成各种变量之间的联锁。现举例如下。

1）变量间的联锁。甲、乙两个料液储罐，任何一个满时都应打开总出口管上的 V 阀。因此可以用双输入 OR 门逻辑运算，逻辑关系如图 4-14a 所示。若选定第 127 个逻辑块进行"或"运算，数字输入选用 SLOT16 第 7、8 两点的 AS 状态，数字输出选用 SLOT8 的第 3 点

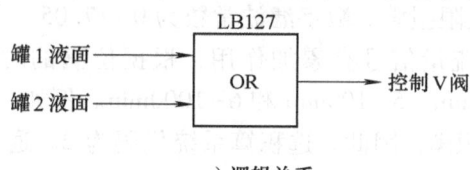

a) 逻辑关系

BLK	CONF WORD11	CONF WORD2			CONF WORD3			CONF WORD4		
		−	INPUT	· E	−	INPUT	· E	−	OUTPUT	· E
127	5		DI1607	· AS		DI1608	· AS		DO0803	

b) 组态字

图 4-14 料液储罐的液面与放料联锁

去控制 V 阀，则组态字如图 4-14b 所示。假如要求任一储罐装满后系统方可切入自动，只要将 CONF WORD4 修改即可。如控制系统选用的控制 SLOT（槽）的第 12 个回路，则有"CONF WORD4：LP12. MA"。

2）复合逻辑运算。图 4-15 为采用 5 个逻辑块进行的复合逻辑运算。由于 MC 中逻辑块的扫描次序是从 LB001 至 LB128，所以 LB 的安排是由小到大。

选定了各逻辑输入和输出信号后，即可填写组态数据表，方法与上例相同。

3）逻辑块状态参与顺序控制程序的运行。例如，对于甲、乙两个料液储罐，任何一个满了都应打开总出口管上的 V 阀这

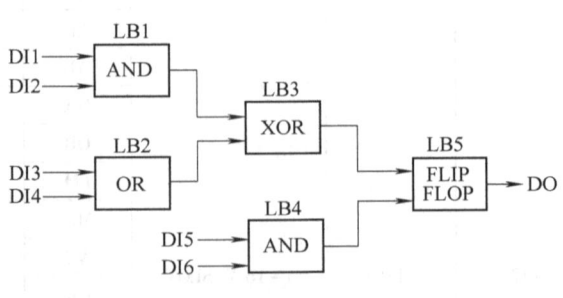

图 4-15　复合逻辑运算

个例子来说，当 V 阀打开时，要求顺序控制程序转去执行第 50 号语句，虽然逻辑块的输出 DO 不能直接参与顺序控制程序的运行，但是能够以它的状态变化参与顺序控制程序的运行。把这一要求写成一条语句：

IF LB127 = ON, 50

即表示逻辑块 127 的输出为逻辑 1 时，顺序自动转移到标记为 50 号的语句，或者写成条件等待语句的形式：

WAIT LB127 = ON

GOTO 50

等待 127 号逻辑块状态变为 1，顺序转移到标记 50 的语句。

2. 输入/输出监控功能　多功能控制器通过点卡文件夹内所选的各种不同的输入/输出点卡，实现对各种信号的输入/输出监控，包括模拟量输入/输出信号、数字量输入/输出信号和脉冲信号等监控功能。

（1）模拟量输入/输出监控。MC 在每个工作周期内对模拟量进行采样扫描、开平方处理、数字滤波、报警检查、数据更新、PV 量程检查以及故障检查。模拟输入点的报警类型有 PV、累积值以及偏差的高低限报警。数字滤波常数为 0~17.05，共分 16 档，由组态时选定。MC 的模拟输入通道还对流量信号有累加作用，根据位满的时间选定积累系数代码：0~1h、2~10h、3~36h、4~10min、5~100min 和 6~1000min。例如，一容器的容积为 300L，设最大流量为 30L/h，则 10h 积满，因此，选积算系统代码为 2。通过面板操作可关闭累加功能，停止累积计数，冻结现计数值，报警状态复位；并可再启动累积器，在原先的累积值上继续累加。

MC 的模拟输出将 10 位数字量转化为 4~20mA 的模拟信号送出。当 MC 发生故障时，输出卡能自动保持原先的输出值和操作方式。

输出的模拟信号大小可由 5 种方式加以控制，即

① 手动调节，由操作者手控。

② 由顺序控制语句或逻辑控制提供，称为程序手动。

③ 由上位计算机提供，手动备用，称计算机方式。

④ 由上位计算机提供，程序手动备用，称程序计算机方式。

⑤ 由控制 SLOT9~SLOT16 的输出信号提供，称为连续控制方式。

(2) 数字量输入/输出监控

1) 数字量输入监控

① 数字输入的类型。按信号的波形可分为电平型和脉冲型两种。前者特性就像普通的开关，ON 为高电平，OFF 为低电平；而脉冲型信号高电平只维持一个脉冲宽度，过后即为低电平。它们的扫描周期亦不同，电平扫描周期为 1s，脉冲扫描周期是 41.6ms。脉冲信号的最小脉冲宽度为 41.6ms，最低频率为 0.5Hz。

按输入的点数可分为单输入和双输入。单输入时状态 1，触点闭合；状态 2，触点断开。双输入时状态 1，输入 SUB SLOT1，触点闭合；状态 2，输入 SUB SLOT2，触点闭合。

② 数字输入的正、反作用。数字输入的正、反作用可分为以下几种情况：对单输入，正作用时状态 1，触点闭合；状态 2，触点断开。对单输入，反作用时状态 1，触点断开；状态 2，触点闭合。对双输入，正作用时状态 1，输入 SUB SLOT1，触点闭合；状态 2，输入 SUB SLOT2，触点闭合。对双输入，反作用时状态 1，输入 SUB SLOT1，触点断开；状态 2，输入 SUB SLOT2，触点断开。

③ 数字信号的报警选择。报警形式分为 1、2、3、4、5 五类。其中 0 表示不报警；1 表示状态 1 报警；2 表示状态 2 报警；3 表示双输入中有一个状态 1 报警；4 表示反馈报警，它主要用来检测所发出的信号是否真正到位，如果在规定时间内没有收到反馈信息，即发出报警。例如，发出的指令让电磁阀打开，如果在规定时间内没有收到电磁阀的阀位反馈信号，则发出报警信号。反馈信息时间可在 0~1023s 间选择。

2) 数字量输出监控

① 数字输出类型。数字输出的类型同输入一样，也分为单点或双点，以及电平或脉冲的形式。双输出是一个点允许设置两个输出地址，控制两个继电器 SUB SLOT1 和 SUB SLOT2，一个得电，另一个失电。脉冲输出的单、双输出可定义为：单脉冲输出为状态 1 时，继电器在脉宽时间内得电。双脉冲输出为状态 1 时，SUB SLOT1 继电器在脉宽时间内得电；输出状态为 2 时，SUB SLOT2 继电器在脉宽时间内得电。

② 数字输出的正、反作用有以下几种类型。单输出正作用时输出状态 1，继电器得电；输出状态 2，继电器失电。单输出反作用时输出状态 1，继电器失电；输出状态 2，继电器得电。双输出正作用时输出状态 1，SUB SLOT1 继电器得电，SUB SLOT2 继电器失电；输出状态 2，SUB SLOT1 继电器失电，SUB SLOT2 继电器得电。双输出反作用时输出状态 1，SUB SLOT1 继电器失电，SUB SLOT2 继电器得电；输出状态 2，SUB SLOT1 继电器得电，SUB SLOT2 继电器失电。

③ 数字输出的操作方式有如下几种：
- 手动方式：按[↑]键，输出状态 1；按[↓]键，输出状态 0。
- 程序手动方式：用顺序语句或逻辑控制来改变输出状态。
- 计算机方式：由上位机指令来改变输出状态。当计算机发生故障时，手动后备。
- 顺序计算机方式：由上位机来改变输出状态。当计算机发生故障时，程序手动后备。

(3) 脉冲计数输入监控

1) 工作原理。多功能控制器的脉冲计数输入采用 16 位脉冲计数器，最大累积值为 999999。采用周期为 1s，每秒最多可累积 9999 个数。它的工作过程是首先对计数器进行扫描,然后更新当前计数器的内容(PV),并把它加到累加器中,得到累加值(AV)。工作过程中对计数值进行报警检查。报警检查分两类。

预报警检查,即当前值(PV)>预报警限(SL)时报警,预报警限可设为0~999;另一类为报警检查,即当累加值(AV)>报警限(AH)时报警,报警限为0~999999。

为调整积算速度,可以对每个脉冲计数加1,或对10个、100个、1000个脉冲计数加1,这在组态时选定。

2) 键盘操作方式。通过键盘操作可实现3种工作方式:关闭累加器;停止累加器计数,冻结现有计数值,报警状态复位和再启动累加器,即在原先的累加值上继续累加,报警状态复位。

3. 顺序控制功能 多功能控制器的顺序控制功能是由16个顺序控制SLOT完成的。每个顺序控制SLOT可以运行连续控制、逻辑控制和输入/输出监控功能,用顺序控制语句连接编制成顺序控制程序,从而实现顺序控制的功能。具体顺序控制程序及应用实例详情见第4.2节。

小 结

本章首先介绍了TDC3000系统的结构组成,要求掌握三条通信网络的基本特性以及挂接在相应网络上的各种类型模块的基本性能。

其次,重点介绍了TDC3000系统的数据采集和控制功能,涉及数据点的基本知识及应用,要求重点掌握如何对TDC3000系统的不连续操作下的CL语言进行编程。

最后,通过具体示例介绍了如何对TDC3000系统进行组态。要求掌握TDC3000系统组态的基本步骤。

习 题

4.1 TDC3000系统结构怎样?特点是什么?
4.2 TDC3000系统有哪些冗余措施?
4.3 CL程序与标准算法的关系怎样?图4-4中有几处用CL程序,解决什么问题?
4.4 举例说明TDC3000标准算法。
4.5 TDC3000的LCN系统由哪几部分构成?简述各部分的作用。

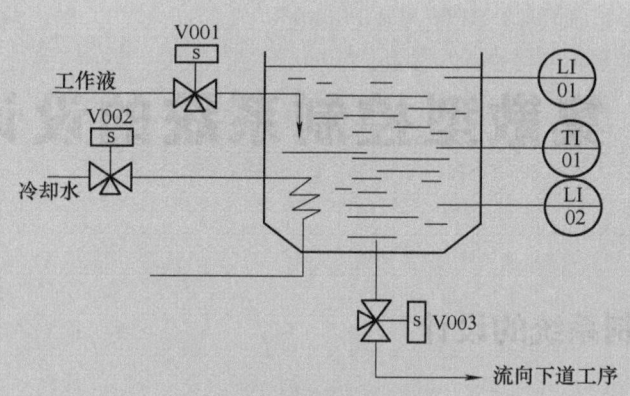

图 4-16 某冷却系统

4.6 TDC3000 的 UCN 系统由哪几部分构成？简述各部分的作用。

4.7 某冷却系统如图 4-16 所示，已知液位传感器 LI01 在高限时触点为 "ON"，LI02 在低限时为 "ON"，温度传感器 TI 在温度降到规定温度时触点为 "ON"。试写出下列顺序控制的 CL 语言程序。

步骤：

(1) 进液操作：进液达到液面上限为止。

(2) 冷却：冷却到 TI 下限温度为止。

(3) 出液操作：出液到工作液面下降到下限液位为止。

4.8 已知某夹套容器的串级控制策略如图 4-17 所示。容器的加热是通过下列顺序控制实现的。请写出对应的 CL 语言程序。

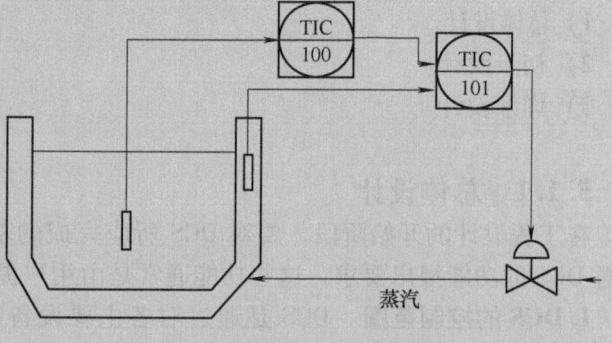

图 4-17 夹套容器的串级控制

步骤：

(1) 设定 TIC101 方式 = MAN。
(2) 设定 TIC101 的输出 = 100%。
(3) 等待温度测量值 TIC100 = 200°F。
(4) 设定 TIC101 方式 = AUTO。
(5) 设定 TIC101 的给定值 = 300°F。
(6) 等待 30min。
(7) 设定 TIC101 方式 = CASC。

注：$1°F = \frac{5}{9}°C$。

第 5 章　集散型控制系统的设计与应用

5.1　集散型控制系统的设计

DCS 是综合性很强的控制系统，它采用诸多复杂的计算机技术、各种类型的通信技术、电子与电气技术以及控制系统技术。DCS 所控制的往往都是大范围的对象，涉及各种类型的控制、监视和保护功能。另外，DCS 在应用过程中有各种技术人员和管理人员参与，这样就要求系统设计的结果必须具有很强的规范性，使系统具有使用性和维护性，以上特性对 DCS 的应用设计提出了很高的要求。同时，DCS 的另一个重要特点就是它不是一般性的设计，而是针对某一工艺系统的设计。要充分发挥该系统的功能就要对 DCS 本身有深刻的理解，所有的 DCS 厂家都在尽量使自己的系统易于掌握，易于使用和设计。本章将从工程设计程序的角度来说明这些问题。通常把工程设计分成以下几个阶段。

1) 总体设计。
2) 初步设计。
3) 详细设计。

5.1.1　总体设计

在工程设计的开始阶段，要对 DCS 所应完成的基本任务做出设计，这时的设计实际上是对 DCS 的功能提出要求，这些功能通常是由用户提出。

1. DCS 的控制范围　DCS 是通过对各主要设备的控制来实现工艺过程。设备的形式、作用、复杂程度决定了该设备是否适合采用 DCS 控制。有些设备，如运料车，就不需用 DCS 控制；而另外一些设备，如送风机，就可由 DCS 完全控制其起动、停止，改变负荷等。那么，在全厂的设备中，哪些设备可以用 DCS 控制，哪些设备不需要 DCS 控制，要在总体设计要求中提出来。考虑的原则有很多方面，如资金、人员、重要性等。从控制角度讲，以下设备易采用 DCS 控制：

1) 工作规律性强的设备。
2) 重复性大的设备。
3) 在主生产线上的设备。
4) 属于机组工艺系统中的设备，包括公用系统。

DCS 通过对这些设备的控制，实现了对工艺过程的总体控制。除此之外，工艺过程上的很多独立的阀门、电机等设备也往往是 DCS 的控制对象。

2. DCS 的控制深度　几乎任何一台主要设备都不是完全受 DCS 控制，只是部分受 DCS 控制。DCS 有时可以控制这些设备的起、停和运行过程中的调节，却不能控制一些间歇性的辅助操作，如有些刮板门等。而对于有的设备，DCS 只能监视其运行状态，不能控制它的运行状态，这些就是 DCS 的控制深度问题。DCS 的控制深度越深，就要求设备的机械与电气化程度越高，从而设备的造价越高。在总体设计中，要搞清楚 DCS 控制与监视的深度，才能使后续设计可以持续完成。

3. DCS 的控制方式　这里的控制方式是指 DCS 的运行方式，要确定以下内容：
1）人机接口的数量，由工艺过程的复杂程度和自动化水平来决定人机接口的数量。
2）辅助设备的数量，如工程师站、打印机等。
3）DCS 的分散程度，它对下一步 DCS 的规模选择有着重要意义。

上述这些内容的确定都与 DCS 本身特点及工程建设的造价有关。DCS 的总体设计不是指新产品开发过程中的总体设计，这里所面临的不是全新的、未知的内容，而是有大量技术参考资料加以借鉴，这样就会带来两个问题：一是总体设计是后续设计的基础，决定着后续设计的范围、水平。在后续的设计中，很多有根本意义的问题都可以归结到总体设计上来，此时总体设计的结果就是后续设计的答案。只有充分考虑到工程的具体要求，全面分析，才能做出具体的、有指导意义的总体设计；二是由于有了参考方案，使设计人员在这个阶段就试图在某个环节上继续向下工作，从而超过总体设计的要求得出过于具体的结论，这样做的缺点在于：此时，对于相关问题没有作深入分析，如果对某一部分考虑得过细，则会对今后的设计产生不一致或其他问题，使后面的设计方案不是最优。

总体设计过程中还应考虑许多其他问题，例如各工段的一致性问题，使整个工艺过程的自动化水平基本一致等，其目的是使各个关键部分能采用同一个等级的控制设备，而不致因为某一部分的水平达不到要求而影响整个生产过程的质量，使其他部分的 DCS 不能充分发挥作用。

在设计的过程中要经常权衡性能与价格两方面的因素，设计的级别越高，需要权衡的问题就越多，从经济方面来说，总体设计的意义重大就在于此。要注意的是，这里的价格不仅仅是工艺设备与 DCS 设备的价格，还包括了今后运行、维护、培训等一系列费用，特别是要考虑到生产的产品质量和系统可靠性方面的影响，提出全面的、科学的解决方案。

5.1.2　初步设计

初步设计是介于总体设计与详细设计之间的设计，其基本任务是在总体设计的基础上，为 DCS 的每一个部分做出典型的设计，为 DCS 所控制的每一个工艺环节提出基本的控制方案。因此，初步设计开始具有 DCS 设计的特性了，它与 DCS 本身的特性有许多联系，尽管这些联系是一般性的。举例来说，总体设计中规定磨煤机的起、停及运行过程应由 DCS 控制，控制对象为磨煤机的所有风门、挡板及磨煤机本身的电动机，控制水平应使磨煤机在具备运行条件的前提下，起停实现自动或手动。则初步设计要解决的问题是起停顺序、逻辑框图、运行期间的调节框图、各种方式的切换原则以及人机接口上的画面分配等。这样，在初步设计完成之后，工程师可以根据这些要求在 DCS 上进行具体组态设计。从这时起，大部分工作应由 DCS 厂家完成。

1. 初步设计的主要内容　这里暂时按硬件、软件、人机接口这样的顺序来描述初步设计的内容，而实际上视具体情况，还可以有其他各种分类方法。

（1）硬件初步设计的内容。硬件初步设计要满足已基本确定的工程对 DCS 硬件的要求，及 DCS 对相关接口的要求，主要是指现场接口和通信接口，即：

1) 确定系统 I/O 点。根据控制范围及控制对象决定 I/O 点的数量、类型和分布。

2) 确定 DCS 硬件。这里的硬件主要是指 DCS 对外部接口的硬件，根据 I/O 点的要求决定 DCS 的 I/O 卡；根据控制任务确定 DCS 控制器数量与等级；根据工艺过程的分布确定 DCS 控制柜的数量与分布，同时确定 DCS 的网络系统；根据运行方式的要求，确定人机接口设备、工程师站及辅助设备；根据与其他设备的接口要求，确定 DCS 与其他设备的通信接口的数量与形式。

（2）软件初步设计的内容。软件初步设计的结果应使工程师可以在此基础上设计组态图，因此，一方面这些设计结果应具有一定的深度，使其对组态图的设计有指导意义，另一方面又不应具有实际组态图的深度，此时的组态图只是初步设计结果的"翻译"，即：

1) 根据顺序控制要求设计逻辑框图或写出控制说明，以用于组态的设计与指导。

2) 根据调节系统要求设计调节系统框图，当这些框图以科学仪器厂家协会标准（即 SAMA 标准）描述时，常称之为 SAMA 图，它描述的是控制回路的调节量、被调量、扰动量、联锁原则等信息。

3) 根据工艺要求提出联锁保护的要求。

4) 针对需要控制的设备，提出控制要求，如起、停、开、关的条件与注意事项。

5) 做出典型的组态，用于说明通用功能的实现方式，如单回路调节、多选一的选择逻辑、设备驱动控制、顺序控制等，这些逻辑与方案规定了今后详细设计的基本模式。

6) 规定报警、归档等方面的原则。

（3）人机接口设计的内容。人机接口的初步设计决定了今后工程设计的风格，这一点在人机接口设计方面体现得尤为明显，如颜色的约定、字体的形式、报警的原则等。良好的初步设计能保持今后详细设计的一致性，对于系统今后的使用是非常重要的，人机接口的初步设计内容与 DCS 的人机接口形式有关，这里所指出的只是一些最基本的内容，即：

1) 画面的类型与结构。这些画面类型包括工艺流程画面、过程控制画面（如趋势图、面板图等）和系统监控画面等；结构是指它们的范围和它们之间的调用关系，确定针对每个功能需要有多少幅画面，要用什么类型的画面完成控制与监视任务。

2) 画面形式的约定，包括约定画面的颜色、字体、布局等方面的内容。

3) 报警、记录、归档等功能的设计原则，定义典型的设计方法。

4) 人机接口其他功能的初步设计，由于人机接口的设计与接口设备的功能有关，在初步设计中应覆盖人机接口的全部功能，通常所说的充分发挥人机接口作用与其初步设计有很大的关系，因为初步设计中未说明的设计原则与范围在详细设计中常容易被忽略。

2. 初步设计过程中应注意的问题　初步设计是总体设计之后的第一步，在 DCS 设计的内容上、时间上都占有很大的比重。初步设计进行得顺利，后面的详细设计就有了一个清晰的轮廓、脉络与样板。然而，初步设计并不完全是为了详细设计而特意安排的，初步设计过程中，应该更多地考虑如何使设计满足工艺方面的要求，如何实现总体设计提出的目标，因此，系统硬件的构成方式，控制方案的确定，人机接口的设计原则，内容、形式等设计问题都是在初步设计阶段确定的，对这些方案的完善、修改，都是需要在初步设计阶段完成的。

［注意］　初步设计是在总体设计的原则下进行的，而不是对总体设计的调整，例如在初步设计的过程中发现一些问题，一些不易实现的功能或互相矛盾的要求，这时人们自然的

想法是认为总体设计没有考虑到这一情况,而去局部地调整总体设计,这种做法是危险的。设计过程中有一个重要的原则,那就是要进行一种设计或决策必须掌握与之相应的信息,而且要有与之相对应的目的、方法。总体设计时的信息、方法、目的是有总体设计的特点的,在初步设计中遇到的困难常常是局部的,如果在这时调整总体设计中对这一局部功能的要求,就会形成总体上的不一致或接口上的困难,实际的工作中也有可能出现相反的情况,即为了追求局部的最优而牺牲了总体上的最优,这些情况都是应该尽力避免的。

初步设计以说明问题为目标,所有初步设计的结果以统一的形式表示当然很好,但是由于设计对象类型的不同,做到这一点往往是不可能的也是没有必要的。通常,连续控制部分用 SAMA 图表示,顺序控制部分用顺序框图表示,联锁保护或典型控制用逻辑框图和文字说明表示,过程监视和人机接口设计用表格的形式表示。

5.1.3 详细设计

粗略地说,详细设计是初步设计在 DCS 上的具体实现,由于这样的定义,使其与 DCS 的形式有着密切的关系,且时常出现设计人员只注意到了具体实现的结果本身,而忽略了对这种实现的说明的问题。这些问题在前面的总体设计与初步设计中都不易出现,总体设计与初步设计相对来说只针对工艺过程的要求,不针对 DCS;设计的结果本身往往就是说明文件,无所谓设计结果与说明文件分离的问题。从详细设计的性质来看,详细设计具有下面的特点。

(1) 详细设计更针对 DCS,而不是工艺过程。在已经完成了初步设计的前提下,详细设计要考虑如何在 DCS 上实现这些功能,这时设计受到的约束主要是 DCS 的限制,不同的 DCS 有不同的功能或同一功能有不同的实现方法。例如,顺序控制设计有梯形图法、逻辑图法、顺序框图定义法、顺序语言法等。这些方法都可以实现初步设计的要求,要使控制方案以最优的方式实现,就要求设计人员充分了解 DCS 的全部功能。这一点往往被很多人所忽视,但 DCS 工程设计的系统性正反映在这里。就某一具体的 DCS 来说,实现一种功能的方法可能是多种多样的,且 DCS 厂家为了使其系统得到推广,总是尽可能把系统做得便于使用和设计,但要使设计达到最优,一定要深入了解 DCS 的内部功能,仅仅会使用组态、画一些画面、使用数据库是远远不够的。

(2) 详细设计与初步设计是相互联系的。在很多情况下,由于 DCS 的组态本身相对成熟,这时初步设计就可以相对宽松一些,只要指出对象甚至工艺的类型就可以了。在这种情况下,详细设计就要更多地考虑工艺的要求,这样的情况并不是不需要初步设计,而是工作方式发生了一些变化,这是由于详细设计的完善所致,越是有成熟的 DCS 设计经验的厂家,就会越多地参与初步设计,从而在初步设计阶段就考虑到系统的优化问题,这样就更能够充分发挥 DCS 的优势。详细设计之后,工程师经常会考虑:DCS 的功能是否都用到了,用得是否合理等。在很多设计中,设计过程与验证过程交织在一起,在 DCS 的详细设计阶段这一点体现得更明显。从这一点上说,组态的设计也是一种实现过程,而与通常所理解的设计就是画图的概念有所区别,在 DCS 的组态过程中,包括过程控制的组态、人机接口的组态,常常需要进行测试。

(3) 详细设计从 DCS 设备出发。在总体设计与初步设计过程中,设计的分工往往随工艺过程而定,在 DCS 的详细设计阶段,如过程控制的组态、人机接口的组态、接口系统的组态或编程等阶段，设计通常因 DCS 设备而定。因为这些设备的组态要用到不同的知识与方法，这样就需要认真安排设计过程，定义设计之间的接口关系，使整个设计对于工艺过程来说是对应的、一体化的。详细设计的特点已使设计者侧重于 DCS，这种设计的分工更容易使设计者脱离工艺过程，因此，设计的组织者要充分考虑到由此带来的问题，分工是要使设计做得精细，充分发挥 DCS 的作用，而其最终目的是要实现对过程的控制。

（4）与其他的设计不同，DCS 详细设计的结果有两个：一是设计的组态结果，二是对设计的说明，而后者往往容易被忽视。通常 DCS 厂家的图样是脱离计算机程序而存在的，因此，有些设计人员认为没有必要写文字描述设计，其实，设计说明的目的不是用另一种方式去描述设计，而是使阅读者通过说明了解 DCS 的组态分配、设计要点、联络关系等信息，看懂图样。特别地，设计说明要使读者了解到组态图或其他设计结果与前面总体设计和初步设计的关系，让使用者有清晰的脉络。如果把组态过程看作是一个生产过程，设计的组态图相当于产品，而设计说明则相当于产品说明书。显然，产品说明书对于人们理解产品的结构、功能和使用方法是十分重要的。

5.2　集散型控制系统的评价准则与选择原则

评价一个集散型控制系统的准则有以下几条：
1）系统运行不受故障影响。
2）系统不易发生故障。
3）能够迅速排除故障。
4）系统的性能价格比较高。

集散型控制系统的评价涉及诸多因素，是一项极其复杂的事情。所以，可归纳为对系统的技术性能、使用性能、可靠性和经济性等方面的评价，评价的目的是使用户能正确选择所需要的集散型控制系统。

5.2.1　技术性能评价

1. 现场控制站的评价　现场控制站的评价涉及 DCS 的结构分散性、现场适应性、I/O 结构、信号处理功能和控制功能等方面的评价。

（1）结构分散性。集散型控制系统的现场控制站有两种控制思路，一种是集多种控制功能（如连续控制、顺序控制、批量控制）于一体，另一种是分散配置于监测站、控制站以及每个现场控制站中，使之能够监测多个点或控制多个回路。这里要评价的就是各种 DCS 中的现场控制站属于哪种，性能如何。目前流行趋势是在分散的前提下，按生产过程的布局和工艺的要求，使控制回路和监测点局部集中。

（2）现场适应性。即指评价集散型控制系统配置的灵活性以及适应各种应用环境的能力；是否具有防爆、掉电保护功能；自主性和可靠性如何等。

（3）I/O 结构。评价 I/O 结构将涉及 I/O 功能、输入/输出量的扫描速度、种类及容量等。

（4）信号处理功能。信号处理功能包括信号处理的精度、抗干扰指标、采样周期以及输出信号的实时性等，具体表现为以下几点：

1) 系统信号处理精度。评价 DCS 的信号处理精度时，只考虑系统本身的精度，而不包括任一次仪表的误差。例如，某 DCS 的输入信号处理误差小于 0.2% 是指系统输入端信号的值与输入转换处理后的值之间的误差。一般信号处理精度包括：输入信号的处理精度和输出信号的处理精度。信号处理精度一般与前置放大部分性能、A-D 和 D-A 转换的位数及性能、CPU 处理器的数据处理字节数以及运算数据的类型等因素有关。在选择 DCS 的信号处理精度时，一定要从实际出发，既要满足生产的要求，又要防止不必要的追求高性能，因为高性能需要高成本的硬件来实现。对于一般的工业控制过程（炼油、化工、造纸、发电等），模拟量处理精度控制在 0.1%~0.2% 范围内。若不考虑实际情况，提出 0.01% 的精度要求，则显得脱离实际，因为热电偶等传感器的精度远远低于这个水平。

2) 信号的隔离。某些工业现场如冶金、发电等生产过程，对信号有较高的隔离要求，因为这些生产现场的地电平变化较大，隔离不好会造成生产事故，毁坏设备，因此，要明确 DCS 系统中哪些信号需要隔离，需要合理处理，因为隔离要求高会使成本大幅度上升。

3) 抗干扰指标。系统的抗干扰指标常用共模抑制比和串模抑制比来表示，它们的单位均为"分贝"（dB）。共模抑制比应大于 100dB，串模抑制比应大于 60dB。

4) 信号采集周期。信号处理中另一个指标是信号采样周期。不同的生产过程中的各信号对系统的采样周期要求不一样。例如事故处理信号应是毫秒级（ms）的；而温度信号一般是几秒至几十秒级的。所以在选型时应考虑实际生产需要。

5) 输出信号的实时性能。有的生产过程需要提高控制的快速性，这时就不能按采样周期方式进行了，而应考虑系统输出的实时性。

（5）控制功能。对 DCS 的控制功能的评价包括连续控制功能、顺序控制功能和批量控制功能。

1) 连续控制功能。连续控制功能也就是反馈控制功能，包括系统的最大回路数、控制算法的类型和数量、高级主控算法、自整定算法、组态操作方法、组态语言、回路响应时间、控制回路报警方式、掉电保护能力、数据库结构、连续控制与顺序控制以及逻辑控制组合方式等内容。

2) 顺序控制功能。顺序控制功能主要指对信号输入/输出的容量、扫描速度、顺序的规模以及顺序控制方式和编程语言等进行评价。

3) 批量控制功能。批量控制功能的评价主要包括批量处理功能和批量控制功能组态的方法等。

（6）冗余与自诊断。主要评价如控制装置是 $1:1$ 还是 $n:1$ 的冗余；是热备还是冷备；切换方式如何；自诊断范围、方式和级别等可靠性措施。

2. 人机接口的评价　DCS 的人机接口的评价是指对操作员站和工程师站进行评价。

（1）操作员站。DCS 的人机接口一般是以操作员站的形式出现的。对它的评价可归纳如下几方面。

1) 操作员站的自主性。即指系统中的操作员站是独立实现人机接口的功能，还是受中央计算机管理。

2) 操作员站的硬件配置。即指操作员站的 CRT 尺寸、分辨率是多少，有无触摸屏，鼠标、跟踪球操作器或光笔、专用键盘的功能与可靠性，控制台的人机工程设计是否合理，有无多媒体技术。

3) 操作站的性能。主要评价它的操作方便性和组态过程的简易性。例如是否有智能显示技术和多重窗口功能；是否能实现基于屏幕的"CRT 化操作"；操作是否方便；画面的种类、数量与调出速度如何；报警方式与记录能力；报警画面与更新方式；是否有计算能力；流程图、报表等生成能力以及组态是否方便易学等。

(2) 工程师站。工程师站除应具有操作站的所有功能外，还应评价它是否能进行离线/在线组态；是否有专家系统、优化控制；系统能否在 PC 上进行系统组态等。

3. 通信系统评价　评价集散型控制系统的通信系统一般应考虑以下几方面。

1) 线路成本与通信介质和通信距离的关系。
2) 通信系统的网络结构（如星形、环形、总线型）。
3) 网络的控制方法（有无主站，是否采用令牌）。
4) 节点之间允许的最大长度。
5) 通信系统的容量。
6) 数据校验方式（是 CRC，还是奇偶校验），对通信规约有无明确要求（如广播式,点对点式）。
7) 通信网络的传输速率。
8) 实时性、冗余性和可靠性。
9) 全系统的网络布局。
10) 信息传递协议等。

4. 系统软件评价　评价集散型控制系统的软件包括多任务操作系统、组态及控制软件、作图软件、数据库管理软件、报表生成软件和系统维护软件等，对这些软件应从成熟程度、更新情况、软件升级的方便程度、软件使用中出现的问题及如何解决等方面加以评价。

(1) 多任务实时操作系统。应从该系统的使用情况及与其他系统的兼容性进行考虑。

(2) 组态及控制软件。评价其配置组态的难易程度；用户界面是否友好，能否进行在线组态；离线组态后与过程站如何通信；组态的难易程度，控制算法种类及先进程度，是否有自整定功能；是否连续控制、顺序控制和批量控制；能否提供高级算法语言等。

(3) 作图软件。评价其软件作图难易程度，图素、颜色是否丰富，图形生成速度如何，提高画面的种类以及调出图形速度的快慢。

(4) 数据库管理软件。评价其是否为分布式数据库、历史数据存储及调用是否便捷。

(5) 报表生成软件。评价报表生成的种类、功能和报表生成的难易程度。

(6) 系统维护软件。评价系统的自诊断和容错能力以及系统的生成与维护的方便性。

5.2.2　使用性能评价

评价集散型控制系统的使用性能应主要考虑以下几方面。

1. 系统技术的成熟性　一般而言，使用多年的系统是经过生产实践考验的，在技术上是成熟的，但不一定是先进的。这就存在一个使用成熟技术与使用先进技术的矛盾。在实际生产应用中，对先进技术应采用慎重态度，不能盲目追求新技术。

2. 系统的技术支持　DCS 的技术支持包括维护能力、备件供应能力、售后服务以及培训等诸多因素。

(1) 维护能力。系统提供的维护功能达到什么级别；是否有全面的检修软件和远方技术援助中心。

（2）备件供应能力。集散型控制系统的各种插件备件的供应能力是选择中十分重要的问题。工厂提供备件的范围及年限是需要认真考虑的。

（3）厂家的售后服务。售后服务是关系到集散型控制系统使用寿命长短的重要方面。在这里应充分考虑制造厂家提供产品保修期的长短；保修期后的维修服务怎样提供；在系统中是否有将来难以得到更换的仪器仪表；厂家对维修费用提供何种承诺；产品的淘汰期还有多长，是否近期就可能停产等一系列问题。

（4）技术培训能力。技术培训是一个十分重要的问题，将涉及整个系统今后的操作、维护水平及系统产品质量。一些著名的公司都在国内外设立培训中心，以解决使用人员技术培训问题。

（5）可维护性能。主要评价生产厂家提供的系统进行一般维护的难易程度；维护所需的仪器设备及对维护人员素质的要求；故障消除的速度等。

3. 系统的兼容性 考虑该集散型控制系统与其他系统的兼容能力，兼容能力越强则系统的可扩展性和适应能力越强，使用中不仅方便，而且可以省去许多复杂的接口配备，既经济又可靠。

5.2.3 可靠性与经济性评价

1. 可靠性评价 可靠性是集散型控制系统最根本的技术指标，是头等重要的，如果一个系统失去了可靠性，其他一切优越性都不复存在，特别是对于连续运行的生产过程更为重要，因为一旦出现故障，所造成的损失甚至会超过一个集散型控制系统本身的价值。

集散型控制系统的可靠性评价一般包括以下几方面：

1）系统的平均无故障间隔时间 MTBF，MTBF 越大，DCS 的可靠性越高。
2）系统的平均故障修理时间 MTTR。
3）冗余、容错能力。
4）安全性，其内容包括系统的操作控制级别设定，安全措施是否严密等。

2. 经济性评价 评价一个集散型控制系统的经济性有两种类型：一种是在购置和使用系统之前，这种评价的主要作用是为选型提供参考；另一种是在集散型控制系统投入运行一段时期（如一年）后，对整个系统的经济状况进行评价，从而对它的经济效益进行评价，为今后集散型控制系统更新积累经验。

第一种经济评价着重考虑系统的性能价格比，在系统满足各项生产要求且具有良好的可扩展性的前提下，应选报价最低的系统，但是在评价中除了考虑一次性投资外，还要注意有没有二次、三次性投资。

第二种经济评价则侧重考虑系统费用和经济效益，包括以下几方面。

（1）初始费用 C，它包括以下几部分：

1）前期费用：指可行性分析、系统设计、必要的科学试验和研究以及人员培训等费用。
2）设备总费用：包括集散型控制系统的硬件及外围设备的费用。
3）旧系统改造费用：指旧工艺、设备和软件等进行改造时所需要的费用。
4）设备安装与机房建设的费用。
5）旧设备报废的费用。

6) 旧设备回收利用的费用。

(2) 运行费用 Y，指运行一年后的花费，包括以下几部分：

1) 设备折旧费。
2) 维修费。
3) 人工费。
4) 房租、水电费。
5) 杂项费用。

(3) 年总经济效益 S，它包括以下几方面内容：

1) 降低原材料和能耗带来的效益。它等于资源单价、能耗下降值和年产量三者的乘积。

2) 人工费降低的数值。它包括人员减少所节约的工资和由于产量提高使生产率提高得到的效益。前一部分等于减少人员乘以年平均工资，后一部分等于增产节省下来的人工费减去因超额支出的附加工资，可用式(5-1)表示。

$$\text{生产率提高得到的效益} = (\text{劳务费/吨} - \text{附加工资/吨}) \times \text{增产吨数} \qquad (5\text{-}1)$$

3) 增产引起的折旧效益。它由于产量增加使每吨产品折旧费下降，所以由减少折旧得到的效益 = 减少折旧费 × 增产后的产量。其中每吨产品减少的折旧费 = 设备折旧费/原产量 − 设备折旧费/新产量。

4) 车间费用下降带来的效益。它的计算同上类似，即每吨产品的车间费用下降值乘以新的产量。

5) 产品质量改善带来的效益。它包括废品减少带来的效益和产品价格档次提高所带来的效益。

(4) 净经济收益 Z，根据初始费用、运行费用和总经济收益，可以估算出集散型控制系统带来的净经济收益 Z，即

$$Z = S - Y - \rho C \qquad (5\text{-}2)$$

式中 ρ——投资回收率，取值范围为 0.1~0.35，一般取 0.15。

(5) 投资回收率年限 T。可由式(5-3)表示：

$$T = \frac{C}{(S-Y)} \qquad (5\text{-}3)$$

T 越小，系统投资回收率越高。

5.2.4 DCS 的选择原则

集散型控制系统的选择是系统设计的一个重要内容，它包括确定系统类型及其子系统和单元两方面内容。只有这两方面选择都符合控制要求且经济，系统才有最高的性能价格比。

1. 技术原则 技术方面本着以下三个原则：①按功能要求，选择符合生产过程控制要求的 DCS 产品，并预留一定的扩展余量；②在本行业运行成功，并有两个或两个以上的应用实例；③供货公司新设计的 DCS 产品。

2. 经济原则 同其他控制系统一样，选择 DCS 时，首先要考虑项目的投资规模、性能价格比以及投资回收率等一些经济原则。

建设项目的规模决定了选择 DCS 的大、中、小型系统的规模。建设例如固体废物发电厂，钢铁联合企业或化工联合企业或大型发电厂等这样大规模项目(一套或几套装置 I/O 点

在1000乃至数千点以上），宜选择大型的DCS；反之，对原有生产线的部分工艺流程进行技术改造或建设一个小工厂，则应选用中、小型的DCS。

总之，就是在满足生产要求的前提下，选用性能价格比高的DCS。

3. 售后服务原则 选择DCS时，还要优先考虑那些信誉好的公司的DCS产品，只有市场占有率大，技术力量雄厚，并有发展潜力的公司才能满足用户的实际需求；同时，在合同中，应对供货公司提出下列要求：

1）交货及时完整。
2）备件供应要及时。
3）系统维护要及时。
4）技术培训方法、时间和联系方式。
5）系统售后，供货公司服务的年限。
6）供货公司对DCS今后的扩展提供服务。

5.3　集散型控制系统的调试、安装与验收

5.3.1　集散型控制系统的调试

为了保证集散型控制系统正常运行，必须认真仔细地完成调试工作，包括集散型控制系统出厂前的调试和在用户现场的调试。

（1）出厂前的调试，即是在厂家有关技术人员的指导下，用户与厂家技术人员对系统的硬件、软件进行的调试。其目的是在厂家技术人员的指导下，学会如何使用集散型控制系统的方法，了解该系统软件能实现哪些用户工艺过程。此外，出厂前还必须完成复杂回路（如前馈等）和特殊设备（如智能变送器等）的调试工作。待局部调试完成后，还需要进行整套系统的调试，包括每一个I/O点及其相应回路的调试，同时要观察相关的标准画面。

（2）用户现场调试，即是在出厂前调试的基础上进行的真正意义上的实际在线调试。要求不允许有任何错误与疏漏，特别对于危险性极大的化工生产装置，任何差错都可能会导致严重的后果。

现场调试需要工艺、电气和设备等相关专业的配合，做好调试前各方面准备。首先设备安装工作必须全部完成，设备无损坏，接地等各项技术指标必须符合要求，通信系统可靠，后勤工作有保障；其次是调试大纲、调试方法和各类调试报告等技术资料均应准备到位，对参加调试的操作人员应事先进行培训，使其达到熟练操作的程度；最后要成立调试协调小组，统筹安排现场调试阶段的工作。调试记录作为DCS项目的重要资料之一应存档保存。

5.3.2　集散型控制系统的安装

集散型控制系统在完成现场开箱检验后就可以进行安装工作，但在安装前必须考虑系统就位时所需要的各项条件，因此需经厂家确认后才能开始安装。安装工作一定要在厂家技术人员的指导下，按照DCS随机资料中的安装手册进行。

安装前应将包括控制室、电源和接地等方面的工作准备好。控制室的空间布局、电缆支

架、地板负荷及开孔尺寸等，在安装前需与就位设备一一对应。电源一般采用 UPS 电源，在接集散型控制系统带电部分之前，需向厂家递送一份有关电源的电压、电流和相频率的测试报告，以保证电源准确无误。集散型控制系统对接地要求较高，要求有专用的工作接地极，且要求它的入地点远离避雷入地点，间距应大于 4m，接地体与交流电的中性线及其他用电设备接地体间距离大于 3m，集散型控制系统的工作地应与安全地分开，另外还要检测它的电阻，要求小于 1Ω。

在准备工作结束后，即可开始安装集散型控制系统。系统的安装包括机柜的搬入，设备就位安置，系统的内部电缆连接，端子外部仪表信号线的连接，系统的电源、接地的连接。为防止静电对电子器件的损坏，在安装带有电子器件设备时，操作人员一定要戴上防静电器具。待整个系统安装、检查完后，系统每个部分都要进行通电测试和诊断。此外，在系统安装时应注意库房到控制室之间的温度变化是否符合系统的要求。

5.3.3 集散型控制系统的验收

集散型控制系统的验收包括 DCS 出厂前的验收和 DCS 运抵用户现场后的验收。

1. 出厂前的验收　出厂前的验收主要指对 DCS 的硬件、软件的性能进行验收，清点供货清单上的所有设备是否齐全、是否满足用户要求，最后由双方签字认可。

2. DCS 抵达用户现场的验收　这种验收主要包括开箱检验、通电检测和在线测试。开箱检验时需要厂家、运输单位及用户三方同时在场，开箱检验完毕需由厂家和用户在开箱验货单上签字，对于损坏、短缺的设备都应详细记录，确认原因，提出修复、更换或补充方案；然后进行通电检测，即是对系统中所有模块逐一上电检测，检查各部分状态，形成通电检测报告；最后进行在线测试，这种测试最好在满负荷状态下进行，以检验系统能否正常工作。

在产品保证期内，用户应得到厂家的技术支持，只要不是由用户造成的损失，都应给予修复或更换。

5.4 集散型控制系统的应用实例

目前，DCS 作为一种工业自动化过程控制系统，已经在炼油、石油、化工、冶金等领域中广泛应用。如何充分利用集散型控制系统的优势，研究和实施复杂控制策略，提高集散型控制系统的应用水平，一直是工业自动控制领域所关注的问题。

下面就以几个 DCS 的应用实例来阐述 DCS 的控制功能。

5.4.1 TDC3000 在大型炼油厂中的应用

某大型炼油厂采用 TDC3000 集散型控制系统进行控制。该厂第一操作站操作和控制的生产装置是常减压蒸馏装置、气体脱硫化装置和催化脱硫醇装置。这里仅介绍 DCS 在常减压蒸馏装置上的应用。

常减压蒸馏装置是根据不同的原油种类和加工的要求，对原油进行馏分的切割，得到汽油、石脑油、柴油、蜡油和渣油等不同的油品。由于常减压蒸馏装置是一种应用较普遍、设计较成熟的装置，因此，控制方案已基本定型。

常减压蒸馏装置的主要设备是电脱盐罐、初馏塔、常压分馏塔、常压侧线汽提塔、减压分馏塔、常压进料加热炉和减压进料加热炉等。

1. 硬件配置 TDC3000 集散型控制系统采用了 LCN 和 UCN 的网络通信系统，在分散过程控制级采用了 PM 过程控制管理站和 LM 逻辑管理站。图 5-1 所示为常减压蒸馏装置和其他两个装置上使用的第一操作站区的硬件配置图。

为了满足工艺过程操作和控制的要求，在该操作站区设置了 4 个通用站 US 和相应的操作键盘，为了便于组态和维修，配置了一个工程师用键盘。系统设置了两台打印机，一台用于报警事件的打印，另一台用于报表的打印。系统与其他操作站区共用的应用模块 AM、历史模块 HM、计算模块 CM 和工程师站等设备。为了与过程控制管理站 PM 通信，系统通过网络接口模块 NIM 把 PM 的数据传送到 LCN 网络和操作站。

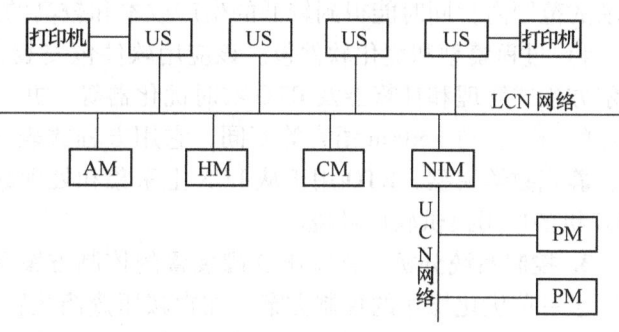

图 5-1 TDC3000 的硬件配置框图

在该操作站区有两套 PM 过程控制管理站，共设 400 个检测点，控制 120 个回路。PM 管理站通过冗余的通用控制网络 UCN 接到 NIM 上，NIM 模块除了连接该操作站区的两套 PM 外，还连接了第二操作站区的两套 PM 过程管理站。为了保证数据通信的可靠，在该系统中的 NIM 也采用了冗余的配置。

操作站 US 采用 19in、640×448 点分辨率的彩色触摸屏幕式显示器。为了防止操作员、DCS 工程师和维修人员的误操作，对于不同职权的应用人员使用不同的专用机械钥匙进行切换，提高了安全性。

2. 系统的软件配置

（1）系统软件。该控制系统的系统软件版本为 Release300，该版本的软件增强了 PM 的控制功能，例如，输入输出采用了冗余控制，增加了脉冲量输入、低电平多路切换、远程输入输出及逻辑管理功能等，因此，该系统在操作控制、系统维修和软、硬件扩展等方面显示了明显的优势。

（2）优化应用软件。为了提高控制效果，系统提供了优化的应用软件。这些软件是控制理论和实际应用结合的产物。主要应用了以下优化应用软件。

1）回路自整定软件包。该软件包安装在应用模块 AM 内部，用于对系统内 AM 和 PM 中的各个控制回路 PID 参数进行自整定。整定的方法有试凑法、快速整定法和调用法等三种。对于不同的控制回路可采用不同的整定方法，以便得到较好的控制效果。

该软件在回路整定时采用快速整定法。先设置一组 PID 参数，然后定时对控制回路的状况进行采样，采样周期常取 1s，软件通过采样值 PV、给定值 SP 及输出值 OP 计算出目标函数 J 值。对相邻两次计算的 J 值，程序自动进行比较，如本次计算值小于上次计算值，程序就按照目前的方向继续减小或增大 PID 参数；否则，按相反方向调整参数，直至达到最优参数值。

2）前景预测控制软件包。该软件包也安装在 AM 中，是包含多种算法的控制软件包。

它通过建立被控对象的数学模型对被控变量和操纵变量进行预估,并不断对数学模型进行修正,最终使一些用常规控制方法较难奏效的生产过程得到较好的控制效果。它对大时滞环节、慢响应、多变量和非线性系统的生产过程有较为满意的控制品质。

3）实时质量控制软件包。该软件包也安装在 AM 中,是用于产品质量控制的软件包。它采用统计的方法对目标产品质量参数进行高、低限的设定,检查过程中的随机、非随机互相误差,通过图表计算、统计报警;自动计算相关误差等方法,使过程产品的质量稳定在所要求的范围内,同时能得到较低的生产成本和较高的产量。

4）过程模型和优化软件包。该应用软件包安装在计算模块 CM 中,它包括 HEMS 霍尼韦尔方程式管理和计算器及 RTO 实时优化器等,并由 ABE 应用和执行程序支持。HEMS 是特殊的语言,与 Fortran 语言等不同,它用方程式表达程序内容并送入系统,建立起系统的动、静态数学模型,RTO 用于从 LCN 上采集和处理数据,ABE 为连到 TDC3000 系统的 EDC VAX 机的应用提供软件环境。

3. 控制系统分析　　常减压蒸馏装置的控制方案除了采用常规的控制方案外,还开发和应用了一些优化操作的控制方案。在常减压蒸馏装置中,控制方案的实施应有一个十分重要的目标,即尽可能地利用原油来吸收热量,而少用冷凝水来吸收热量。因此,冷却水只应用于必不可少的地方,即塔顶的产品冷凝,而避免用水来冷却中段回流,在中段回路应控制进料量来精确控制中段回路的传热速率。为回收热量,尽可能地把热量用在下部的中段回路。在加热炉和进料系统也要考虑热量的充分利用。下面介绍有关节能的控制方案。

（1）常压塔塔顶温度和塔顶回流量、塔顶循环回流量的串级控制系统。在本系统中采用了常压塔塔顶温度和塔顶回流量、塔顶循环回流量的串级控制系统。为了节能,在操作过程中将塔顶回流量相对减少,因此,为满足塔顶温度的控制要求,在生产负荷正常时,采用塔顶温度和塔顶回流量的串级控制系统;在负荷增大时,自动切入塔顶温度和塔顶循环回流量的串级控制方案。主回路输出通过两个设定值分配器按不同的比例送到两个流量副回路,作为它们的设定值。设定值分配器的分配系数可由操作人员在现场设置或调整。控制系统的框图如图 5-2 所示。

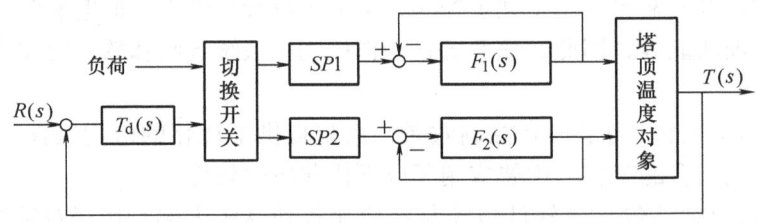

图 5-2　常压塔塔顶温度串级控制系统框图

（2）原油换热系统的节能控制系统。原油的两级换热系统中,为了节能,先计算出各换热支路汇合前的温差,经加权运算后给出各支路流量的修正系数,从而减少了因换热汇合处的温差造成的热量损失。

（3）加热炉热能量控制系统。在常压炉和减压炉都设置了加热炉烟道气氧含量分析程序和热效率的计算程序,并实现热负荷控制、加热炉炉管均衡控制、燃料控制等,从而使加热炉在优化的操作条件下运行。

5.4.2 某火力发电厂200MW发电机组热工系统的DCS控制

某火力发电厂200MW发电机组热工系统的控制采用HS2000DCS系统。该单元发电机组（锅炉-气轮机-发电机）热工自动控制系统的控制回路总数为56个，采集的数据点数为：模拟量输入为315点，模拟量输出为104点；开关量输入为107点，开关量输出为170点。

由于HS2000系统可以通过多层数据网络将不同设备挂在一起，实现各部分的数据共享和协调工作，从而完成如下控制功能。

1) 锅炉燃烧控制：维持蒸汽压力恒定，保证最佳的空气燃烧比。

2) 送风与引风控制：以烟道中氧含量计算其设定值，以含氧量的高低表示燃烧过程的好坏，通过控制送风以保持适当的风煤比，从而保证燃烧正常。引风控制则是保证炉膛负压，也是为了保证燃烧正常。

3) 主蒸汽温度控制：通过控制过热喷水减温器的冷却水流量，来保证主蒸汽温度在540℃左右。

1. 系统的硬件结构 该发电机组热工系统采用HS2000 DCS的三层网络结构，分为管理级、操作级和现场级。以网络为基础，使配置的各种设备挂接在网络上，实现协调工作、数据和信息共享，共同完成各种控制及管理功能，其硬件结构如图5-3所示。

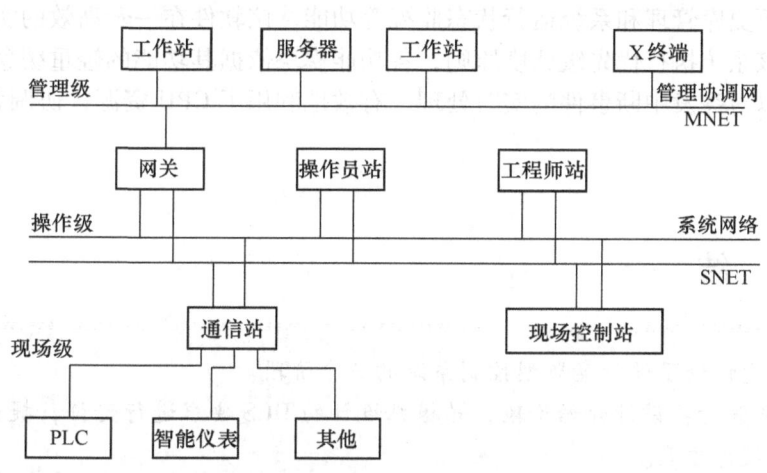

图5-3 200MW发电机组热工自动控制系统的硬件结构图

（1）系统的网络结构主要有以下几种形式：

1) 管理协调网(MNET)：是整个控制系统最高一级的网络，其功能为完成不同装置之间的协调控制、数据通信，实现多组装置的管理数据通信和不同部分间的协调控制。

2) 系统网络(SNET)：是系统进行工程师站、操作员站和现场控制站等节点间的实时通信的网络，具有冗余结构、热备份功能，能在任何一个网络失效的情况下保证系统正常通信。

3) 控制网络(CNET)：挂接在控制网络上的各个I/O组件之间及各组件内部的各模块之间的数据联系采用网络通信，而不是传统的并行总线。

（2）现场控制站。它是系统直接与现场打交道的、大规模的I/O处理系统，是一个具有信号采集、回路调节、逻辑联锁、顺序控制等操作功能的现场控制设备。它主要由主控模块、智能 I/O 模块、电源模块和专用机柜组成。考虑到系统运行的可靠性要求甚高，对现场电源、CPU 板以及通信网络均采用冗余配置。

（3）操作员站。该站采用开放式结构，主机采用高可靠性工业 PC，配有专用触摸式薄膜键盘、轨迹球以及大屏幕显示器，另外，系统还配有 HS2000 专用实时控制软件，操作人员可以通过专用键盘灵活、方便、准确地监视过程量，并可根据流程变化调整过程参数。

（4）工程师站。该站的功能在于对系统进行功能组态，为用户提供一个灵活、方便、全面的工作平台，以实现用户的各种控制策略。

2. 系统的软件配置 该 200MW 发电机组热工系统的软件分为工程师站软件、操作员站实时监控软件和现场控制站实时控制软件三大部分，这三部分软件分别运行在系统不同层次的硬件平台上，并通过系统网络及网络通信软件，彼此配合、互为协调，交换各种数据及管理、控制信息，实现整个集散控制系统的各种功能。

系统的组态软件包括系统管理组态、数据库组态、控制算法组态、引用组态、图形组态、历史库组态、报表组态等功能。组态工作完成后，通过系统网络，将组态生成的各种数据自动下装到系统的各操作站及现场控制站中。这些站点一旦接收到组态信息，立即分散实现各种控制、监视、调节和管理功能。

实时监控软件主要具有图形显示与会话，报警管理与显示，报表管理，各种控制运算，系统库管理，历史库管理和系统运行状态监视等功能，该软件在一套高效的实时多任务操作系统下运行，该系统执行优先级调度原则，各功能模块依据其功能的轻重缓急被赋予不同的优先级，再辅以对突发中断事件的实时处理，有效地利用了 CPU 资源，协调各功能模块。

小　结

本章首先讨论了设计集散型控制系统的三个阶段。

1）总体设计：设计开始阶段，是根据设计的 DCS 要求进行论证，提出一个全面的、科学的设计方案。

2）初步设计：介于总体设计与详细设计之间的设计，是在总体设计的基础之上对 DCS 的每一个环节进行典型设计，它主要考虑如何满足 DCS 工艺要求。

3）详细设计：在初步设计的基础之上对 DCS 进一步完善的设计，它主要考虑如何实现 DCS 的控制功能。

在此基础上，研究了 DCS 评价准则与选择原则。其核心就是通过评价 DCS 的使用性能、可靠性和经济性，来帮助用户选择所需要的 DCS。

其次，介绍了 DCS 调试、安装与验收的一般过程。

最后，介绍了几个典型 DCS 产品在实际工程中的应用实例。

 **习 题**

5.1 集散型控制系统的设计有哪些方法?
5.2 集散型控制系统的设计包括哪几个阶段?
5.3 评价集散型控制系统的准则是什么?
5.4 在集散型控制系统选型时,主要需要考虑哪些性能指标?
5.5 集散型控制系统的调试一般包括哪些内容?

第6章 现场总线技术及其应用

20世纪60年代以前的工业控制系统几乎都是基于模拟信号的,即使是70年代出现的DCS系统,测量、变送仪表一般也为模拟仪表,因此DCS是一种模拟、数字信号混合系统。随着计算机、通信、网络技术在工业控制领域里的应用与发展,工控系统数字化、网络化、信息化的程度越来越高。现场总线技术正是在这种背景下于20世纪80年代中期发展起来的。由于历史和市场等多方面的原因,目前现场总线处于多标准共存、百家争鸣的局面,各种总线都有自己的特色和用户群,限于篇幅,本章仅介绍现场总线技术的概况和目前工业领域应用较为普遍的几种总线技术。

6.1 现场总线的基本概念

现场总线的概念是随着微电子技术的发展,数字通信网络技术延伸到工业现场成为可能后,于1984年左右提出的。根据国际电工委员会(International Electrotechnical Commision,IEC)标准和现场总线基金会(Fieldbus Foundation,FF)的定义,现场总线的概念一般为:一种用于智能化现场设备和自动化系统的开放式、数字化、双向串行、多节点的底层通信总线。

IEC将"现场总线"定义为工业现场级的数据通信技术,但随着总线技术的不断发展,各种应用功能不断扩充,总线技术已不仅是一种底层的通信技术,而成为网络和控制系统级的技术,例如FF总线就是系统级总线的典型代表。

现场总线是20世纪90年代在国际上兴起的新一代全分布式控制系统的核心技术。伴随着数字化时代的来临,作为未来工业自动化主流的现场总线控制系统(Fieldbus Control System,FCS)有如下优点:

(1) 全数字化。将企业管理与生产自动化有机地结合起来,实现高效率、低成本。此外,数字化信号固有的高精度、抗干扰特性也能提高控制系统的可靠性。

(2) 全分布。在FCS中各现场设备有足够的自主性,它们彼此之间相互通信,完全可以把各种控制功能分散到各种设备中,实现真正的分布式控制。

(3) 双向传输。传统的4~20mA电流信号,只能在一条线传递一路信号,现场总线设备则在一条线上既可以向上传递检测信号,又可向下传递控制信号。

(4) 自诊断。现场总线仪表自身具有自诊断功能,而且这种自诊断信号可以送到中央控制室,以便于维护,这是传统仪表无法做到的。

(5) 节省布线及控制室空间。传统的控制系统每个仪表都需要一条线连到中央控制室,因此需在中央控制室装备一个配线架。而在FCS中多台现场设备可串行连接在一条总线上,因此,只需极少的线进入中央控制室。这样节省了大量布线费用,也降低了中央控制室的造价。

（6）多功能仪表。数字、双向传输方式使得现场总线仪表可以摆脱传统仪表功能单一的制约，可以在一个仪表中集成多种功能，甚至可以做集检测、运算、控制于一体的变送控制器。

（7）开放性。1999 年年底，现场总线协议已被 IEC 批准正式成为国际标准，从而使现场总线成为一种开放的技术。

（8）互操作性。现场总线标准保证不同厂家的产品可以互操作，降低了控制系统的成本。

（9）智能化与自治性。现场总线设备能处理各种参数、运算状态信息及故障信息，智能化程度很高，能在部件甚至网络出现故障的情况下独立工作，大大提高了整个控制系统的可靠性和容错能力。

6.2 现场总线的结构与特点

6.2.1 现场总线的结构

根据国际电工委员会标准和现场总线基金会的定义，现场总线的结构特点主要体现在以下几方面。

1. 现场通信网络 现场总线把通信一直延伸到生产现场或生产设备，用于过程自动化和制造自动化中的现场设备或现场仪表的互连。图 6-1 中的现场控制层网络有 FF 现场总线低速网段 H1、高速网段 HSE 和 LonWorks 现场总线。

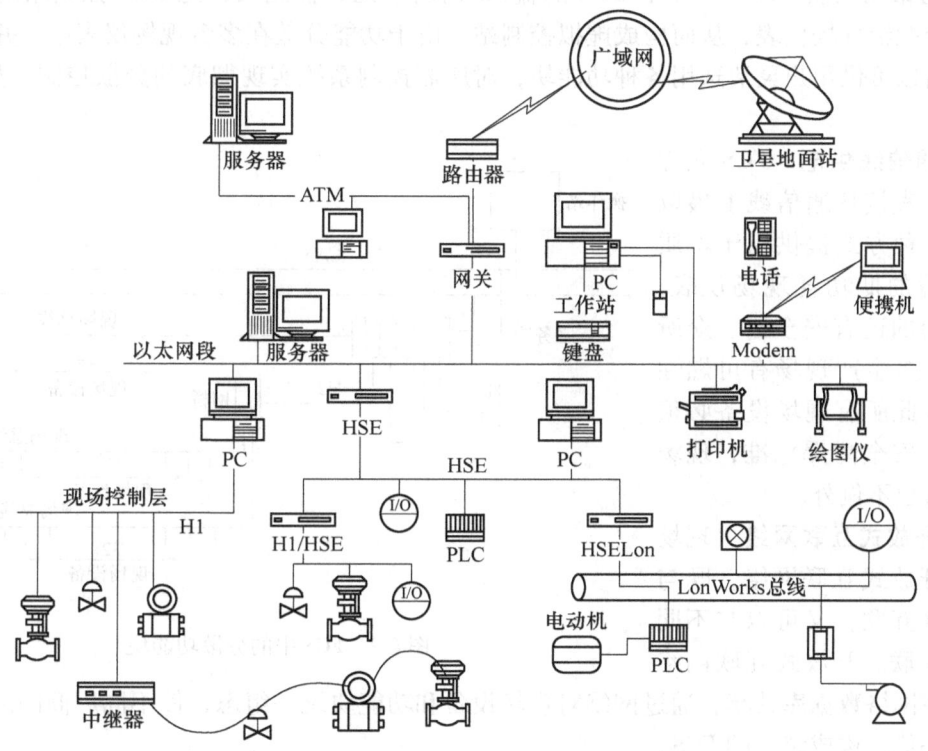

图 6-1　现场总线连接示意图

2. 现场设备互连 现场设备或现场仪表是指变送器、执行器、服务器、网桥、辅助设备以及监控设备等。这些设备通过一对传输线互连（如图 6-1 所示）。可使用双绞线、同轴电缆、光缆和电源线等进行传输，并可根据需要因地制宜地选择不同类型的传输介质。

（1）变送器。常用的变送器有温度、压力、流量、物位和分析五大类，它既有检测、变换和补偿功能，又有 PID 运算和控制功能。

（2）执行器。常用的执行器有电动和气动两大类。执行器的基本功能是控制信号的驱动和执行，还内含调节阀输出特性补偿、PID 运算和控制功能，另外，还有阀门特性自动校验和自动诊断功能。

（3）服务器和网桥。服务器下接 H1 和 H2，上接局域网（Local Area Network，LAN）；网桥上接 H2，下接 H1。

（4）辅助设备。辅助设备有 H1/气压转换器、H1/电流转换器、电流/H1 转换器、安全栅、总线电源、便携式编程器等。

（5）监控设备。监控设备主要有工程师站、操作员站和计算机站，工程师站提供现场总线控制系统组态，操作员站实现工艺操作与监视，计算机站用于优化控制和建模。

3. 互操作性 由于现场设备或现场仪表种类繁多，不可避免地要求不同的厂家的产品能够实现交互操作与信息互换，用户把不同制造商的各种产品的仪表集成在一起，进行统一组态，构成其所需的控制回路，实现"即插即用"。现场设备互连是基本要求，只有实现互连操作，用户才能自由地集成 FCS。

4. 分散功能块 FCS 摒弃了 DCS 的输入/输出单元和控制站，把 DCS 控制站的功能块分散地分配给现场仪表，从而构成虚拟控制站。由于功能分散在多台现场仪表中，并可统一组态，所以可供用户灵活选用各种功能块，对所需控制系统实现彻底的分散控制，如图 6-2 所示。

5. 通信线供电 FCS 允许现场仪表直接从通信线上摄取能量，这种方式提供用于本质安全环境的低功耗现场仪表，与其配套的还有安全栅。众所周知，许多生产现场有可燃性物质，因此所有现场设备必须严格遵守安全防爆标准，现场总线设备也不例外。

6. 开放式互联网络 现场总线为开放式互联网络，既与同层网络互联，又可以与不同层网络互联。开放式互联网络

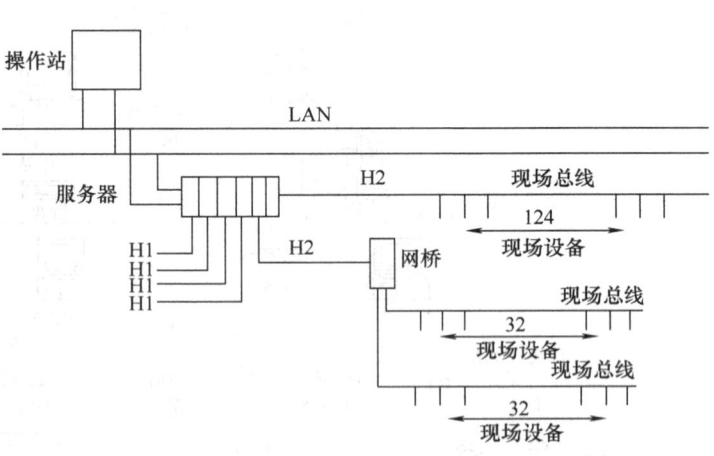

图 6-2 FCS 中的分散功能块

还体现在网络数据库共享，通过网络对现场设备和功能块统一组态，使不同厂商的网络及设备融为一体，构成统一的 FCS。

6.2.2 现场总线的技术优势

现场总线技术是以智能传感器、控制、计算机、数字通信、网络为主要内容的一门综合技术。FCS 与传统的 DCS 相比较，主要有以下技术优势：

（1）数字式通信方式取代设备级的模拟量（如 4~20mA，0~5V 等信号）和开关量信号。

（2）实现车间级与设备级的数字化网络通信，是工厂自动化过程中现场级通信的一次数字化革命。

（3）在自控系统与设备中加入工厂信息网络，使之成为企业信息网络底层，使企业信息沟通的覆盖范围一直延伸到生产现场。

（4）在计算机集成制造系统（CIMS）中，现场总线是工厂计算机网络到现场级设备的延伸，是支撑现场级与车间级信息集成的技术基础。

6.3 常用的现场总线

在现代社会网络化、信息化的大背景下，将现场总线技术运用于工业自动化系统，蕴藏着巨大的技术和商业潜力，因此吸引了众多欧美和亚洲有实力的厂商花费大量人力、物力来开发现场总线。美国仪表协会（ISA）于 1984 年开始制定现场总线标准，在欧洲出现了德国的 PROFIBUS 和法国的 FIP 总线标准等。之后各种现场总线标准陆续形成，其中主要有基金会现场总线（Foundation FieldBus，FF）、控制局域网络（Controller Area Network，CAN）、局域操作网络（Local Operating Fieldbus，LonWorks）、过程现场总线（Process Fieldbus，PROFIBUS）和 HART 协议等。但是，由于行业与地域发展等历史原因，加上各公司和企业集团的利益关系，最终导致目前多种现场总线标准共存。

6.3.1 基金会现场总线

基金会现场总线（FF）是为了适应自动化系统，特别是过程自动化系统在功能、适应条件与技术上的需要而专门设计的。FF 协议标准早期是由 Fisher-Rosemount 公司、Honey-Well 公司等牵头组织开发的。目前 FF 已得到了世界上一些大型自动控制设备制造商（例如 SIEMENS、ABB、AB 等公司）的广泛支持，在北美、亚太与欧洲等地区具有很强的影响力。

基金会现场总线（FF）是国际公认的唯一不附属于某个企业的、公正的、非商业化的国际标准化组织，其宗旨是制定单一的国际现场总线标准，无专利许可要求，任何人均可使用。以下就基金会现场总线的主要特性进行说明。

（1）基金会现场总线以 ISO/OSI 开放系统互连模型为基础，取其物理层、数据链路层、应用层为 FF 通信模型的相应层次，并在应用层上增加了用户层，其模型结构如图 6-3 所示。其中物理层、数据链路层采用 IEC/ISA 标准。应用层有两个子层：现场总线访问子层（Fieldbus Access Sublayer，FAS）和现场总线报文规范（Fieldbus Message Specification，FMS）子层，并将从数据链路到 FAS、FMS 的全部功能集成为通信栈（Communication Stack，CS）。FAS 的基本功能是确定数据访问的关系模型和规范；FMS 的基本功能是面向应用服务，生成规范的应用协议数据。总之，物理层规定信号如何发送；数据链路层规定如何在设备间实现共享网络和调度通信；应用层规定在设备之间交换数据、命令、事件信息以及请求应答中的信息格式；用户层规定标准模块、对象字典和设备描述，供用户组成所需要的应用程序，并实现网络管理和系统管理，用于实现测量、控制、工程量转换的应用功能块，实现系统组态管理功能的系统软件技术以及构筑集成自动化系统、网络系统的系统集成技术等。

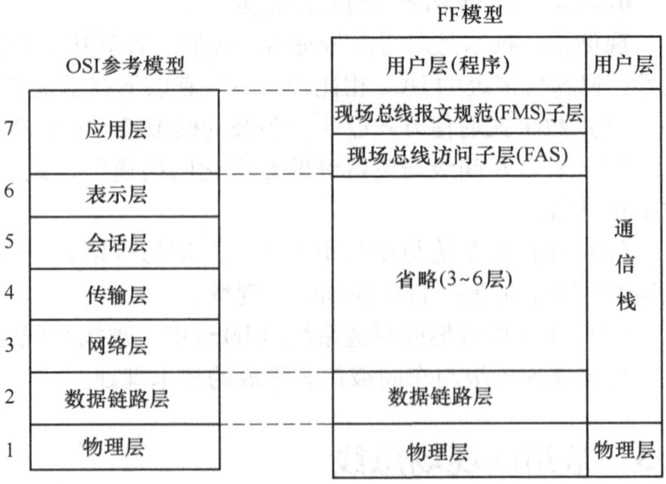

（2）基金会现场总线初期分为低速 H1 和高速 H2 两种通信速率。H1 为用于过程自动化的低速总线。当其传输速率为 31.25kbit/s 时，通信距离为 200～1900m（取决于传输介质），可支持总线供电和本质安全防爆环境；H2 为用于制造自动化的高速总线，当其传输速率为 1.0Mbit/s 时，传输距离为 750m；当传输速率为 2.5Mbit/s 时，传输距离为 500m。

图 6-3 FF 通信模型

后来，随着现场总线和以太网的发展，H2 已经被高速以太网（HSE）取代。它迎合了控制仪器仪表的终端用户对现场总线的可互操作、低成本、高速度等的要求，充分利用低成本和商业可用的以太网技术，并以 100Mbit/s 到 1Gbit/s 或更高的速度运行。主要应用于制造业（离散控制）的自动化以及逻辑控制、批处理和高级控制等场合。

（3）基金会现场总线网络拓扑结构有两种：单网段拓扑结构和桥式网络拓扑结构。H1 支持点对点连接、总线形、菊花链形或树形拓扑结构；HSE 支持总线形拓扑结构。基金会现场总线支持桥接网，可以通过网桥把不同速率、不同类型的媒体的网段连接成网络。基金会现场总线 H1 每段节点数最多 32 个，HSE 每段节点数最多 124 个。图 6-4 所示为基于 FF（包括 H1 和 HSE）控制系统的网络拓扑结构。

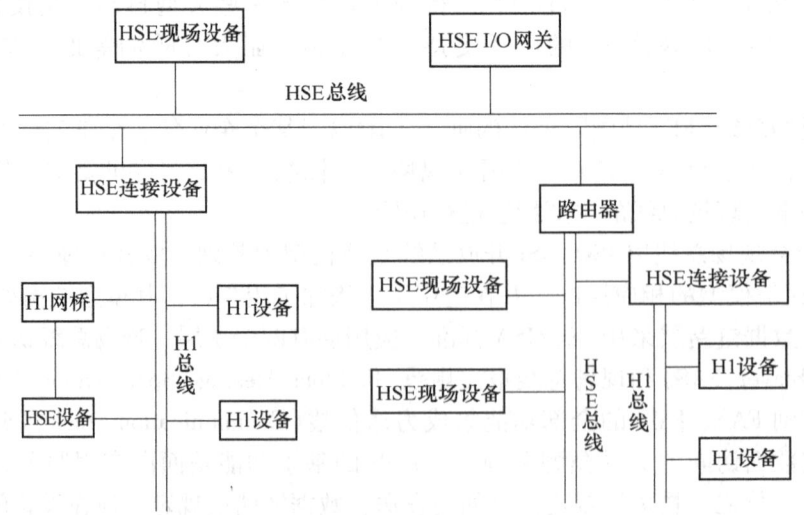

图 6-4 基于 FF 控制系统的网络拓扑结构

(4) 基金会现场总线支持双绞线、同轴电缆、光缆和无线等传输介质，应用最广的是前两种，其传输信号采用曼切斯特编码。

(5) 基金会现场总线采用可变长帧结构，每帧的有效节数为 0~251 个。目前像 Smar、Fuji、National、Semiconductor、SIEMENS、Yokogawa 等公司可以提供基金会现场总线的通信芯片。

6.3.2 CAN 总线

CAN 全称是 Controller Area Network，即控制器局域网。CAN 总线是国际上应用很广泛的一种现场总线，并且是国际标准化组织(ISO)制定并推荐的现场总线，被认为是目前最有发展前景的现场总线之一。

CAN 总线最初是由德国 Bosch 公司为汽车内部测量与执行部件之间的数据通信而设计的，现已成为国际标准化组织 ISO 11898 标准。

CAN 总线是一种多主方式的串行通信总线。其基本设计规范要求有较高的位速率，较高的抗电磁干扰性，而且能够检测出产生的任何错误。由于 CAN 总线具有很高的实时性能，因此在汽车工业、航空工业、工业控制、安全防护等领域中得到了广泛应用。CAN 总线有如下技术特性。

(1) CAN 总线基于 OSI 模型，但进行了优化，采用了其中的物理层、数据链路层、应用层，提高了实时性。其中物理层又分为物理层信号(PLS)、物理媒体连接(PMA)与介质从属接口(MDI)三部分，在这层可以完成电气连接、实现驱动器/接收器特性、定时、同步、位编码解码等功能；数据链路层分为逻辑链路控制(LLC)与媒体访问控制(MAC)两部分，可分别完成接收滤波、超载通知、恢复管理以及应答、帧编码、数据封装/拆装、媒体访问管理、出错检查等功能；实际应用 CAN 总线时，用户可根据需要实现应用层的功能。图 6-5 给出了 CAN 总线的通信模型。

(2) CAN 总线通信速率最高可达 1Mbit/s，通信距离最远可达 10km，节点数最多为 110 个，传输介质为双绞线和光缆等。

(3) CAN 总线采用点对点、一点对多点及广播模式进行数据的发送/接收。

(4) CAN 总线采用短帧结构，每一帧有效字节数为 8 个。这样传输时间短，受干扰的概率低，且具有较好的检错效果。

(5) CAN 总线采用循环冗余校验 CRC 及其他检错措施，降低信息出错率。

(6) CAN 总线节点具有自动关闭功能，在节点错误严重的情况下，自动切断与总线的联系，提高了系统的抗干扰能力和可靠性。

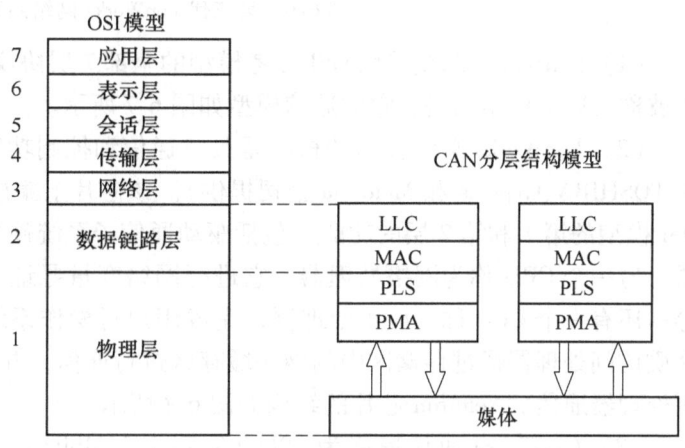

图 6-5 CAN 总线的通信模型

（7）CAN 总线可实现全分布式多机系统，且无主、从机之分，每个节点均随时发送报文，利用此特点可方便地构成多备份系统。

（8）CAN 总线采用非破坏性总线优先仲裁技术。当两个节点同时向网络发送信息时，优先级低的节点主动停止发送数据，而优先级高的节点可不受影响地继续发送信息。按节点类型分成不同的优先级，可满足不同的实时要求。

6.3.3 局部操作网络 LonWorks

LonWorks 总线是一种基于嵌入式神经元芯片的现场总线技术，具有强大的实力。它被广泛应用在楼宇自动化、家庭自动化、保安系统、办公设备、运输设备、工业过程控制等领域，具有极大的潜力。低成本和高性能是该总线的最大优势。

LonWorks 总线是美国 Echelon 公司开发研制的，并在 Motorola 和 TOSHIBA 等公司共同协作倡导下，于 1990 年正式公布形成的，其网络系统结构如图 6-6 所示。它主要有如下技术特点。

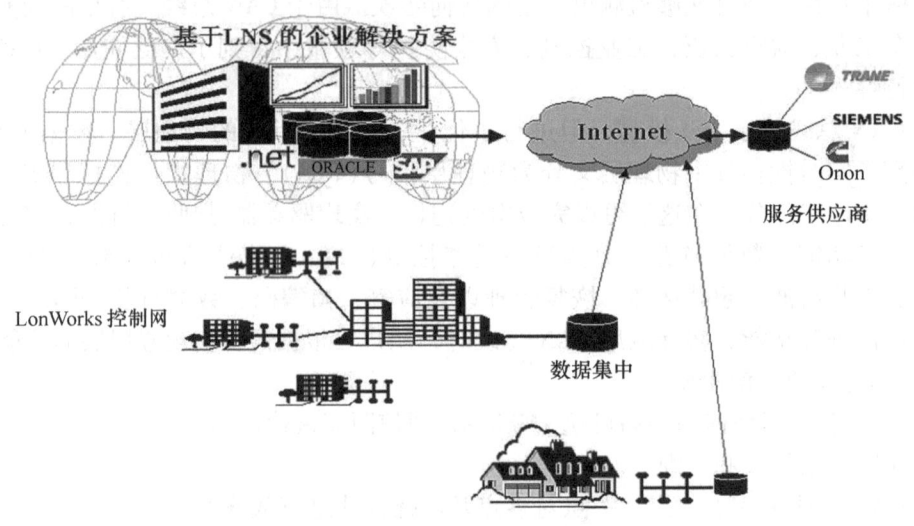

图 6-6　第三代 LonWorks 网络系统结构

（1）LonWorks 总线采用 OSI 参考模型的全部 7 层协议结构，遵循 LonTalk 通信协议，因此被称为通用控制网络。它的通信模型如图 6-7 所示。

（2）LonWorks 总线技术的核心是具备通信和控制功能的 Nenuron 芯片（Nenuron 芯片可由 TOSHIBA、Cypress 和 Motorola 公司提供）。该芯片上集成有三个 8 位 CPU：一个 CPU 完成 OSI 模型的第 1 和第 2 层的功能，包括驱动通信子系统硬件和执行算法，称为介质访问处理器；另一个 CPU 称为网络处理器，它进行网络变量寻址、更新、路径选择、网络通信管理等；还有一个 CPU 称为应用处理器，完成用户对操作系统调用与用户代码。网络处理器和介质访问处理器通过存储区中的网络缓存区进行通信，并且网络处理器通过应用缓存区与应用处理器通信。Nenuron 芯片的结构如图 6-8 所示。

（3）LonWorks 通信速率为 78kbit/s 和 1.25Mbit/s，对应的传输距离分别为 2700m 和 130m，节点数为 32000 个，传输介质为双绞线、同轴电缆、光缆和电源线等。支持多种拓

第 6 章 现场总线技术及其应用

OSI分层	作用	服务
应用层	网络应用程序	标准网络变量类型;组态性能;文件传送
表示层	数据表示	网络变量;外部帧传送
会话层	远程传送控制	请求/响应;确认
传输层	端端传输	单路/多路应答服务;重复信息服务;复制检查
网络层	报文传递	单路/多路寻址;路径
数据链路层	媒体访问与成帧	成帧;数据编码;CRC;冲突仲裁;优先级
物理层	电气连接	媒体特殊细节(如调制);收发种类;物理连接

图 6-7 LonWorks 总线的通信模型

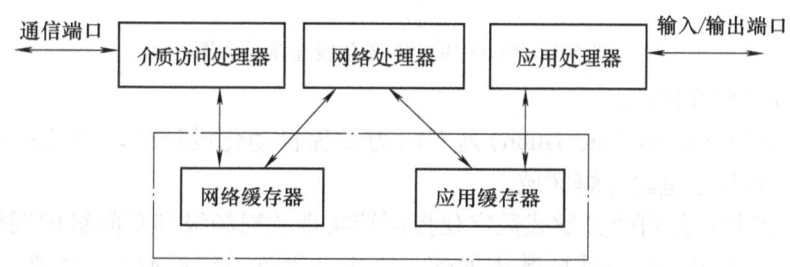

图 6-8 Nenuron 芯片的 CPU 结构

扑结构，如总线形、星形、环形、自由形式和混合形式，组网方式方便、灵活。

（4）LonWorks 的信号传输采用可变长帧结构，每帧的有效字节为 30~288 个。

（5）LonWorks 的应用范围主要包括楼宇自动化、工业控制等。

6.3.4 PROFIBUS 总线

PROFIBUS 总线（过程现场总线）是符合德国国家标准 DIN 19245 和欧洲标准 EN 50179 的现场总线。目前世界上许多自动化设备制造商如 SIEMENS 公司等都为它们生产的设备提供 PROFIBUS 接口。PROFIBUS 是唯一的全集成 H1（过程）和 H2（工厂自动化）的现场总线解决方案，是一种不依赖于制造商的开放式现场总线标准，其网络结构如图 6-9 所示。在我国，由于 SIEMENS 公司电气及自动化设备所占市场份额较大，PROFIBUS 总线的影响力也较强。PROFIBUS 符合 ISO/OSI 参考模型，由 PROFIBUS-DP、PROFIBUS-FMS、PROFIBUS-PA 三个版本组成，根据 PROFIBUS 应用特点，用于不同的场合。

PROFIBUS-DP（Decentralized Periphery）是一种经过优化的高速通信连接，专为自动控制系统和设备级分散 I/O 之间的通信而设计的，其传输速率可达 12Mbit/s，一般构成单主站系统。可用于分散外设间的高速数据传输，适合于加工自动化领域。

PROFIBUS-FMS（FIELDBUS Message Specification）主要解决车间级通用性通信任务，提供大量的服务，完成中等速度的循环和非循环通信任务，一般构成实时多主网络系统。适用

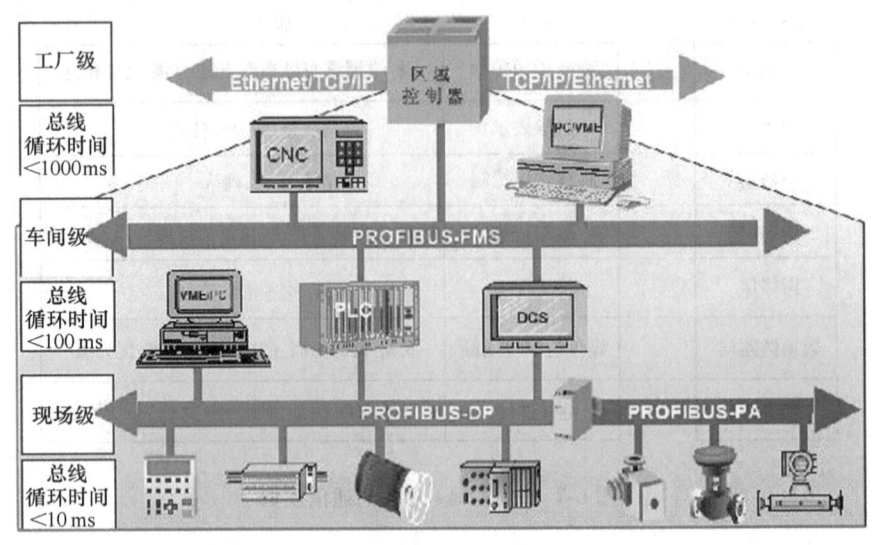

图 6-9 PROFIBUS 现场总线连接示意图

于纺织、楼宇自动化等领域。

PROFIBUS-PA(Process Automation)是专门为过程自动化设计的。它通过总线供电,提供本质安全型,可用于危险防爆区域。

PROFIBUS 的特点是可使分散式数字化控制器实现从现场级到车间级的网络化,该系统分为主站和从站。主站决定总线的数据通信,当主站得到总线控制权(令牌)时,没有外界请求也可以主动送信息。从站为外围设备,典型的从站包括输入输出设备、控制器、驱动器和测量变送器。它们没有总线控制权,仅对接收到的信息给予回答或当主站发出请求时发给该主站相应的信息。

PROFIBUS 总线主要具有如下技术特性。

(1) PROFIBUS 采用 OSI 模型的物理层、数据链路层、应用层,通信模型如图 6-10 所示。

(2) PROFIBUS 的传输速率为 9.6kbit/s~12Mbit/s;传输距离分别为 100m 和 400m;可用中继器延长至 10km。

(3) PROFIBUS 采用定长或可变长帧结构,定长帧一般为 8 字节,可变长帧每帧的有效字节为 1~244 个。

(4) PROFIBUS 的传输介质可以是双绞线和光缆。

(5) PROFIBUS 支持主从方式、纯主方式、多主多从等通信方式。主站对总线具有控制权,主站间通过传递令牌来传递对总线的控制权。图 6-11 所示为一个有 3 个主站和 7 个从站构成的 PROFIBUS 多主多从通信系统结

OSI 模型	PROFIBUS 通信模型
用户层	用户程序
应用层	现场总线信息规范
表示层	未用
会话层	
传送层	
网络层	
数据链路层	现场总线数据链路层
物理层	物理层

图 6-10 PROFIBUS 的通信模型

构。3个主站构成逻辑令牌环。令牌环的含义是所有的主站按照它们的地址构成逻辑环,在这个环中,令牌(即总线控制权)在规定的时间内,按照地址的升序在各主站中依次传递。当某主站得到令牌后,允许这个主站在一定的时间内执行主站工作。这期间,它可依照与从站的关系表与所有的从站进行通信,也可依照与主站的关系表与所有的主站进行通信。

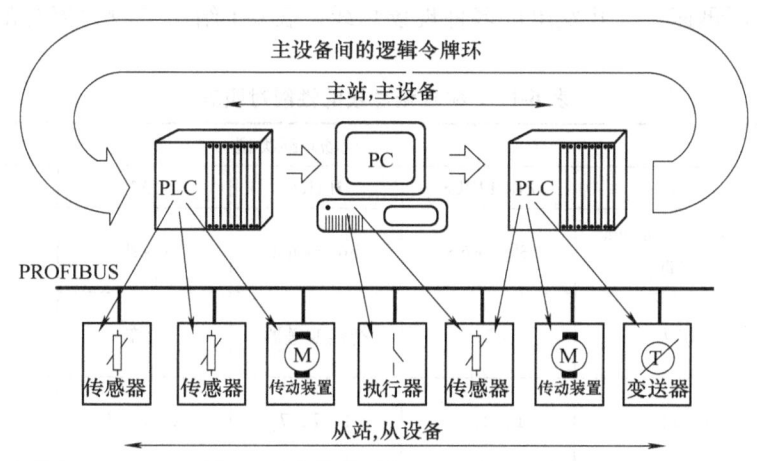

图 6-11　PROFIBUS 多主多从通信系统

在总线系统初建时,主站媒体访问控制的任务是制定总线上的站点分配,并建立令牌逻辑环。在总线运行期间,断电或损坏的主站必须从环中被排除,新上电的主站必须加入令牌逻辑环。总线访问控制保证令牌按地址升序依次在各主站间传递,各主站的令牌具体保持时间长短取决于该令牌配置的循环时间。

6.3.5　HART 总线

HART 总线(可寻址远程传感器数据通路)是由美国 Rosemount 公司研制出来的,HART 协议是由该公司于 1989 年提出的通信协议,它主要是用于现场智能仪表和控制室设备之间通信的一种协议。它包括 ISO/OSI 模型的物理层、数据链路层和应用层。

(1) 物理层:采用基于 Bell202 通信标准的 FSK 技术,即在 4~20mA(DC)模拟信号上叠加 FSK 数字信号,逻辑 1 为 1200Hz,逻辑 0 为 2200Hz,波特率为 1200bit/s,调制信号为 ±0.5mA 或 $0.25V_{p-p}$(250Ω 负载)。通信介质为双绞线,最大节点为 15 个,用屏蔽双绞线,单台设备距离为 3000m,而多台设备互连距离为 1500m。

(2) 数据链路层:数据帧长度不固定,最长 25 个字节。可寻址为 0~15,当地址为 0 时,处于 4~20mA(DC)模拟信号通信与数字通信兼容状态;当地址为 1~15 时,则处于全数字通信状态。通信模式为点对点或多点连接。

(3) 应用层:规定了三类命令。第一类是通用命令,适用于遵守 HART 协议的所有产品;第二类是普通命令,适用于遵守 HART 协议的大部分产品;第三类是特殊命令,适用于遵守 HART 协议的特殊产品。另外,HART 为用户提供了设备描述语言(Device Description Language,DDL)。

所以,HART 协议是可寻址远程传感器数据通路的开放通信协议,严格地讲,HART 协议不能算作总线,它只是在现有模拟信号传输线上实现数字信号通信,属于模拟系统向数字系统转变过程中的过渡产品。但是它具有强大的开放性，并且是以诸如智能变送器等智能终端为基础，因而在过渡期间具有较强的市场竞争力。

6.3.6 常用现场总线性能对比

现场总线发展迅速，已开发出许多种现场总线。表6-1给出了较为流行的5种现场总线的性能对照表。

表6-1 5种现场总线的性能对照表

特 性	现场总线类型				
	FF	PROFIBUS	HART	CAN	LonWorks
开发公司	Fisher-Rosemount（早期）	SIEMENS	Rosemount	Bocsh	Echelon
应用范围	仪表	PLC	智能变送器	汽车	楼宇自动化、工业自动化等
OSI 网络层次	1、2、7	1、2、7	1、2、7	1、2、7	1~7
通信介质	双绞线、光缆、同轴电缆和无线	双绞线、光缆	电源信号线	双绞线、光缆	双绞线、光缆、同轴电缆、无线和电力线
介质访问方式	令牌、主从	令牌、主从	令牌、查询	位仲裁的CSMA	可预测P坚持CSMA（PP CSMA CRC）
纠错方式	CRC	CRC	CRC	CRC	CRC
最大传输速率（Mbit/s）	2.5	12	1.2×10^{-3}	1	1.25
最大节点数	32(H1) 124(H2)	128	15	110	32000
优先级	有	有	有	有	有
安全性	是	是	是	是	是
开发工具	有	有	有	有	有

6.3.7 其他现场总线简介

1. ControlNet ControlNet 是由美国 Allen-Bradley 公司推出的，被称为高速工业控制网。ControlNet 主要用于 PLC 与计算机之间的通信网络、逻辑控制或过程控制系统。

Ethernet-ControlNet-DeviceNet 网络结构是 ControlNet 的典型应用形式。其数据传输速率为 5Mbit/s，可寻址节点数为 99。在一般应用场合，物理媒体采用 RG-6/U 电视电缆和标准连接器，传输距离为 1000m。在野外、危险场合以及高电磁干扰的场合可采用光纤介质，距离可长达 25km。

ControlNet 的物理层与数据链路层采用并行时间域多路存取，简称为 CTDMA（Concurrent Time Domain Multiple Access），是 ControlNet 网络系统通信中采用的特色技术之一。并行时间域多路存取依靠生产者—消费者通信模式来完成。报文数据的产生者充当这一通信模式中的生产者，从网络中取用数据的各节点称为消费者。发送的报文按内容标识。节点接收数据时，仅需识别与此报文关连的特定标识符。数据源只需将数据发送一次。多个需要该数据的节点通过在网上识别这个标识符，同时从网络中获取来自同一生产者的报文数据，因而称之为并行时间域多路存取。

2. WorldFIP WorldFIP 是一种用于工业自动化系统的控制网络技术。20 世纪 80 年代中期推出，原名为 FIP（Factory Information Protocol）。1993 年采纳了现场总线国际标准 IEC 61158-2 物理层标准，因此它的底层通信技术和 FF 的 H1 类似，如编码方式、通信速率等，从而发展为 WorldFIP，体现在现场总线欧洲标准 EN 50170 第 3 部分和国际标准 IEC 61158 的子集 7。2000 年又宣布在原有 WorldFIP 技术的基础上集成专用的互联网功能，发展为新的 FIP（Fieldbus Internet Protocol）。

WorldFIP 将现场设备，如变送器、执行器、I/O 单元、PLC 等挂到总线上，形成 WorldFIP 控制网络。

该项技术已被广泛应用于能源、石化、冶金、建材、机械、公路、铁路、城市交通、航运和造船、航空与航天、汽车制造、楼宇自动化等多个自动化控制领域。

WorldFIP 采用三层结构：物理层、数据链路层和应用层。传输介质为屏蔽双绞线或光纤。可提供双线冗余。采用屏蔽双绞线时传输速率在低速网段为 31.25kbit/s、1Mbit/s、2.5Mbit/s，采用光纤时传输速率为 5Mbit/s。采用与 ControlNet、FF 类似的生产者—使用者通信模式，由总线仲裁器进行介质访问的集中控制，网络中可以存在多个总线仲裁器，以构成冗余。

3. Interbus Interbus 属于传感器/执行器层的串行快速总线，是早期形成的几种总线技术之一，现已成为德国国家标准 DIN 19258，欧洲标准 EN 50254 和 IEC 61158 的国际现场总线标准子集。

Interbus 广泛应用于制造业和加工行业，如汽车、造纸、烟草、印刷、仓储、船舶、食品、冶金、木材、纺织、化工等，具有协议简单，帧结构独特，数据传输无仲裁等特点。

Interbus 协议覆盖 OSI 结构的物理层、数据链路层和应用层。传输介质有双绞线、光纤等。传输介质为双绞线时，物理层采用 RS-485 标准，通信速率为 500kbit/s。在远程节点间的距离可达 400m，本地总线分支长度为 10m，远程总线总共距离可达 25.6km，系统通常采用树状网络结构，可连接 64 个远程总线节点，192 个本地总线节点，实现 4096 个开关量的输入输出。

4. ASI ASI（Actuator Sensor Interface）意指执行器/传感器接口，它属于底层自控设备的工业数据通信网络，用于在控制器和传感器及执行器之间的双向数据通信。它传输的字节很短，有效数据一般只有 4~5 位，因此被称为设备层总线。它特别适用于连接具有开关量特征的传感器和执行器，如各种原理的行程开关、温度、压力、流量、液位、位置开关，各种开关阀门，声、光报警器，继电器，接触器等。ASI 已被列入 IEC 62026 国际标准。

5. 蓝牙技术 蓝牙（Bluetooth）技术是一门发展十分迅速的短距离无线通信技术。1998 年由爱立信、IBM、Intel、诺基亚和东芝五家公司联合成立专门兴趣小组，负责制定一个代号为"蓝牙"的开放式短距离无线通信协议。这个协议代号源自 10 世纪的丹麦国王 Harold Blatand。1999 年公布了第一版蓝牙规范。

蓝牙技术利用短距离无线连接技术替代专用电缆连接。它的小功率设备支持距离大约 10m 的无线通信，大功率设备也只支持距离大约 100m 的无线通信。将蓝牙微芯片嵌入蜂窝电话、移动式或台式电脑、打印机、个人数字助理、数字相机、传真机、键盘、手表等设备内部，就可以在这些蓝牙设备之间建立起低成本、短距离的无线连接，它取消了设备之间不方便的连线，为现存的数据网络和小型外围设备接口提供了统一方便的连接方式，形成了不同于固定网络的小型、专用无线连接群。在宽带网已经触及寻常百姓家的今天，蓝牙还享有宽带网末梢神经的美誉。

蓝牙技术的出现为人们整合日趋增多的电器、通信工具提供了一个崭新的思路。采用蓝牙技术可以做到用一只手机控制家中的任何电器。可以让家庭、办公室的报警系统、台式计算机、打印机、传真机，甚至咖啡机、烤箱、电表、水表、煤气表等，都成为蓝牙家族的成员。蓝牙技术将成为工业控制、家庭自动化方面近距离数据通信的有效工具。

蓝牙技术本身不独立构成完整的通信设备，也不涉及移动通信业务，它只是配合其他系统，使它们具有无线传输的能力，且它可克服红外通信要在直射路径才能建立通信的缺陷。蓝牙规定了 4 种物理接口：通用串行总线 USB、EIA-232、PC 卡和通用异步收发器 UART 接口。蓝牙技术使用跳频 (Frequency Hopping)、时分多用 (Time Division Multi-Access) 和码分多用 (Code Division Multi-Access) 等先进技术来建立多种通信与信息系统之间的信息传输。

蓝牙工作在 2.4GHz 的频段上，这是留给工业、科学和医疗进行短距离通信的，不需要许可证。不同国家对该频段分配的频率可能有所差异。蓝牙技术作为一种射频无线技术，支持点对点和多点通信。异步数据信道的最大传输速率为 721kbit/s。

目前蓝牙技术与无线局域网 802.11、家庭射频 HomeRF 还处于并存状态。802.11 比较适于办公室中的企业无线网络，HomeRF 应用于家庭中移动数据和语音设备与主机之间的通信。在上述两种应用场合，都可用蓝牙技术在近距离内取代电缆。相对 802.11、HomeRF 而言，蓝牙具有更快、更好的发展态势。

6.4 现场总线控制系统的组态

为了方便直观地设计现场总线控制系统，许多公司开发了基于现场总线的工程组态工具。其中基金会现场总线 (FF) 总线具有完整的构架，是系统级产品，且基于 FF 的组态工具也最具代表性。美国的 NI (National Instruments) 和 Smar 公司都开发了高效、便捷的组态工具，使 FF 变得更加完善。现在以这两个公司的现场总线组态软件为例，来说明如何对现场总线控制系统进行组态。

6.4.1 使用 NI-FBUS Configurator 对 FF 系统进行组态

图 6-12 所示为 NI 公司开发的 FF 组态工具——NI-FBUS Configurator 的主要功能界面。下面以图 6-13 所示的串级控制系统为例，介绍用 NI-FBUS 如何实现对 FF 系统的组态。

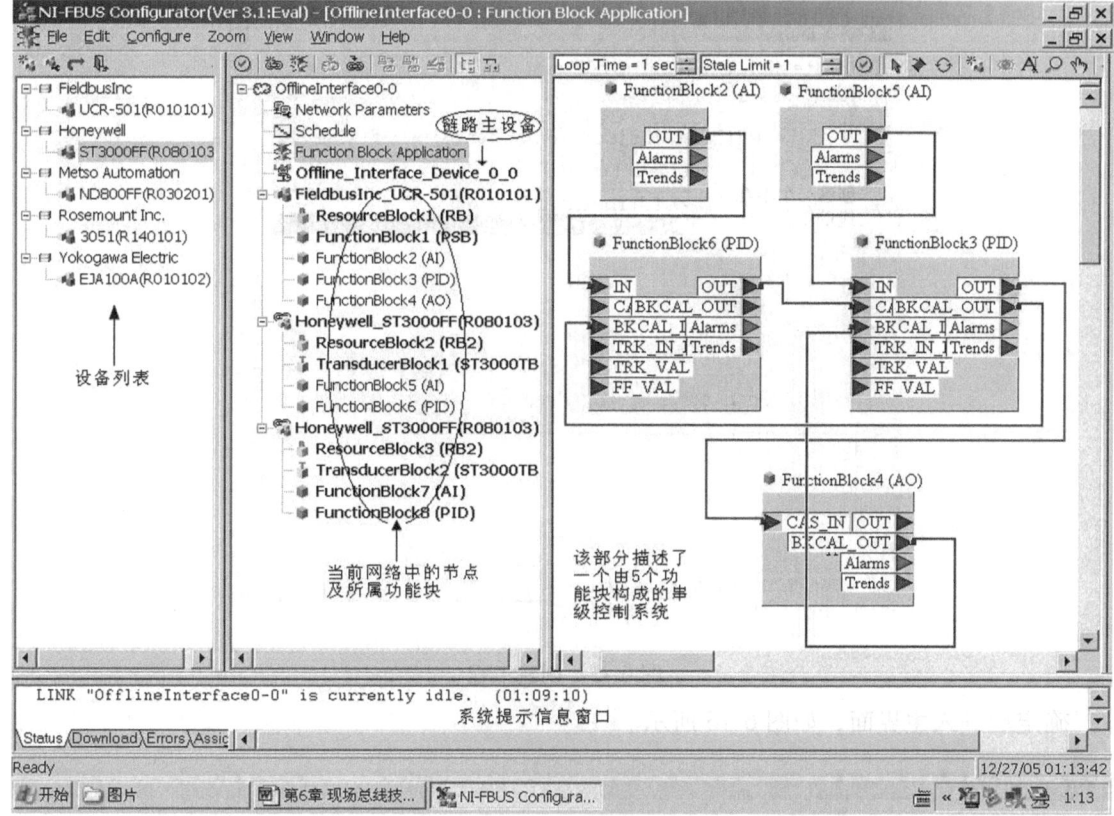

图 6-12 利用组态工具进行定义系统结构

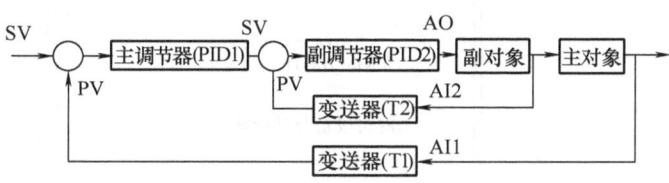

图 6-13 串级控制系统

1. 创建工程 如图 6-14 所示单击 NI-FBUS Configurator 菜单项进入组态工具。一般情况下，首先创建一个不在线工程(offline project)，待组态结束后，再将其设置为在线形式进行调试。图 6-15 选择了创建一个不在线工程，并选择了一个通信接口(interface 0-0)。

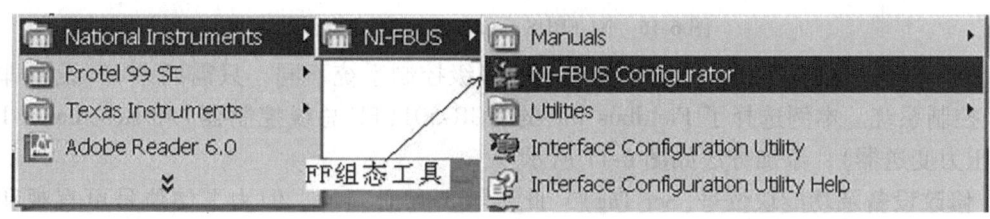

图 6-14 启动 NI-FBUS Configurator

图 6-15 创建工程

确定后进入主界面，如图 6-16 所示。

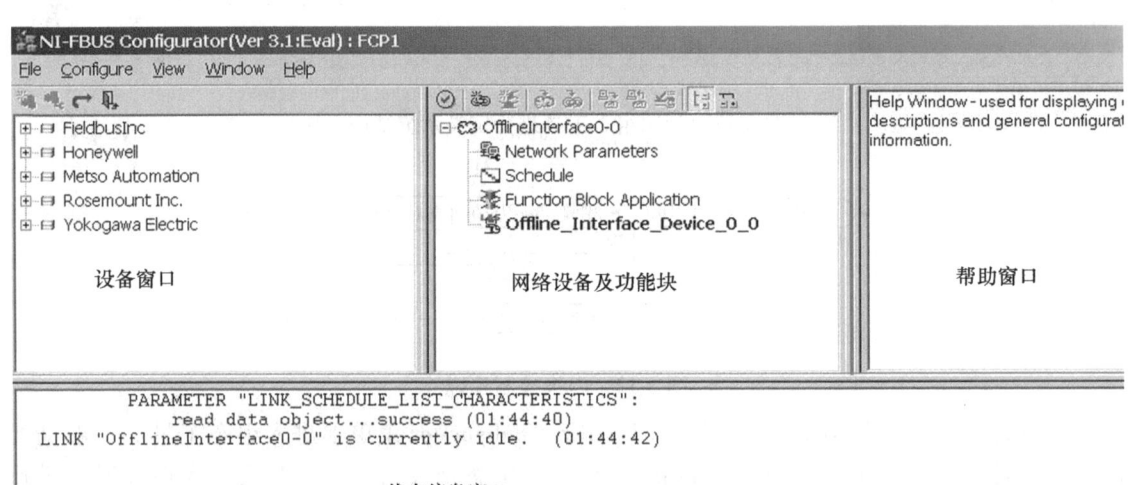

图 6-16 NI-FBUS Configurator 的主界面

2. 选择 FF 总线设备　　与传统仪表组成的串级控制系统不同，只需两个 FF 设备即可构成串级控制系统。本例选择了 Fieldbus Inc 的 UCR-501（FF 总线控制器）和 Rosemount Inc 的 3051（压力变送器），添加方法如图 6-17 所示。

3. 修改设备及功能块位号（Set Tag）　　此步骤不是必须的，但为了使位号更直观和具有实际意义，通常不使用默认位号。方法是选中设备或功能块，按鼠标右键选择 Set Tag 菜单项即可。图 6-18 所示为将位号改为用户设定的名称。

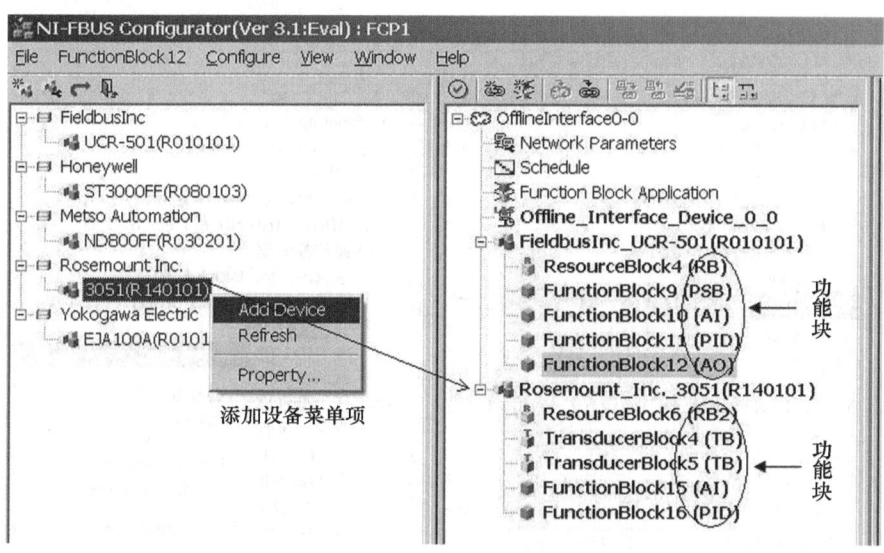

图 6-17　添加 FF 总线设备

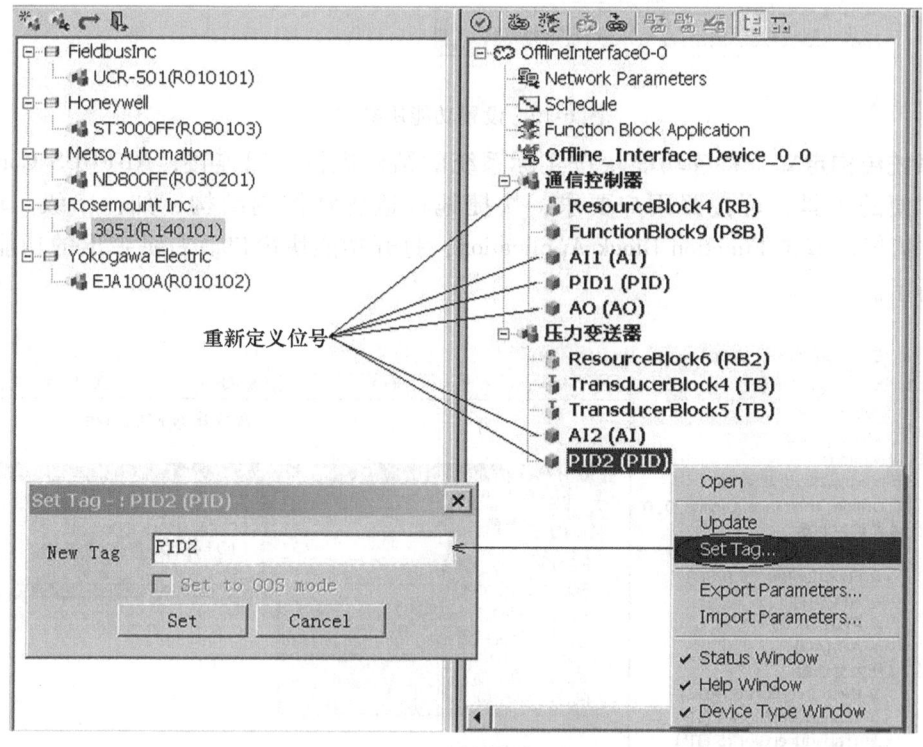

图 6-18　修改设备及功能块位号

4. 设置功能块参数　根据实际需要，对功能块的各项参数进行必要的设置，如图 6-19 所示。

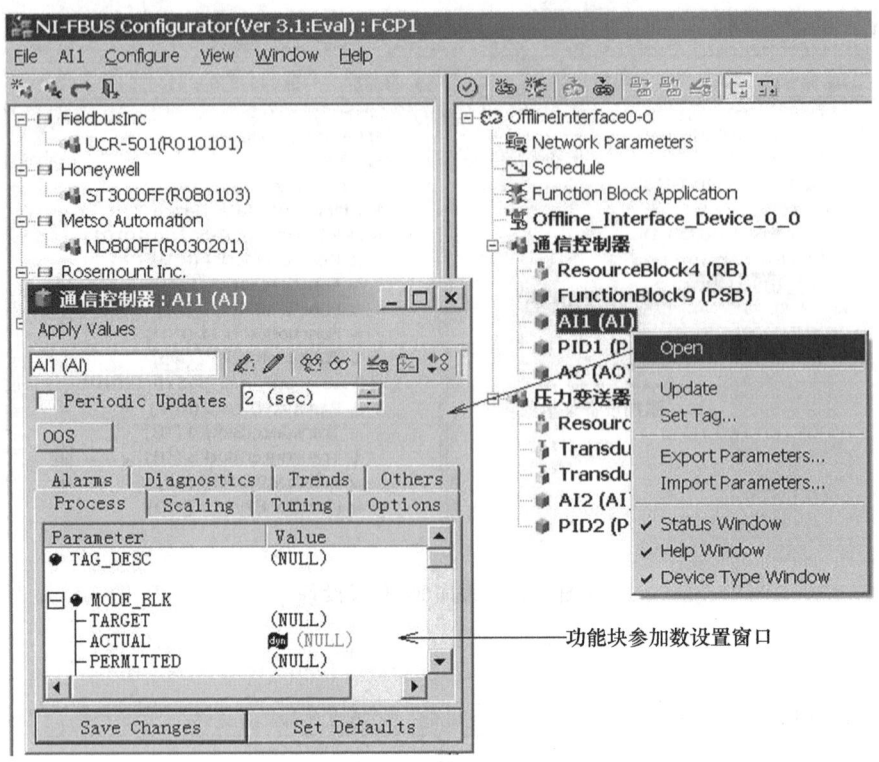

图 6-19　设置功能块参数

5. 系统结构定义　将各功能块按实际系统的结构进行逻辑连接，NI-FBUS Configurator 提供了方便的工具，可按照用户要求，快捷地构造各种控制结构，如：串级、单闭环、前馈、比值等。双击 Function Block Application，打开功能块窗口。右键弹出的功能菜单如图 6-20 所示。

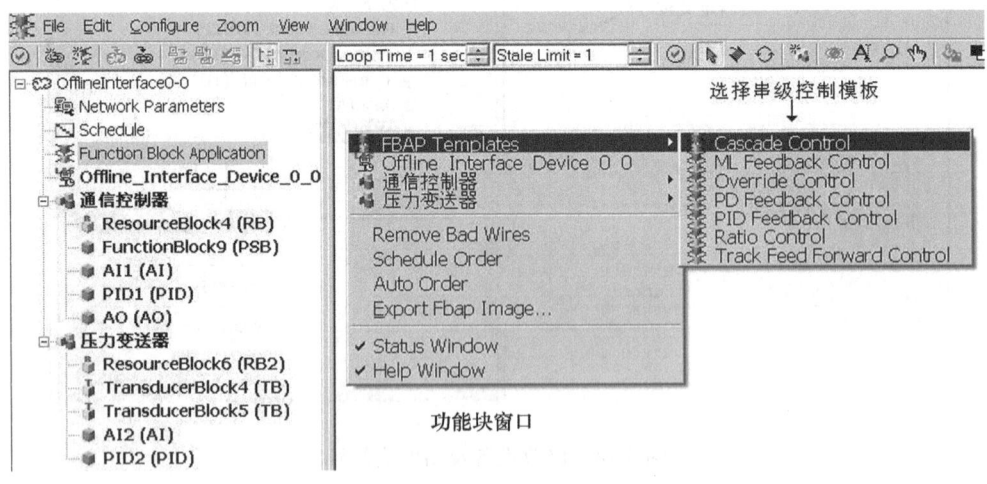

图 6-20　"控制结构模板"选择菜单

NI-FBUS Configurator 提供了常用控制结构的模板,用户只需在模板的基础上稍加改动即可完成组态过程,这样大大简化了组态过程。这里选择 Cascade Control(串级控制)模板,如图6-21 所示;然后将模板上的功能块替换成本项目中 FF 设备的功能块,操作界面如图 6-22 所示。

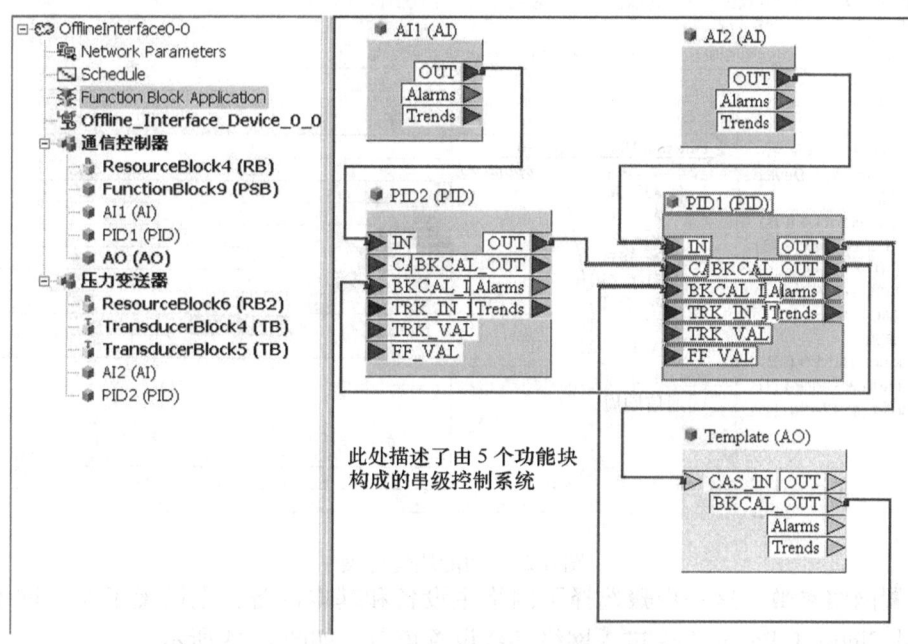

图 6-21　串级控制的功能块连接

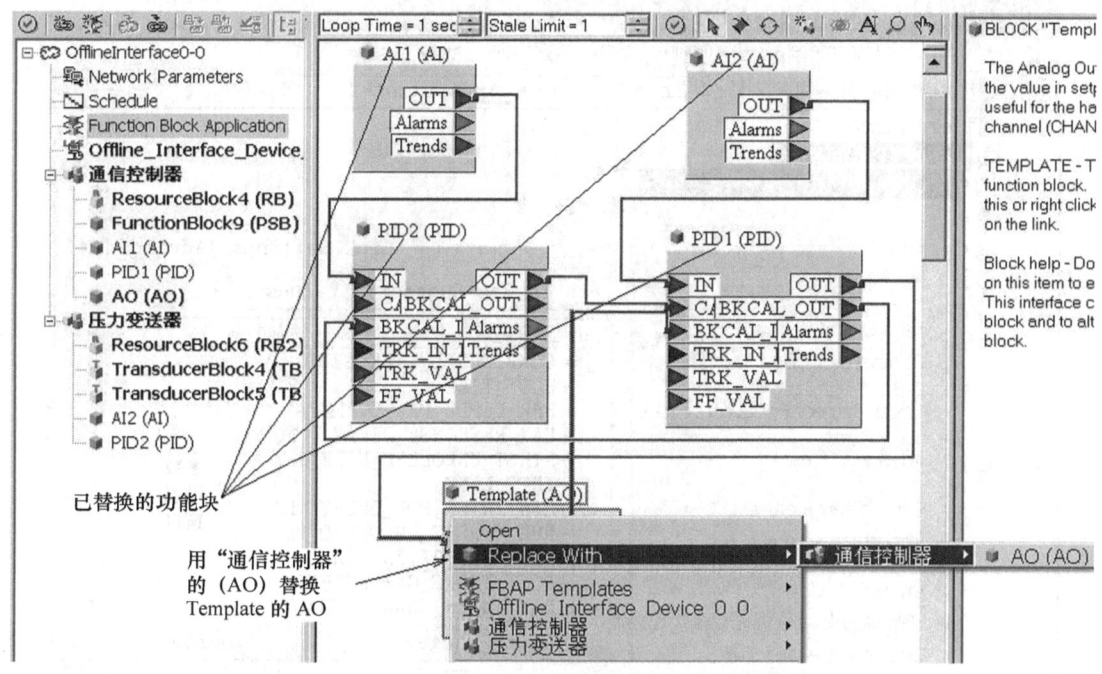

图 6-22　功能块替换

6. 设置功能块运行表 NI-FBUS Configurator 提供了直观设置 FF 功能块运行表的工具，能够清晰直观地设置和显示回路时间、功能块运行时间的偏移量。双击 Schedule 进入功能块运行表，如图 6-23 所示。

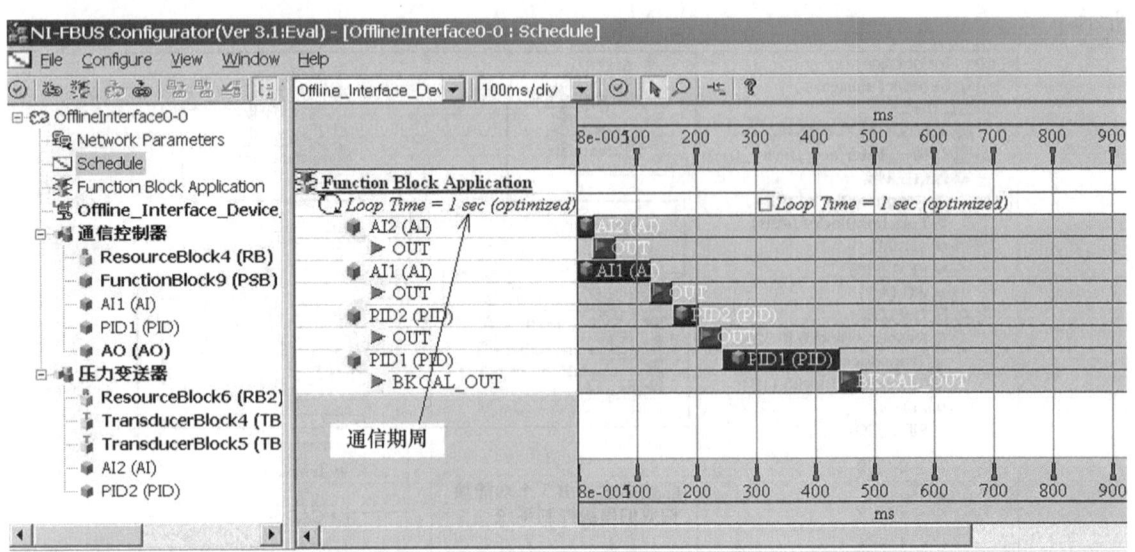

图 6-23 功能块运行表

7. 设置网络参数 这一步骤选择了网络主设备和基本设备，也设置了关于网络通信的参数。双击 Network Parameters 进入网络参数设置窗口，如图 6-24 所示。

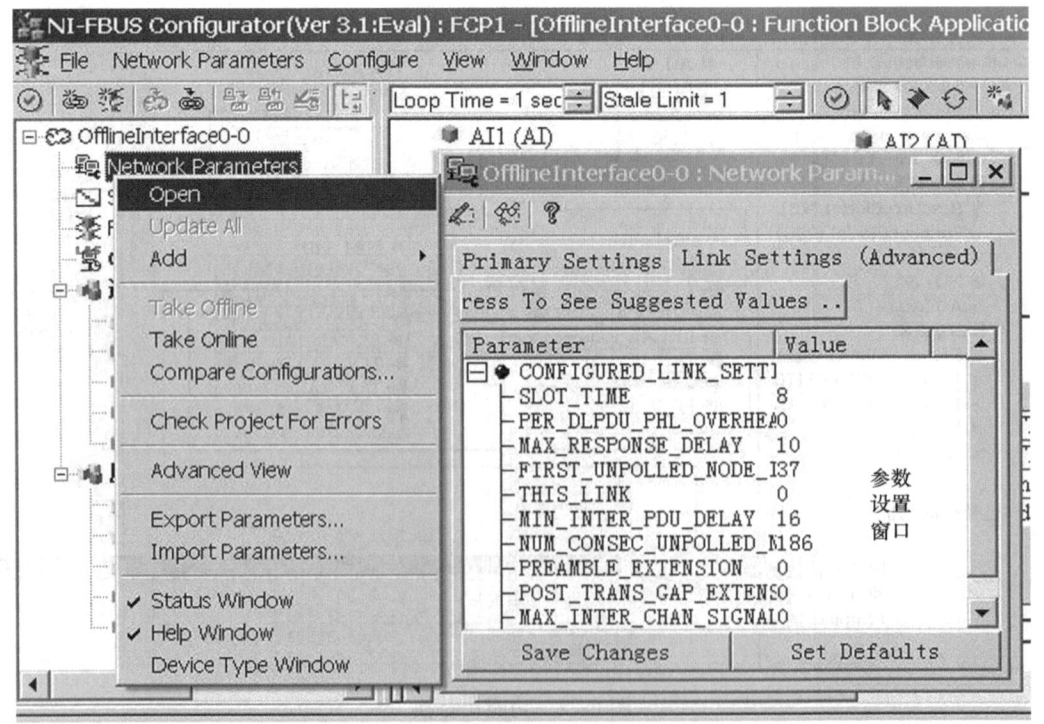

图 6-24 设置网络参数

8. 错误检查 NI-FBUS Configurator 还提供了组态错误自动检查功能,可以检查出组态过程中的错误和不合理设置。图 6-25 显示了错误检查菜单项和错误信息窗口。

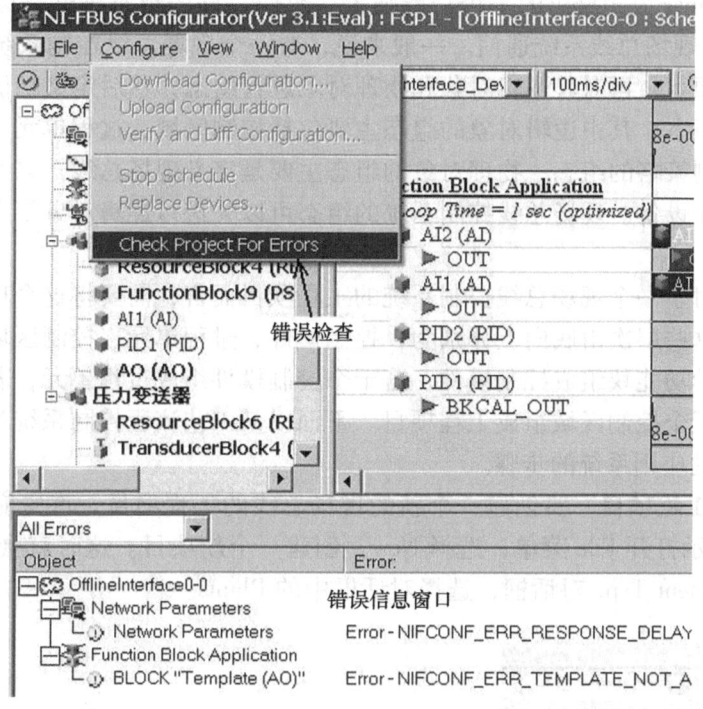

图 6-25　错误检查菜单项和错误信息窗口

9. 在线调试 当组态工作完成且各网络设备正常连接之后,将系统设置为"online"状态,进行在线调试,如图 6-26 所示。

10. 下载组态结果 此步骤是将组态的最终结果下装到各节点设备中,操作如图 6-27 所示。

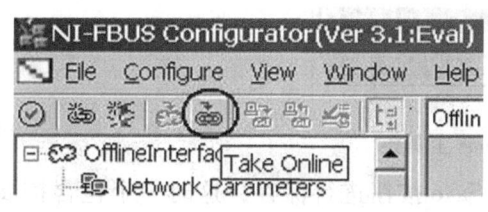

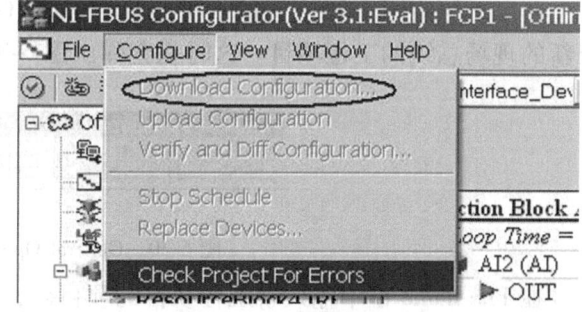

图 6-26　将系统设置为 online 状态　　　　图 6-27　下载组态结果

利用 NI-FBUS Configurator 组态软件,用户可以方便地进行节点配置以及各功能块间的逻辑连接,还可以设定回路时间、各功能块运行时间的偏移量、链路活动调度器 LAS 等。NI-FBUS Configurator 不具备创建人机界面的功能,但可以借助 HMI 等其他工具创建人机界面。

6.4.2 使用 Smar SYSCON 组态软件创建基于 FF 的应用系统

SYSCON 是 Smar 公司推出的一个功能强大、界面友好的组态软件，可用于组态、设备维护及通过 PC 与现场总线系统通信。一般来说，对一个现场总线控制系统进行组态，首先应创建一个工程项目，再对其逻辑对象和物理对象进行组态，然后定义功能块的参数，最后建立通信并下载组态。其中逻辑对象的组态主要包括控制区域、过程单元、控制模块，选择功能块和形成控制策略的组态；物理对象的组态主要是定义现场总线，以及每条现场总线上所连接的现场总线设备。现场总线控制系统的组态可以先进行逻辑对象组态，也可以先进行物理对象的组态。

由此可知，对于一个现场总线控制系统的工程项目而言，需要将这个项目分解成若干个层次进行组态。这些层次由底向上分别为：控制模块、过程单元、控制区域和工程项目。即若干个相互连接的功能块组成控制模块，若干个控制模块组成过程单元，若干个过程单元组成控制区域，若干个控制区域组成工程项目。下面以某工艺流程控制系统为例来介绍创建一个基于 SYSCON 的应用系统的步骤。

1. 创建一个工程项目 要创建一个新的现场总线的工程项目，首先应启动系统组态软件，如图 6-28 所示打开 File 菜单，选择 New，创建一个新项目。这时就会出现图 6-29 所示的文件类型 Document Type 对话框，选择对话框中的 Plants。

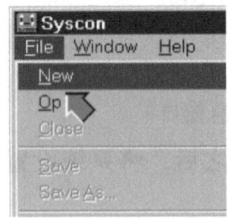

图 6-28 文件菜单

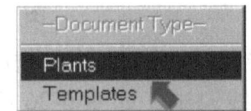

图 6-29 文件类型对话框

还可以使用图 6-30 所示的水平菜单 General Operations 工具条上的 New 按钮来创建一个新的现场总线的工程项目。这时就会弹出图 6-31 所示的对话框。

图 6-30 General Operations 工具条

在 File name 框中输入新工程项目的项目名，按 Save 按钮进行保存，这时一个包含扩展名为 flp 的同名文件的新文件夹就建立了。工程项目的路径为 Smar\Syscon\Proj01。

这时会出现图 6-32 所示的新窗口，在窗口中有一个 Area 图标(即逻辑对象)和一个 Fieldbus Networks 图标(即物理对象)。

2. 物理对象组态 在称为 Proj01 的新文件夹窗口中，选中 Fieldbus Networks 图标，然后单击鼠标右键，弹出一个快捷菜单，选择 New Fieldbus 来创建一个新的物理总线，如图 6-33 所示。

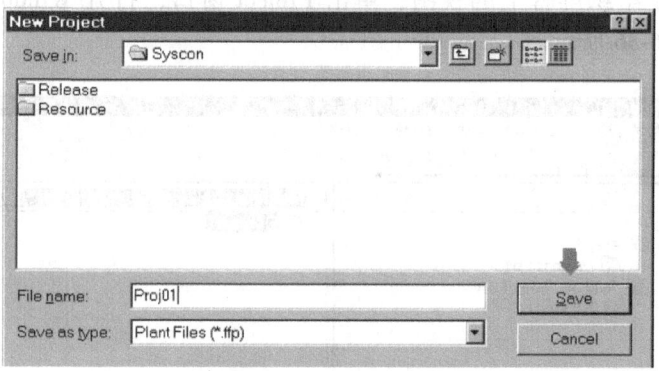

图 6-31　New Project 对话框

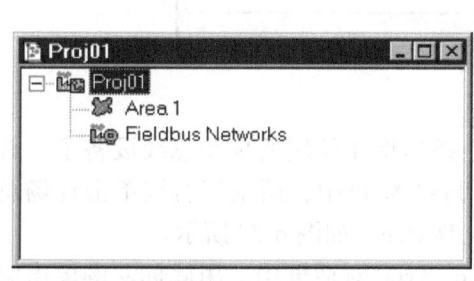

图 6-32　Proj01 新文件夹窗口

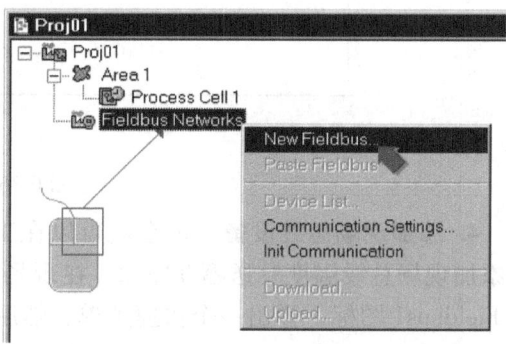

图 6-33　建立新的物理总线

这时会弹出图 6-34 所示的 New Fieldbus 对话框。如果要为现场总线起一个特定的名字，就在 Tag 文本框中输入它的名字；否则按 OK 按钮，就为现场总线分配一个默认的标签 Fieldbus1。

这时的工程项目 Proj01 的窗口如图 6-35 所示。

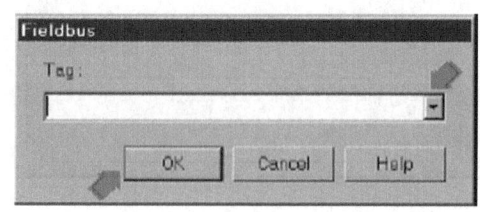

图 6-34　新的现场总线命名对话框

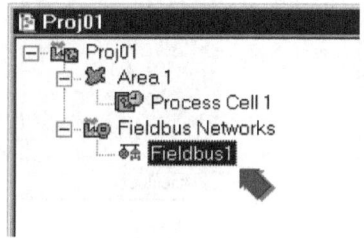

图 6-35　建立新现场总线的 Proj01 窗口

3. 现场总线窗口的组织　　用鼠标右键单击现场总线 Fieldbus1 图标，选择 Expand，出现一个新的窗口。为了组织屏幕上的视图，单击 Project 窗口，打开 Window 菜单，选择 Tile，这时组态窗口如图 6-36 所示。

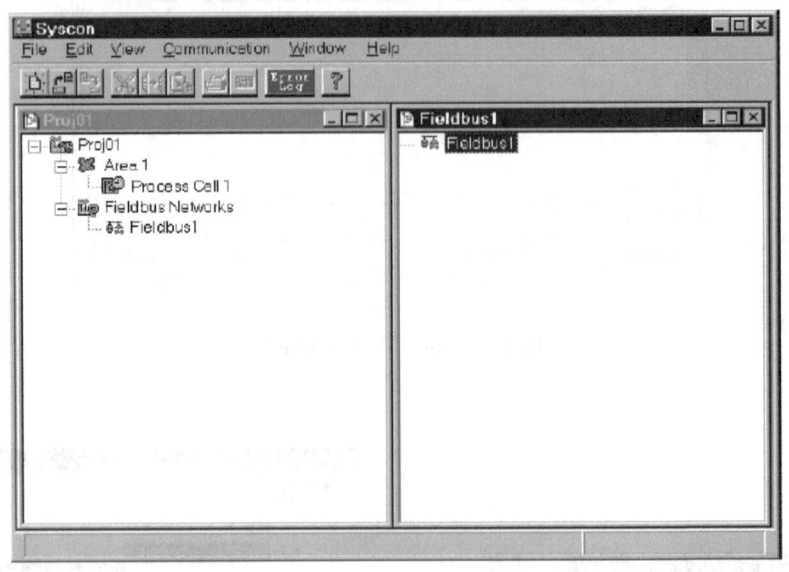

图 6-36　组态窗口

4. 添加现场总线设备　现在就可以在工程项目中添加将要使用的现场总线设备了。首先添加现场总线温度变送器 TT302。在现场总线 Fieldbus1 窗口中，用鼠标右键单击现场总线 Fieldbus1 图标，弹出一个快捷菜单，然后选择 New Device。如图 6-37 所示。

这是一个新设备 Device 对话框。在设备型号 Device Type 对话框中，用鼠标左键单击向下箭头的按钮，选择"TT302"设备型号。在设备位号 Device Tag 对话框中，键入"Temperature"或其他自定义的位号，画面如图 6-38 所示。

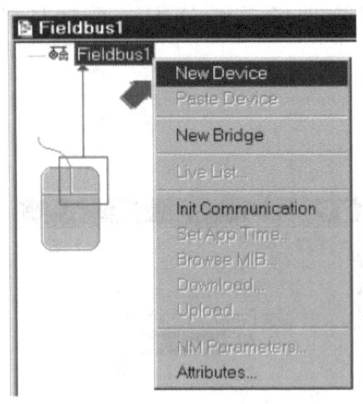

图 6-37　现场总线快捷菜单

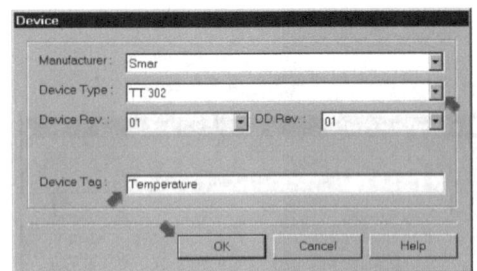

图 6-38　Device 对话框

仿照以上步骤，继续添加流量变送器 LD302 和流量阀门控制器 FP302。设备添加完成后，Fieldbus1 窗口如图 6-39 所示。

5. 添加功能块 添加完现场总线设备后，现在就可以添加组态设计中所使用的功能块 Function Blocks(FB)。要添加一个新的功能块 FB，首先单击现场总线设备号的扩展符号，然后用鼠标右键单击 VFD2 图标，从弹出的快捷菜单中选择添加新功能块 New Block，如图 6-40 所示。

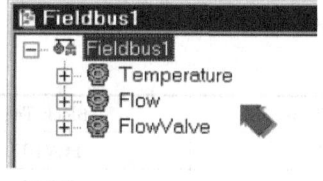

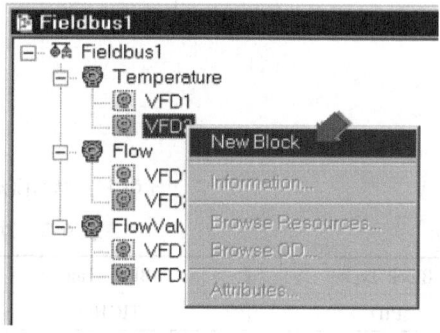

图 6-39 添加设备后的 Fieldbus1 窗口　　　图 6-40 为 VFD2 添加新功能块

这时会弹出一个名为 Function Block 的对话框，如图 6-41 所示。在功能块类型 Block Type 对话框中选择所需要的功能块。

接着还要选择该功能块所在设备型号 Device Type，并在 Block Tag 文本框中键入自定义的功能块名 TT100。

此时，使用 AI、PID 和 AO 建立如图 6-42 所示的控制组态。该组态所对应的工艺系统如图 6-43 所示。

重复这一过程，填写表 6-2 所示的功能块类型和名称。

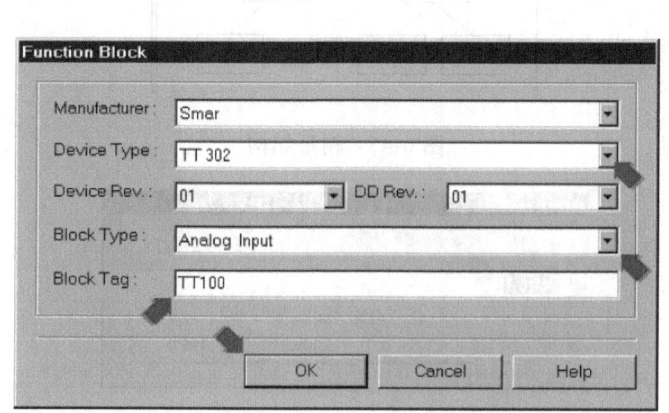

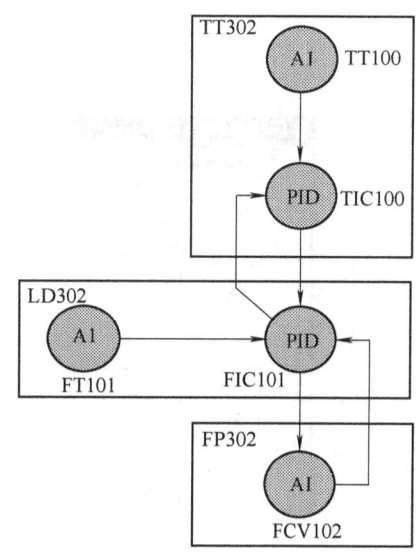

图 6-41 Function Block 对话框　　　　　　图 6-42 控制组态

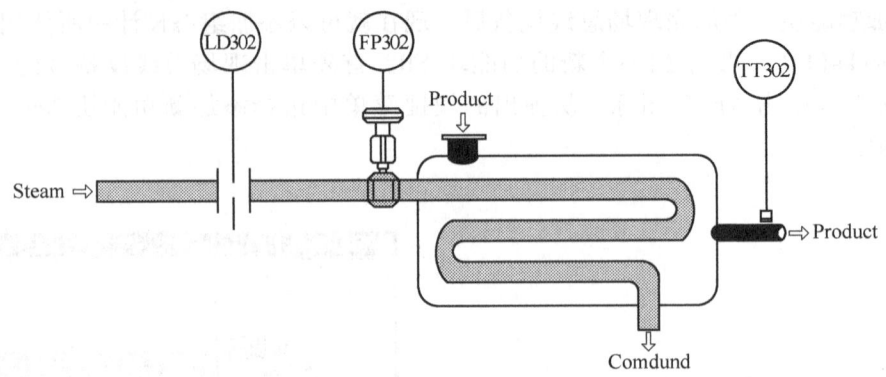

图 6-43 该组态控制所对应的工艺系统

表 6-2 功能块类型和名称

Block Type	Block Tag	Block Type	Block Tag
PID	TIC100	AO	FCV102
AI	FT101	AI	TT100
PID	FIC101		

此时的现场总线 Fieldbus1 窗口如图 6-44 所示。

6. 逻辑对象组态 为了实现所需要的控制策略,需要对逻辑对象 Logical Plant 进行组态。首先要建立一个新的区 Area。

一个工程项目可以划分为企业、厂和区,形成图 6-45 所示的树形结构。当创建一个工程项目时,系统会自动生成一个区。

如果想为工程项目的区自定义名称,可以用鼠标右键单击区 Area1 图标,选择属性 Attributes and Modify,修改文本框 Tag 中的名称,然后按 OK 按钮,如图 6-46 所示。

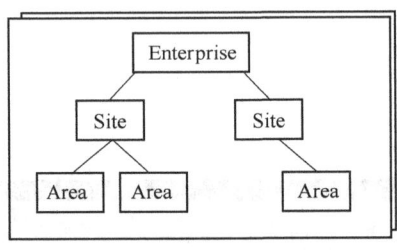

图 6-45 树形结构

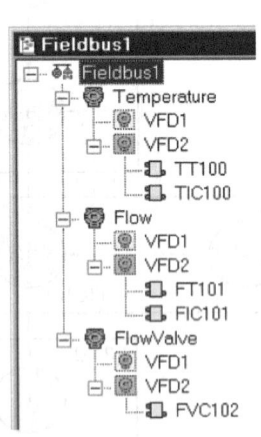

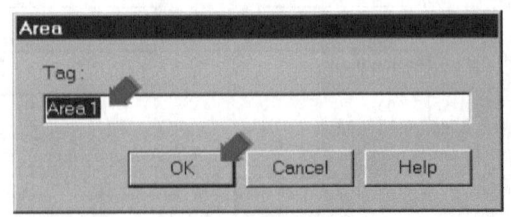

图 6-44 物理对象组态结束后
　　　 的现场总线窗口

图 6-46 区名文本框

7. 创建过程单元　接着就可以在一个 Area 区内创建功能块应用策略。可以用 Edit 菜单，选择 New Process Cell 来创建过程单元；也可以用鼠标右键单击区 Area1 图标，从弹出的快捷菜单中选择新建过程单元 New Process Cell，如图 6-47 所示。

这时弹出一个 Process Cell 对话框窗口。如果想要改变它的默认名（Process Cell 1），只要在 Tag 对话框内键入自定义的名称即可；如果未改变过程单元的默认名，系统自动创建默认名为 Process Cell 1 的过程单元，此时的工程项目窗口如图 6-48 所示。

［注意］　过程单元必须对应着一条已经存在的现场总线。

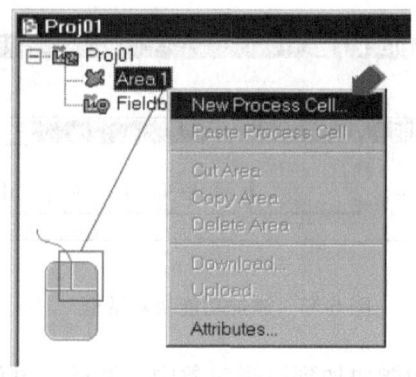
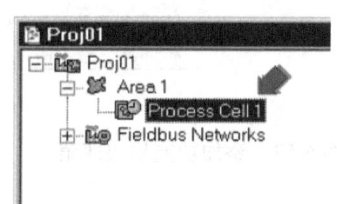

图 6-47　创建新过程单元　　　　　　　图 6-48　创建完过程单元的工程项目

继续对过程单元 Process Cell 1 进行组态。在图 6-49 所示窗口，用鼠标右键单击 Process Cell 1 图标，在弹出的快捷菜单中选择 Expand，这时就会出现 6-50 所示的过程单元组态窗口。

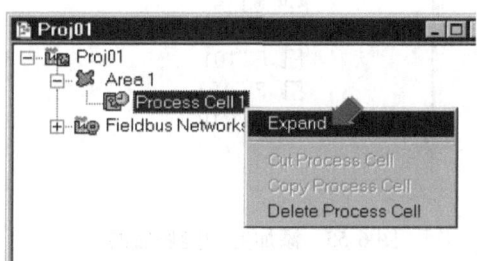
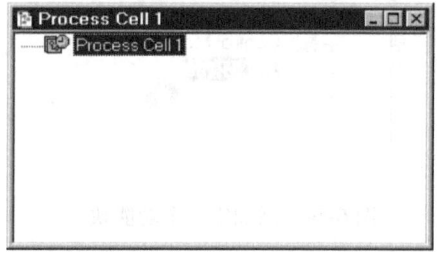

图 6-49　创建过程单元应用窗口　　　　　图 6-50　过程单元组态窗口

8. 创建控制模块　现在可以在过程单元基础上，创建一个新的功能块应用项目——控制模件 Control Module。可以用 Edit 菜单，选择 New Control Module 来创建一个控制模件；也可以用鼠标右键单击 Process Cell 1 图标，选择 New Control Module，从弹出的快捷菜单中选择 New Control Module，出现一个新控制模件 New Control Module 的对话框。按 OK 按钮，此时过程单元 Process Cell 窗口如图 6-51 所示。

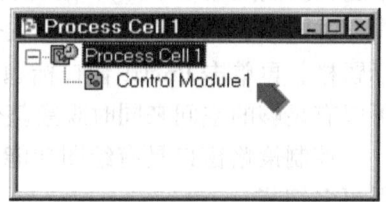

图 6-51　控制模件组态窗口

9. 在控制模件上添加功能块　现在可以把有关设备的功能块 Function Block 添加到逻辑对象中。用鼠标右键单击要添加的功能块的 Control Module1 图标，从弹出的快捷菜单中选择添加 Attach Block，如图 6-52 所示。这时会弹出一个添加功能块的对话框，如图 6-53 所示。选择需要添加的功能块，按 OK 按钮，功能块会立即添加到控制模件 Control Module1 上的逻辑对象中，如图 6-54 所示。

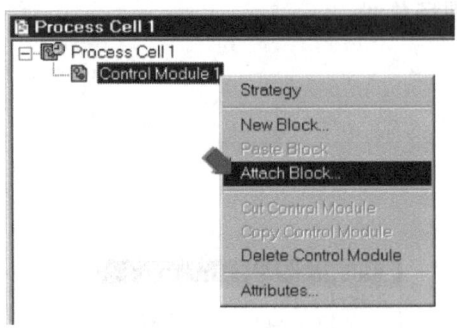

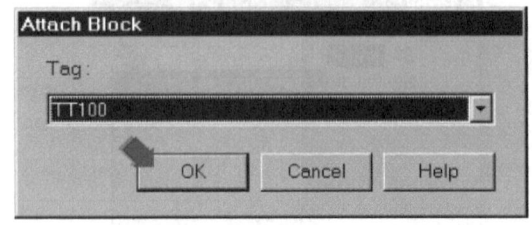

　　图 6-52　添加功能块快捷菜单　　　　　　　图 6-53　添加功能块对话框

根据组态的设计要求，按照上述步骤，把其他功能块加到逻辑对象中。最后，过程单元 Process Cell 1 的窗口如图 6-55 所示。

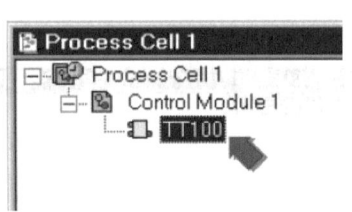

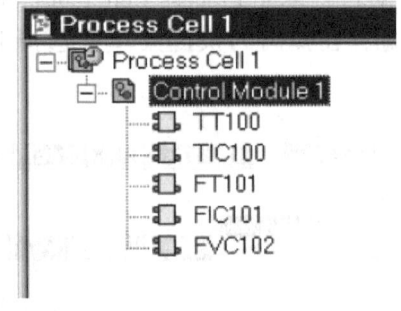

　　图 6-54　添加完一个功能块　　　　　　　图 6-55　添加完功能块后的
　　　　　　　　　　　　　　　　　　　　　　　　　过程单元窗口

10. 控制策略的组态　首先用鼠标右键单击控制模件 Control Module，从弹出的快捷菜单中选择控制策略 Strategy，这时就会出现一个控制策略 Strategy Window 窗口。

这时组态浏览器上已经有三个窗口，为了方便起见，单击 Process Cell Window Title 窗口标题栏，再单击 Proj01 窗口标题栏，打开 Window 菜单，选择 Tile。如图 6-56 所示。这样就可以有足够的空间来同时观察整个工程项目，并且对工程项目进行设计。

控制策略窗口具有绘图功能，读者可以通过联机帮助 Help 中的控制策略 Strategies 来获得更多细节。

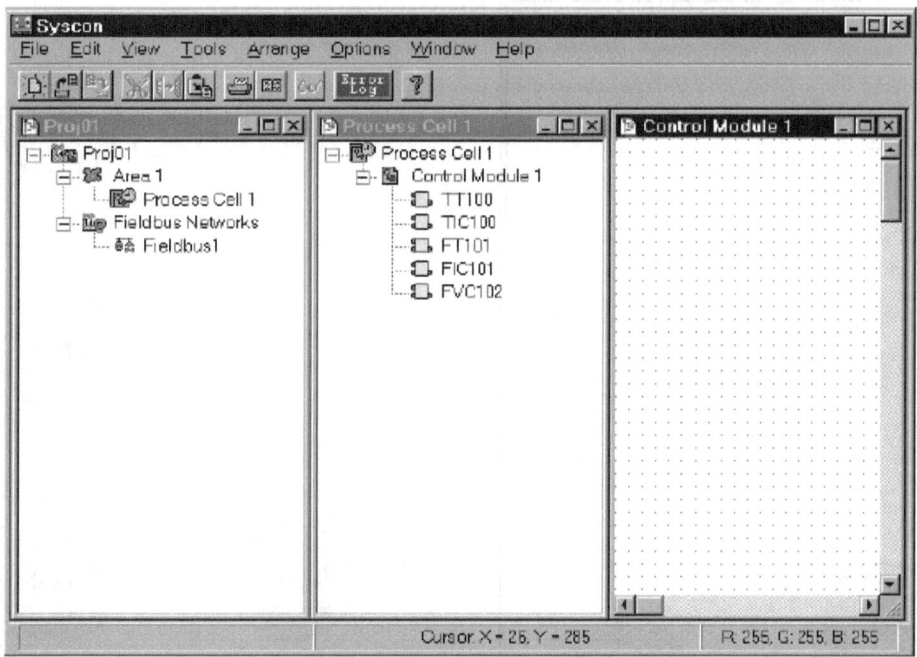

图 6-56 组态浏览器窗口

这里仅讨论与工程项目有关的工具。激活控制策略窗口 Control Module 1，进入工具菜单 Tools，选择工具箱 Toolboxes，在工具箱中选择控制策略 Strategy，控制策略工具栏 Strategy Toolbar 就会出现在组态应用窗口的左侧。

11. 在控制策略窗口中加入功能块 现在就可以将功能块添加到 Control Module 1 的控制策略窗口中。用鼠标左键选定第一个功能块，将其拖入控制策略窗口，窗口中会自动建立一个功能块图形符号，这时的控制模件 Control Module 1 的控制策略窗口如图 6-57 所示。

按照上述步骤添加其他几个功能块，并按照工程项目的设计方案把它们排列好，如图 6-58 所示。

12. 在作图区内移动功能块 如果要移动功能块，需要使用控制策略工具栏 Strategy Toolbar 中的选择工具，按下该按钮，单击要移动的功能块，将它拖到控制策略窗口的适当位置上。所有的功能块位置定好后，其排列如图 6-59 所示。这时最好使用水平菜单 General Operation 工具条上的保存按钮，把工程项目文件保存起来。工程项目文件会自动保存在原先设置的文件夹中。

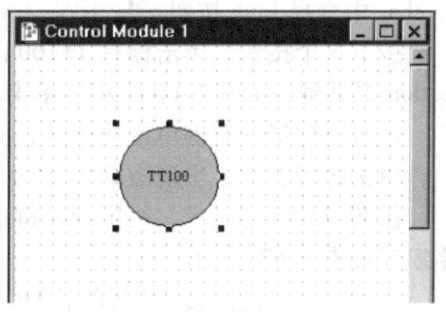

图 6-57 控制模件窗口

[**注意**] 每当改变工程项目文件时，最好都要及时保存它。

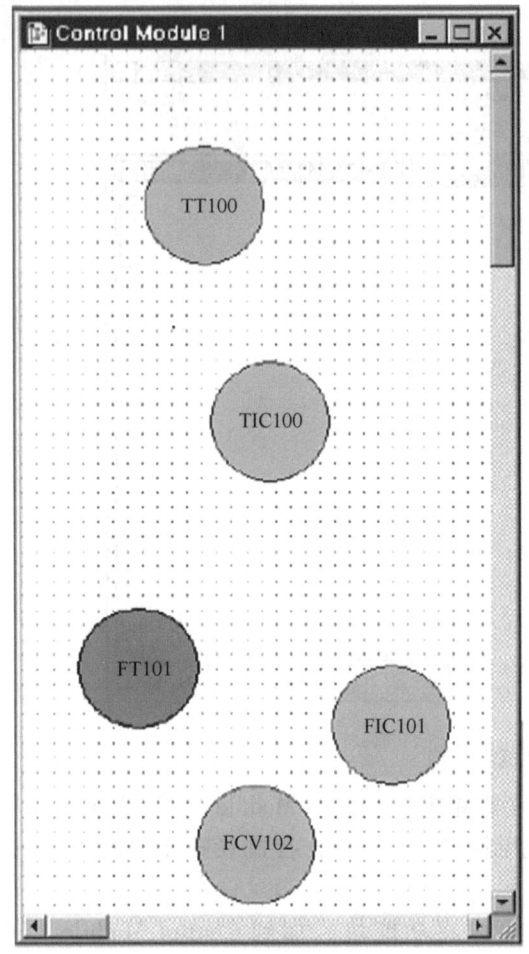 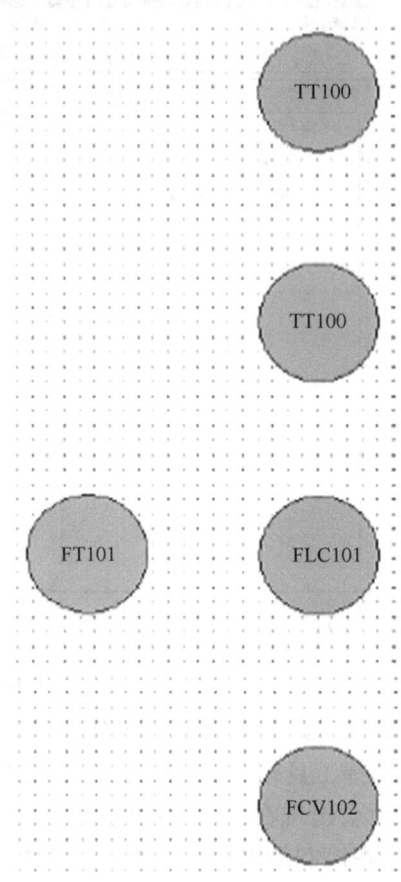

图 6-58 添入功能块后的控制模件窗口　　图 6-59 功能块的排列

13. 功能块的连接　最后这些把功能块连接在一起。这需要在作图工具栏 Drawing Toolbar 中选择 Link 按钮 , 用它来完成连接任务。

按下这个按钮, 单击标有 TT100 的功能块, 出现一个输出参数选择 Output Parameter Selection 对话框, 如图 6-60 所示, 单击输出 OUT, 按 OK 按钮。

也可以用鼠标右键单击功能块, 实现快速连接。即将鼠标的光标拖至功能块 TIC100 之上, 单击鼠标右键, 出现图 6-61 所示的浮动菜单。

按照设计组态要求, 用鼠标左键选择参数 IN。TT100 和 TIC100 的连接完成后, 控制策略窗口如图 6-62a 所示。

采用同样方法连接 TIC100 至 TIC101, 现在的控制策略窗口如图 6-62b 所示。

14. 反馈回路的连接　按照设计组态要求, 对 FIC101 和 TIC100 之间进行反馈连接。可以看出, 这时从一个块到另一个块的连线不是一条直线。这时要单击 FIC101 块, 选择输出参数 BKCAL-OUT, 沿对角线方向向左侧拖动鼠标直到路线的中间, 用鼠标左键单击作图区。继续垂直地拖动鼠标直到连线接近 TIC100 块, 用鼠标左键单击作图区, 最后, 水平地拖动连线直到功能块处, 单击它。现在, 就可以选择输入参数 BKCAL-IN。所设计的组态如图 6-63 所示。

继续设计组态，直到完成所有块的连接。这时的控制策略窗口如图 6-64 所示。

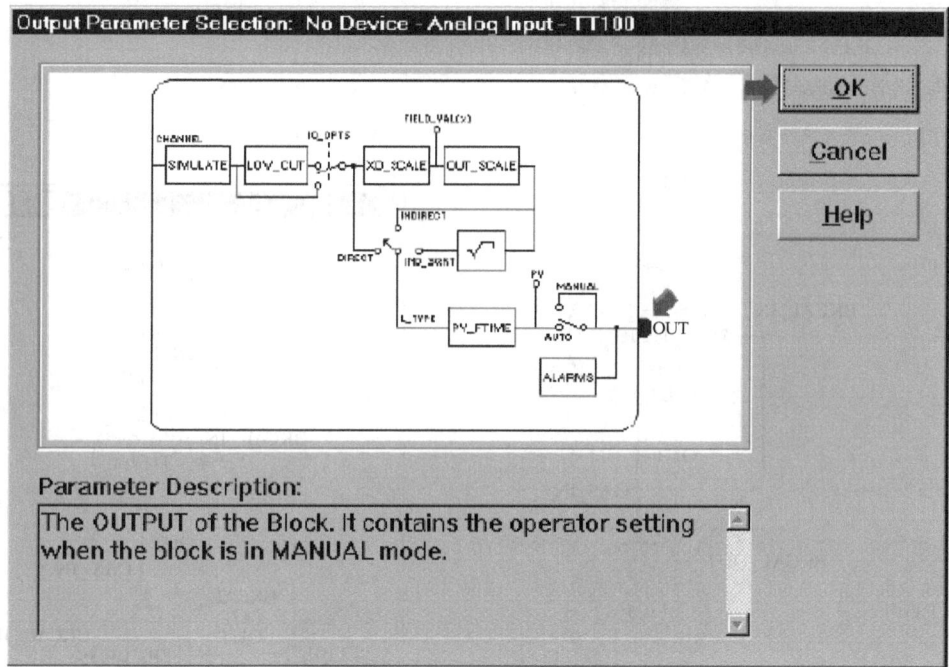

图 6-60　功能块连接

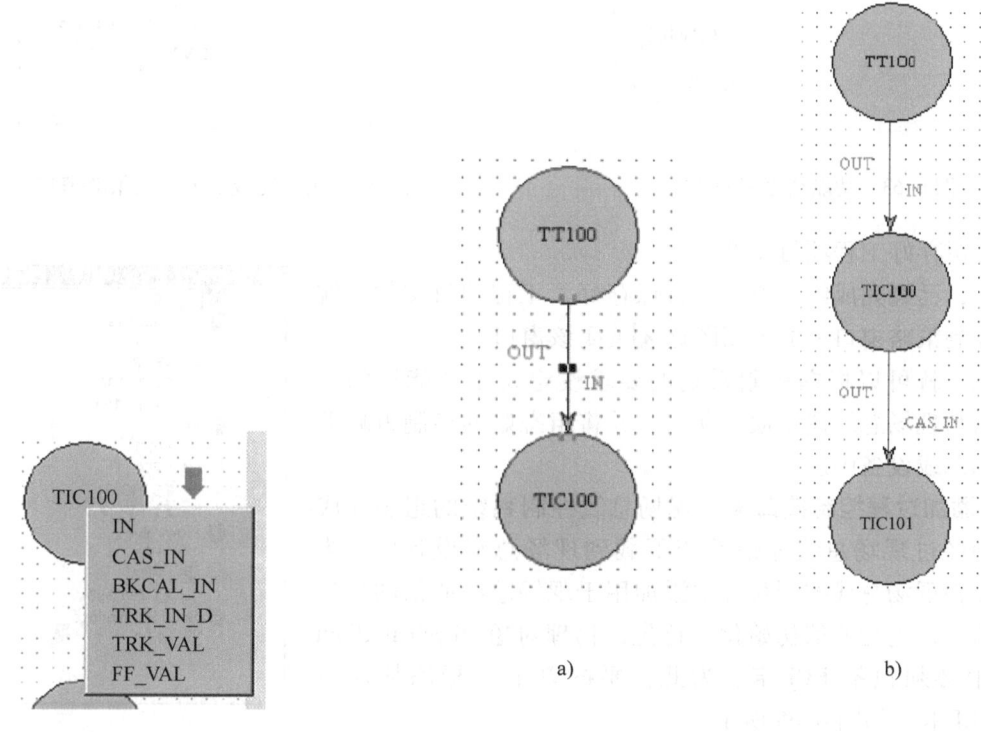

图 6-61　浮动菜单　　　　　　　　图 6-62　完成连接的功能块

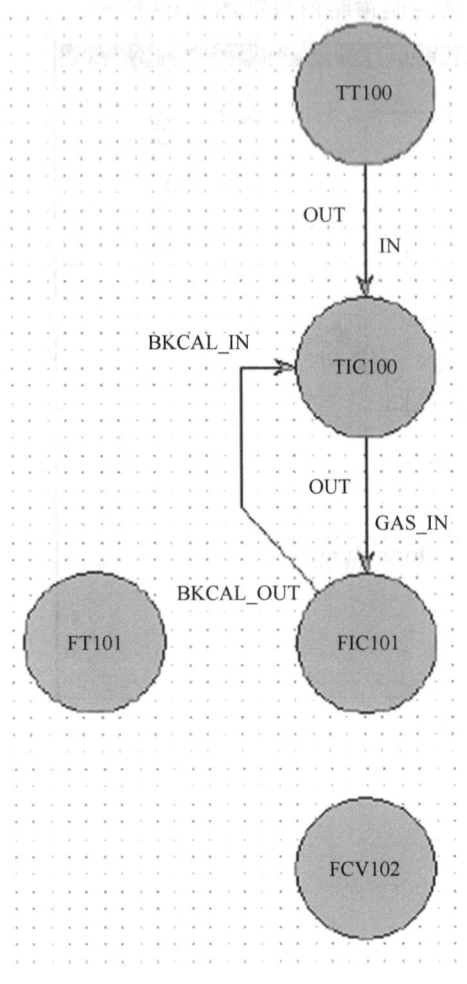

图 6-63 功能块之间的连接

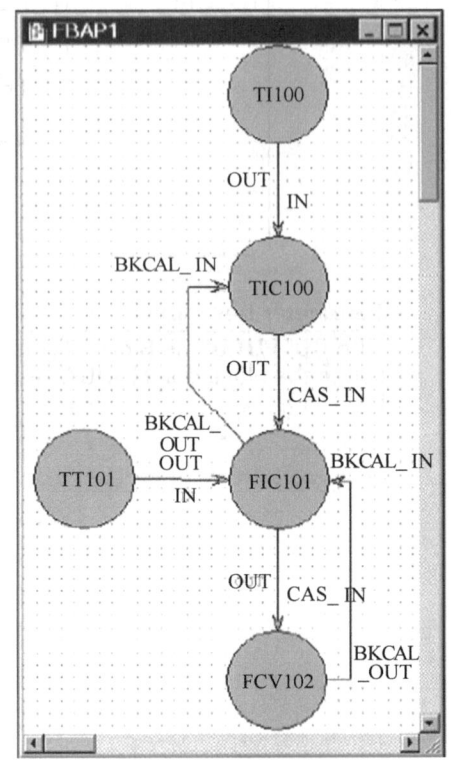

图 6-64 组态完成后的控制策略窗口

最后保存好工程项目文件。

现在，已经完成组态设计并且保存好了工程项目文件，就可以用控制策略窗口上的关闭图标 ☒ 关闭该窗口。

至此，就可以根据控制系统的要求设定每个功能块的参数，然后与现场总线建立通信联系，并将组态好的控制策略下载到现场总线设备中。

15. 添加过程控制接口卡 现场总线控制系统的组态完成后，必须经过现场总线通信系统下载到现场总线设备中。为此，需要在现场总线控制系统中添加用于现场总线通信的过程控制接口卡，进行通信初始化。首先，物理对象 Physical Plant 的组态中必须包括 PCI 卡。为此，要按以下步骤添加新设备——PCI 卡，如图 6-65 所示。

另外，开始通信前，所有的物理现场总线窗口必须都打

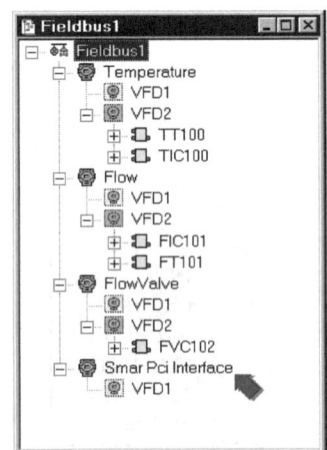

图 6-65 添加过程控制接口卡

开，如图 6-66 所示。现在，就可以进入下一步——现场总线网络通信的初始化。

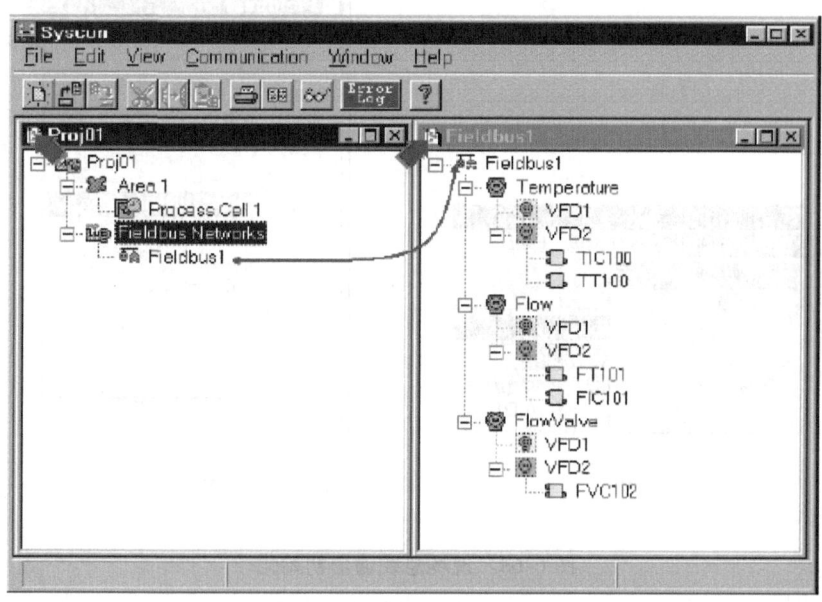

图 6-66 打开物理现场总线窗口

16. 现场总线网络通信的初始化 完成过程控制接口卡的添加后，接着就要进行通信初始化。首先打开 Edit 菜单，选择初始化 Init，或用鼠标右键单击 Physical Plant 图标，从弹出的快捷菜单中选择初始化通信 Init Communication，如图 6-67 所示。

这时，系统组态软件就会识别项目 Project 中所定义的桥 Bridge 和现场总线 Fieldbus，并将其与真正的设备联系起来。

现在，就可以实现所有的现场总线 Fieldbus 与设备的通信了。

17. 现场总线网络通信 在现场总线 Fieldbus 窗口中选择 Fieldbus 1 图标，打开通信 Communication 菜单，选择初始化 Init，如图 6-68a 所示。也可以用鼠标右键单击 Fieldbus 1 图标，从弹出的快捷菜单中选择初始化通信 Init Communication，如图 6-68b 所示。

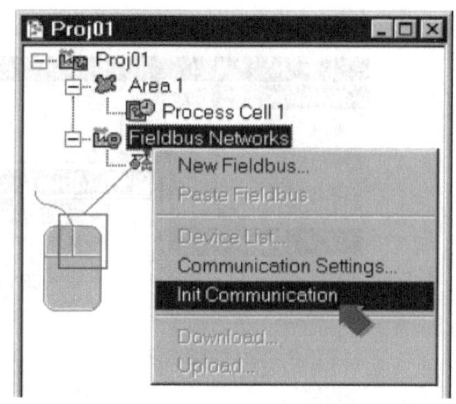

图 6-67 网络通信初始化

现在，系统组态软件就会读这个现场总线网络 Fieldbus Network 的活动表 Live list，该活动表中含有设备的标志号，并且把实际的设备与项目 Project 中所组态的那些设备联系起来。

18. 组态下载 现场总线的通信初始化 Init Communication 完成以后，就可以进行下载组态了。在现场总线 Fieldbus 窗口中打开通信 Communication 菜单，选择下载 Download，如图 6-69a 所示。也可以用鼠标右键单击 Fieldbus 1 的图标，从弹出的快捷菜单中选择下载 Download，如图 6-69b 所示。

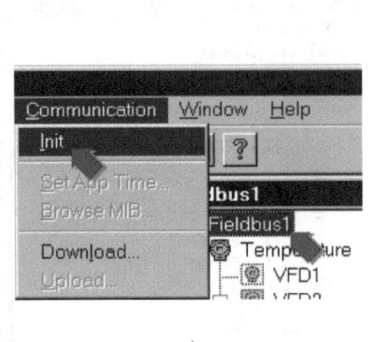 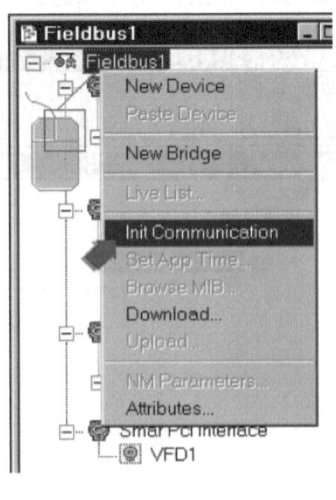

图 6-68　现场总线通信初始化

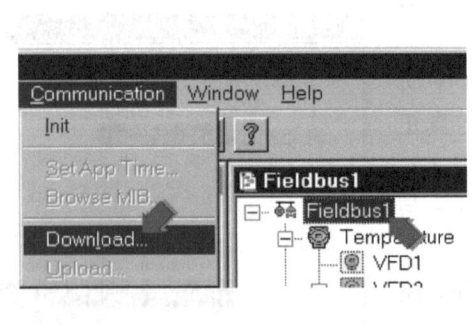 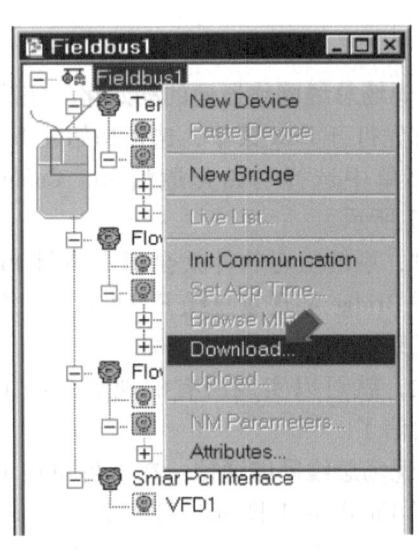

图 6-69　组态下载

组态会立即下载到设备中，通信任务结束。

6.5　现场总线系统的应用实例

自 20 世纪 80 年代末以来，现场总线技术日趋成熟，并在一些应用领域中逐渐显示出影响和优势，成为自动控制领域中最活跃的一个领域。下面介绍几个现场总线系统的应用示例。

6.5.1 CAN 总线在电梯控制系统中的应用

1. 电梯控制系统概述　电梯控制系统的控制部分由电梯主控制器、轿厢控制器、楼层控制器(多套)、群控器组成。通过 CAN 接口连接成一个完整的通信网络,实时传输各运行参数、控制命令。设计 CAN-bus 通信接口是很重要的一个环节,设备的正确运行与否与其密切相关。图 6-70 所示为一个实际电梯控制系统的 CAN 通信单元电路图,电路结构为:

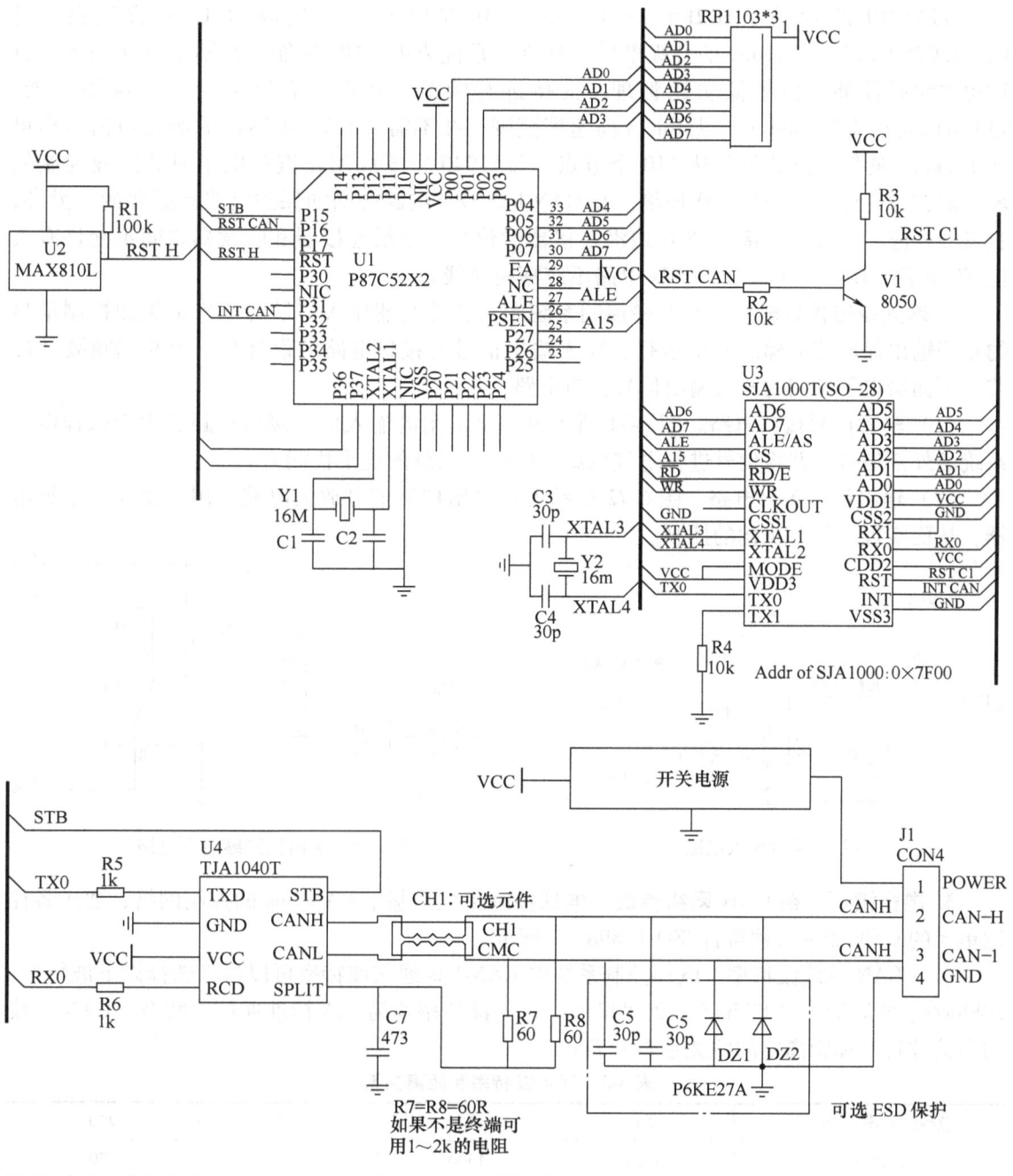

图 6-70　CAN-bus 通信单元

MCU+CAN 控制器(SJA1000)+CAN 收发器(TJA1040)。

SJA1000 芯片是一款独立 CAN 控制器,由 PHILIPS 公司设计并生产,具有优秀的 EMI、EMC 性能,适用于汽车电子和工业环境中的控制器局域网络。SJA1000 是 PCA82C200 独立 CAN 控制器的升级产品,在引脚的电气特性上与 PCA82C200 控制器完全兼容,并具有更强功能的 PeliCAN 工作模式,完全支持具有很多新特性的 CAN 2.0B 协议,目前已有数亿个 CAN-bus 节点正在使用 SJA1000 作为 CAN 控制器。

TJA1040 芯片是 PHILIPS 公司在 2002 年推出的新一代高速 CAN 收发器,是 PCA82C250/251、TJA1050 的升级型号。具有非常优秀的 EMC 性能,在不上电状态下,有理想的无源性能,提供低功耗管理。支持远程唤醒,并集成有完善的总线保护功能。TJA1040 可以支持 40kbit/s~1Mbit/s 高速率范围。在不需要 CAN 中继器的场合通信距离可达 1.2km,通信节点数目可达 110 个节点。TJA1040 主要应用在汽车电子或者工业控制领域,能够适应任何苛刻的工作环境。在 CAN-bus 节点电路中增加保护电路是必要的。另外,收发器板应尽可能放在接近 PCB 边沿连接器的位置。边沿连接器和收发器之间不允许有其他 EC 元件,CAN _ H/L 或 Tx/Rx 电路不应穿越总线。

2. 输入输出接口电路　在电梯控制系统中,各控制器输入信号的正确采集和控制信号的正确输出保证着电梯的安全运行。输入输出信号的接口电路的设计是一个相当重要的环节。下面给出了常用的输入输出信号接口电路。

(1) 输入信号接口电路。图 6-71 所示为一个常用的输入信号接口电路,用于采样电梯系统的外部信号,并将信号进行电气隔离,以提高系统的抗干扰能力。

(2) 输出信号接口电路。图 6-72 所示为将输出控制信号放大电路,用于驱动一个继电器,从而实现对执行机构的控制。

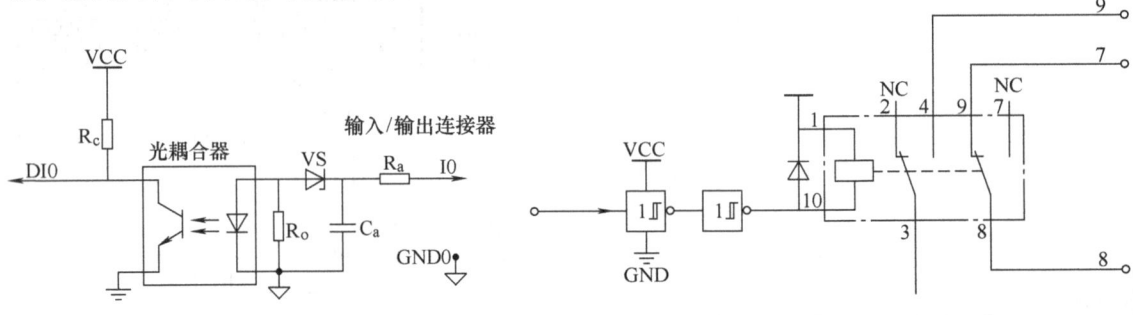

图 6-71　信号输入电路　　　　　图 6-72　输出控制继电器电路

3. 电梯控制系统 CAN 网络参数　电梯控制系统是基于 CAN-bus 的控制网络,要求各控制单元的 CAN 器件必须符合 ISO 11898—2 标准。

(1) CAN 总线波特率。电梯控制系统中 CAN-bus 通信波特率可以参考选择以下波特率:20kbit/s、50kbit/s、125kbit/s、250kbit/s。这些波特率均为 CiA 标准通信波特率。CAN 总线的通信波特率和距离之间的关系参考表 6-3。

表 6-3　通信波特率和距离关系

总线波特率/(kbit/s)	20	50	125	250
通信距离/m	3300	1300	530	270

(2) CAN 总线电缆。在电梯控制系统中一般采用 4 芯式的通信电缆,其中 2 根供电,另 2 根传输 CAN-bus 信号。建议采用屏蔽双绞线作为 CAN-bus 通信电缆,使用国标 AWG18 截面积为 0.75mm^2 的导线一般可以保证在 1km 距离下实现 CAN-bus 可靠通信。建议通信电缆线的截面积采用 1.5mm^2。

(3) CAN 网络拓扑结构。电梯控制系统 CAN 网络采用总线型网络拓扑结构,主干线和支线连接方式如图 6-73 所示。电梯控制系统 CAN 网络结构的设计请参考 ISO 11898—2 和 SAEJ 2284 标准中对 CAN 总线拓扑结构的说明。

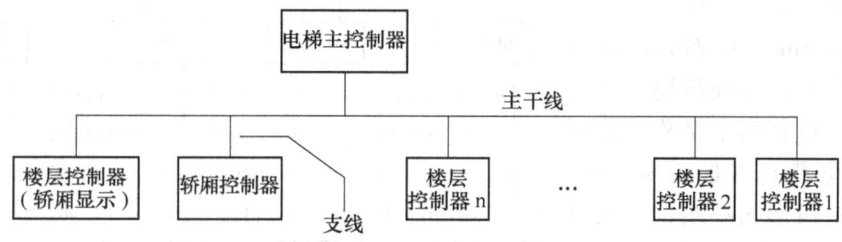

图 6-73 电梯控制系统 CAN 网络拓扑结构

(4) 通信协议。电梯控制系统通信协议是实现各控制器之间传输数据的基础,其作用是规定电梯控制系统数据通信的帧格式和数据传输的方式,实现电梯控制系统中各种运行参数、控制命令和状态信息的传送和接收。

CANopen 协议中的设备子协议中包括电梯控制系统应用协议,在 CANopen 协议的电梯控制系统应用协议中详细地规定了电梯控制系统 CAN 网络的物理参数、节点 ID 分配、电梯虚拟设备、定义对象目录以及系统错误处理等。应用 CANopen 协议,可以为任何电梯提供标准的、即插即用的电梯控制系统。CANopen 的电梯控制系统应用协议规范可以实现最大 254 楼层数、最多 8 台电梯并联的电梯控制。关于 CANopen 协议及其电梯子协议的具体部分可以参考以下 CiA 文档。

* CANopen Communication Profile for Industrial Systems based on CAL
* CiA Draft Standard 301, Version 3.0 96
* CiA Draft Standard Proqosal DSP 302 Framework for Programmable Devices
* CiA Draft Standard Proposal DSP 401, Version 1.4 Device Profile for I/O Modules
* CiA Draft Standard Proposal DSP 402, Version 1.0 Device Profiles Drives and Motion Control
* CANopen application profile for lift control systems CiA DSP 417 网站
* www.can-cia.de
* www.zlgmcu.com

6.5.2 Smar 现场总线在乙腈精制装置上的应用

1. Smar 现场总线控制系统硬件组成 乙腈精制装置是将炳烯腈生产中的副产品经过氢氰酸脱除、反应、减压精馏、加压精馏等工艺提炼出高纯度精乙腈。该系统由两个操作员站及一些现场仪表构成。操作员站直接与现场仪表相连。它的工艺流程中包括检测点 49 个、控制回路 22 个、流程图画面 30 幅。整个控制系统的硬件结构示意图如图 6-74 所示。

该系统的操作员站由 2 台工业 PC 组成,机内主板的扩展槽上对应插有 2 块总线硬件接口卡(PCI 卡)。该卡通过现场总线 H1 与现场总线设备连接。每块卡可接 4 个相互独立的通道，在防爆条件下，每个通道下可挂接 4 块总线安全栅(SB302)。该安全栅除了起总线安全隔离作用外，还起总线电源和总线重复器的作用。根据信息量和速度要求，每块安全栅下最多可挂接 4 台 Smar302 系列现场总线仪表。整个系统布线格局有总线形拓扑和树形拓扑两个结构，选择的依据是以电缆长度最短为标准，这里采用的是树形拓扑结构。在每个分支的末端有总线终端器 BT302，起阻抗匹配和防止信号反射的作用；另外，其开关量接口采用的是 Allen Bradley SCL-530，主要起到监测现场泵的起、停信号及检测现场塔釜温度的作用。

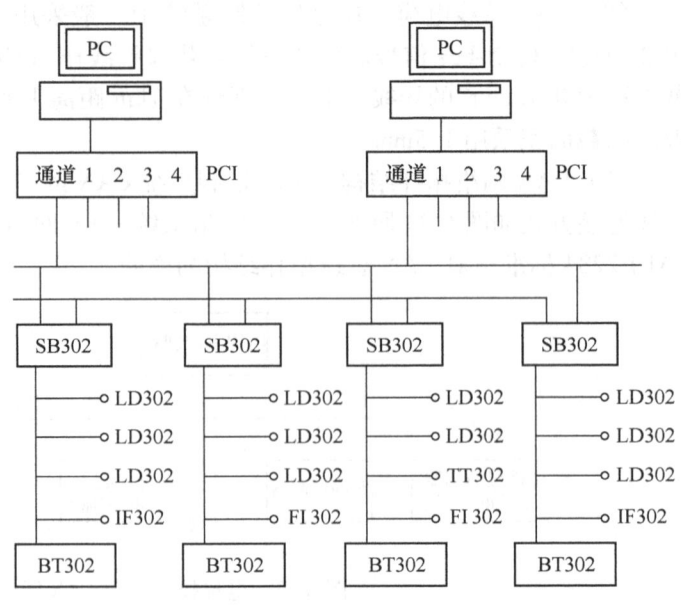

图 6-74 系统硬件结构示意图

　　Smar302 系列现场总线仪表有 5 种，分别是 TT302、LD302、FI302、IF302 和 FP302。其中 LD302 是一种测量差压、绝对压力和表压力及液位和流量的变送器，其表头上的智能板含有模拟输入(AI)、PID 控制(PID)、累加器(INTG)、输入选择器(ISS)、线性化模块(CHAR)和计算模块(ARTH)6 种功能模块。TT302 是一种通用的现场总线智能温度变送器，测量温度配用 RTDS 或热电偶，但也可接收其他热阻或毫伏输出传感器的信号。一台 TT302 设备能检测 2 个温度点，并且具有和 LD302 一样的 6 个功能模块。IF 302 和 FI 302 是现场总线和模拟控制仪表的接口，即能将 4~20mA 电流转换成能在现场总线上传输的数字信号(IF302)或将现场总线上的数字信号转换成 4~20mA 电流(FI302)。每台设备都可处理 3 路信号，并带 PID 功能。FP302 是一种电气转换器，能将现场总线上的数字信号转换成 20~100kPa 的压力信号，通过它，现场总线输出的控制信号可以直接控制调节阀这类的执行元件。FP302 具有一个 AO 模块。

　　现场总线上的每一台仪表既能在网络上作为主站使用，也可以在本地用磁性工具组态。这样，在许多基本应用情况下不再需要组态器或控制盘，而且一个通道内又可互连多台仪表，通过各表内功能块的连接，很容易建立和总览复杂的控制策略，图 6-75 所示即为一个单控制回路的模块连接关系；另外这样也大大增加了控制的灵活性，调

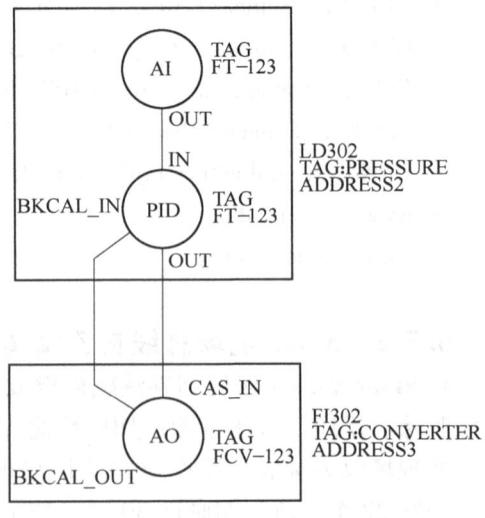

图 6-75 单控制回路的模块连接图

整控制策略不需要重新接线或改变硬件，只需要进行软件编制。由于在数据通信上采用 HART 协议，在不干扰 4~20mA 直流信号的情况下，利用同一根信号线可实现双向多个信息的传输，因而大大减少了布线电缆。同时，从图 6-75 中可看出，双向的全数字通信总线直接延伸到现场仪表，中间节省了很多 A-D、D-A 环节，既可提高系统的精度和稳定性，又可减少 I/O 卡及其安装空间，从而可以大大降低安装、运行和维护成本。在安全可靠性方面，由于控制功能下放到各处现场总线仪表，从而将危险分散，同时冗余的人机接口可大大提高系统的可靠性。

2. Smar 现场总线控制系统软件组态及功能　Smar 现场总线控制系统是一种开放性系统，对 PC 硬件要求是：486DX2/66（或 100）、540MB 硬盘、8MB 或 16MB RAM、双向串行接口、supper VGA 或 VGA 彩显。Smar 组态软件主要分为两大部分：总线设备组态软件 Syscon 和系统人机接口软件 AIMAX-WIN。Syscon 运行在 Windows 操作系统上，具有友好的人机接口、文本和图形界面，直观易懂；菜单及对话框使组态操作十分简便，控制功能组态通过建立或编辑以下两类文件完成：

1）FBC 文件，其内容包括物理接口、位号、现场仪表型号、使用的功能模块及各功能的参数。

2）FBL 文件，它可以对各功能块进行输入、输出的连接，并使用直观的图形表示，以连线方式构成完整的控制回路和控制策略，因而简单易行。

Syscon 可以将组态信息下载到各总线仪表中去，在线操作时，又可将很多参数和状态上传，以便察看和维护（如零点调整、液位表的迁移等都可以在室内 PC 上进行）。这给系统维护带来极大的方便。

AIMAX-WIN 也是运行在 Windows 操作系统上的功能丰富、操作方便的人机接口软件，可以灵活选用各种现场设备，是比较理想的控制、监控软件。

在组态时，该软件具有面向对象和基于矢量的类似 AUTOCAD 的静、动态作画软件，还能自动产生显示画面，如总体画面、组画面、实时和历史趋势画面、报警总体画面、固定格式和自动格式报表等；并可根据需要定义 4 级密码操作和进行键的宏定义。在实时运行时，AIMAX-WIN 是后台运行的多任务核心，负责调度前后台各个任务，以满足工业实时要求。后台任务主要是完成通信、报警处理、数据采集和记录等，还允许同时执行多个用户程序；前台任务主要是在显示器上显示各种过程数据和设备状态（如流程图、趋势、报警等），并允许操作员进行必要的各种操作（如修改参数、改变开关状态、下载配方和报警确认等）。

6.5.3　LonWorks 技术在电力自动抄表系统中的应用

1. 应用系统综述　随着网络技术发展及对电力需求的日益增加，远程自动抄收电表、进行能源管理已成为国内新建社区的基本要求。自动抄表系统（Automatic Meter Reading, AMR）在全世界已发展近 20 年，由于 LonWorks 支持电力线通信介质，为电力自动抄表系统提供了极大的方便。因此这种系统底层利用 LonWorks 现场总线技术，采用电力线载波通信方式，并利用宽带网或电话网，即可构成功能完善的自动抄表及用电管理系统。

2. 自动抄表系统的技术平台及其主要特点

（1）采用 LonWorks 电力线通信技术及 LonTalk 通信协议，符合 ANSI/EIA 709.2-A—2000 国际通信标准。

（2）LonWorks 电力线收发器技术具备以下特点：

1）采用 DSP（数字化信号处理）技术，智能化抗干扰能力强。

2）载波频段为 C-Band（110～145kHz）或 A-Band（70～95kHz），是国际通用的合法使用频段，符合中国 DL/T 标准。

3）具有双波段自动跳频功能，传输稳定性高。

4）符合世界先进水平的电气及电磁安全性要求。

（3）LonWorks 通信协议具备 OSI 标准的七层通信协议，可提供多种媒体的通信方式，如：电力线，双绞线，光纤等。

（4）依照电力行业标准 DL/T 系列开发，符合标准化要求。

（5）以低压电力线传输为核心，可扩充为家庭网络，实现三表合一，能源管理，智能化家庭等。

（6）网络中收发器使用的是 PLT-22 电力线收发器，传输媒体是电力线，直接利用已经构造好的电力线就作为节点的通信线，大大地降低了布线的成本。

3. 基于 LonWorks 技术的电力自动抄表系统的结构　　如图 6-76 所示，电表端采用电力线载波通信，产品配备通信模组（或采集终端）进行电量及其他数据的收集；集抄器与通信模组（或采集终端）用电力线进行双向传输通信，进行数据资料的集中管理及储存；集抄器对上位系统可依据地区特性及需要，以宽带网或电话网接拨的方式，与上位主站系统进行数据资料的上传，系统的安装、设置、维护，及校时、系统管理等。主站系统以数据库系统为核心，负责不同地区集抄器的所有数据资料的集中管理，实现计费、电量及需量使用分析、用户管理等功能。另外，主站还可为数据服务器提供基础数据，进行输配电管理、电网容量测定等方面的统计分析工作。

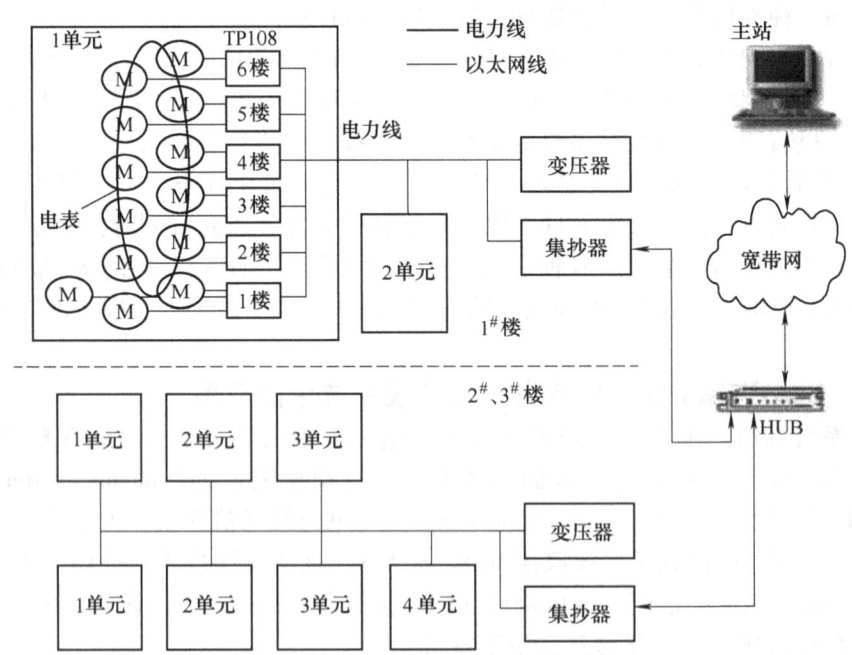

图 6-76　结构分布图

4. 主站系统软件　PC 端数据库软件,可通过宽带网络连接到不同分区的集抄器,进行数据管理,具有远程操作及数据处理分析等多项功能。主要功能如下。

(1) 开户、换表、过户、销户、复装等业务综合管理。
(2) 抄表综合管理,包含实时抄表、定时抄表等。
(3) 业务统计及查询。
(4) 人工补登及纠错等其他特殊功能。
(5) 报表打印。
(6) 时间校正功能。

6.5.4　现场总线控制系统的集成

自动控制系统需要完成各种数据采集和自动控制的任务。在多标准共存的条件下,解决好系统集成和应用集成的问题尤为重要。从狭义上讲,系统集成就是特指计算机系统集成,包括计算机硬件、网络系统、系统软件、工具软件和应用软件的集成,以及围绕这些系统的相应咨询、服务和技术支持。

现场总线系统的集成就是利用现场总线技术,为用户提供一体化的自动化方案。它以实现检测、采集、控制和执行以及信息的传输、交换、存储与利用的一体化为目标,广泛采用现场总线技术、局域网和因特网技术。近年来,通过它的发展,逐步实现了各种物理设备的系统互连技术——"设备集成"技术,并且实现了"信息(软件)集成"技术和"数据集成"技术,从而满足企业综合自动化的要求。

现场总线控制系统是以现场总线为通信介质的计算机集成控制系统。根据 CIMS 的观点,统一的集成现场总线控制系统可分为三个层次:现场控制层、过程监控层和企业管理层。层次结构如图 6-77 所示。

1. 现场控制层　它是集成系统的底层,主要是实现对生产过程的常规检测和基本控制,由现场总线智能节点实现包括传感变送、PID 调节等功能的集成,形成控制网段。它可以包括基金会现场总线(FF)的 H1 网段或 HART、PROFIBUS 和 LonWorks 等网段。同种通信协议的网段间可采用网桥、中继器连接;各种不同通信协议

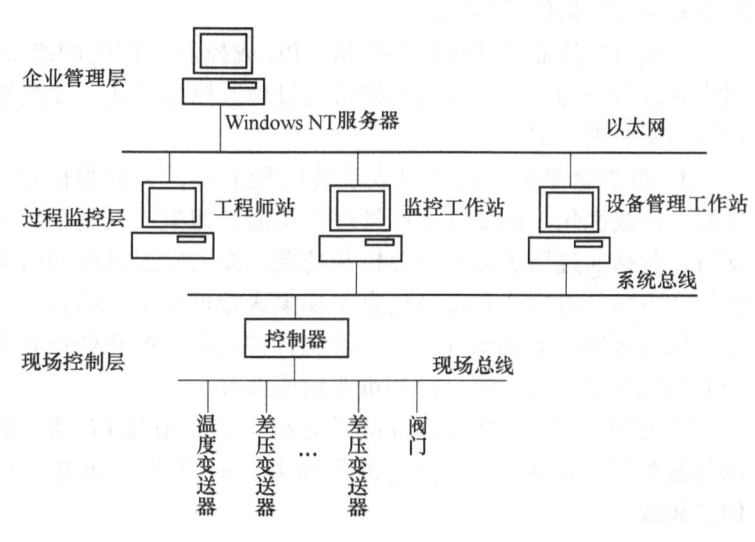

图 6-77　现场总线网络集成层次图

的网段之间则采用网关相连,或直接在操作站的计算机内交换信息。带有 AI、AO、DI、DO 和 PID 功能块的现场设备负责完全生产过程的参数测量、数据传输与过程控制,即由现场总线网络完成现场控制层的自动化任务。

现场控制层的简单控制系统实例如图 6-78 所示。这是一个完整的液位 PID 控制回路。

其中，差压变送器用来测量被控液位，调节阀用来控制容器的进料量。3个标准的功能块AI、PID和AO分别被置入变送器和调节阀。由系统对这3个功能块及其信号连接关系进行组态，并通过通信调度执行控制系统的应用功能。它将AI功能块的输出送给PID功能块，把经过PID功能块运算得到的输出送给AO功能块，由AO功能块的输出来控制阀门的开度，最终实现对容器液位的有效控制。

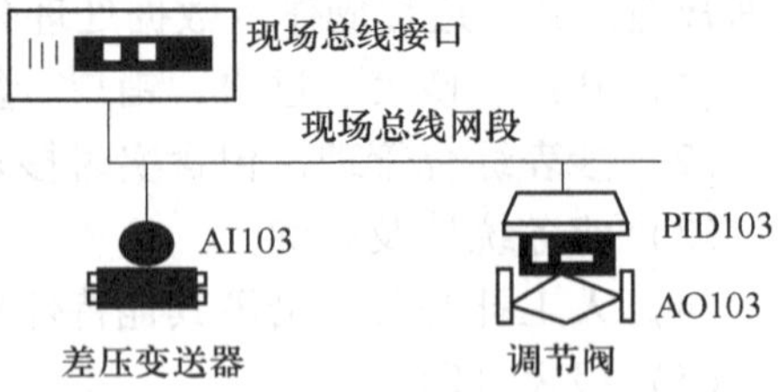

图 6-78 单回路控制系统的应用集成

在现场控制层的应用集成中，标准功能块和设备描述（DD）是应用集成的基础。所谓功能块是指带输入/输出参数、控制参数、控制算法、事件子系统以及报警子系统的通用结构。按照这种通用结构来开发相关的控制系统软件，使不同的功能块之间可以相互连接、调用，实现互换与互操作，以保证控制功能的集成。设备描述（DD）又被称为设备驱动程序。将不同的设备添加到控制网络中，只要给系统提供该台设备的DD，就可以正确地理解该设备的信息内容，对该设备实行操作。在现场总线网络的实际运行中，应用程序通过设备描述服务（DDS）读取DD，以获取所需的设备信息；其他网络节点通过主机系统可获得相应的设备信息。

2. 过程监控层 它是系统实现生产稳定、优化操作的保证，也是人与生产过程进行交互的层面。过程监控系统接收来自现场总线智能节点中的现场状态信息和来自决策管理层的调度信息，利用软测量和数据校正技术对这些数据进行完备性和一致性处理，形成过程实时数据库，并利用来自过程实时数据库中的数据实现实时操作指导、动态优化、高级控制、故障诊断和实时报警等功能。

一般由担任监控任务的工作站、PC或控制器作为网络节点，构成局域网段。现场总线网络通过专门的现场总线通信接口与过程监控层相连。该监控层除了完成上述功能外，还要对控制系统进行组态。

3. 企业管理层 它是集成系统的最上层，又称为信息层，包括决策分析、市场营销、计划、离线优化、调度和生产管理等功能。即集成控制系统对这些任务提出信息服务和决策支持，包括通过历史数据的分析和挖掘，提出发展目标和营销策略；根据相应的营销策略调整生产方案，对生产和业务信息实现集成管理制定、综合计划落实和生产计算分解；并根据生产的实际情况形成调度指令，组织日常均衡生产和处理异常事件，即实地指挥生产。它是企业信息集成和管、控一体的重要组成部分。

它的网络节点主要有高性能计算机、工作站和PC等，包括各类管理、计算用客户机，以及服务器、数据库等，并与外界的Internet互联。通过Internet实现与企业内远程网点的信息集成。

6.5.5 OPC技术简介

现场总线作为开放的控制网络，通过智能设备之间、现场设备与控制室之间的信号通信，提供了大量的现场信息，如何让这些现场信息用于企业管理，充分挖掘现场总线控制系统和PC的强大软件资源，使管理部门与生产部门之间的数据交换简捷化、标准化，是一件十分有意义的工作。目前，OPC（OLE for Process Control）技术能很好地解决这个问题。

OPC 指用于过程控制的对象链接与嵌入(OLE)技术,是对象链接与嵌入技术在自动化领域的具体应用,这是一项技术规范与标准。OPC 以 OLE/COM 机制作为应用程序级的通信标准,采用 client/server 模式(OPC 以服务器 server 的形式,对下层现场设备即 client 提供一系列标准的接口),使得由 client 负责的现场设备的各种信息能够进入 OPC 服务器,从而实现向下互联。

OPC 作为现场设备接口时的连接关系如图 6-79 所示。当它作为下层现场设备的标准接口时,代替了传统的 I/O 驱动器来完成与现场设备的通信。OPC 服务器与 I/O 驱动器的不同之处主要在于它向客户端(即需要访问 OPC 数据源的客户应用程序)提供了一套标准的 OLE 接口。通过这些统一接口,所有客户端都可以采用一致的方式来实现与现场设备通信。

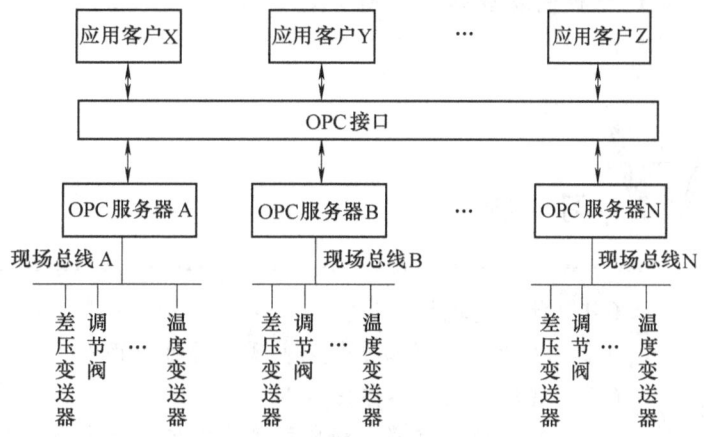

图 6-79　OPC 服务器作为现场设备接口

从数据传输的角度来看,OPC 服务器实际上就是一个 I/O 驱动器。它包括 OPC 数据访问服务器、OPC 报警服务器和 OPC 历史数据服务器。它一方面提供与数据供应方(包括硬件和软件)的通信;另一方面又将来自数据供应方的数据通过标准 OPC 接口反映给数据调用方(数据调用方充当了 OPC 客户的角色)。

目前,OPC 基金会有会员公司百余家,且有 Fisher_Rosemount、INTELLUTION 等近 30 家公司从事 OPC 标准的研究以及软件开发工作。

通过以上各示例可知:现场总线控制系统(FCS)使得控制结构简单化、分散化;信号的传输实现了全数字化;现场设备具有互操作性;通信系统基于互联网络,更为开放;技术和标准实现了全开放(从总线标准、产品检验到信息发布全是公开的,面向任何一个制造商和用户),无专利许可要求,可供任何人使用。另外,FCS 的节点是现场设备或现场仪表,如传感器、变送器、执行器和编程器等。它不是传统的单功能的现场仪表,而是具有综合功能的智能仪表,从而使整个控制网络实现了智能化、高速信息化。

 **小　结**

本章着重介绍了现场总线的基本概念、结构类型,并结合几种常用的现场总线(如 FF、Can-bus、PROFIBUS、HART、LonWorks、Smar、ControlNet、WorldFIP、Interbus、ASI 和蓝牙技术),阐述了它们的基本性能、应用场合、适用范围等。并以 NI 公司和 Smar

公司的 NI-FBUS Configurator 和 Syscon 系统组态软件的一般组态过程为例，介绍了现场总线组态软件在实际控制过程中的应用。最后列举了几个 FCS 应用实例及系统集成、OPC 技术，通过实例，读者可以了解到现场总线控制系统 FCS 取代 DCS 是过程控制发展的必然趋势。

习 题

6.1 什么是现场总线？
6.2 现场总线的本质含义表现在哪些方面？
6.3 现场总线有哪些优点？
6.4 现场总线有哪几种典型类型？它们各有什么特点？
6.5 现场总线系统(FCS)与传统的集散型控制系统(DCS)相比较，有哪些特点？
6.6 现场设备由哪些部分组成？它们的各自作用是什么？
6.7 什么叫系统集成？现场总线系统集成的方法有哪些？
6.8 什么是蓝牙技术？
6.9 什么是 OPC 技术？

第7章 DCS、PLC、FCS 三大控制系统的主要特点及异同点

目前，在工业过程控制中广泛应用三大控制系统，即 DCS、PLC 和 FCS。DCS（集散控制系统）是从传统的仪表盘监控系统发展而来的，因此 DCS 较为侧重仪表的控制；PLC（可编程序控制器）是从传统的继电器回路发展而来的，因此 PLC 强调逻辑运算能力；FCS（现场总线控制系统）是由 DCS 与 PLC 发展而来的。

一些行业中采用的 FCS 是由 PLC 发展而来的；而在另一些行业中采用的 FCS 又是由 DCS 发展而来的，所以 FCS、PLC、DCS 之间有着千丝万缕的联系，它们有各自的基本特点，又存在着本质的差异。

7.1 DCS、PLC、FCS 三大控制系统的主要特点

7.1.1 DCS 的主要特点

（1）集散控制系统（DCS）是集 4C（Communication, Computer, Control、CRT）技术于一身的监控技术。
（2）从上到下的树状拓扑大系统，其中通信（Communication）是关键。
（3）PID 在中断站中，中断站联接计算机与现场仪器仪表及控制装置。
（4）树状拓扑和并行连续的链路结构，有大量电缆从中继站并行到现场仪器仪表。
（5）一台仪表一对线接到 I/O，由控制站挂到局域网（LAN）。
（6）DCS 是控制（工程师站）、操作（操作员站）、现场仪表（现场测控站）的 3 级结构。
（7）缺点是成本高，各公司产品不能互换，不能互操作，大 DCS 系统是各家不同的。
（8）用于大规模的连续过程控制，如石化等。
（9）制造商：Bailey（美）、Westinghous（美）、HITACH（日）、LEEDS&NORTHRMP（美）、SIEMENS（德）、Foxboro（美）、ABB（瑞士）、Hartmann&Braun（德）、Yokogawa（日）、Honeywell（美国）、Taylor（美）等。

7.1.2 PLC 的主要特点

（1）从开关量控制发展到顺序控制、运送处理，是从下往上的。
（2）连续 PID 控制等多功能，PID 在中断站中。
（3）可用一台 PC 为主站，多台同型 PLC 为从站。
（4）也可一台 PLC 为主站，多台同型 PLC 为从站，构成 PLC 网络。这比用 PC 做主站

方便之处是：有用户编程时，不必知道通信协议，只要按说明书格式写就行。

(5) PLC 网络既可作为独立 DCS，也可作为 DCS 的子系统。

(6) 大系统同 DCS，如 TDC3000、CENTUMCS、WDPFI、MOD300。

(7) PLC 网络如 SIEMENS 公司的 SINEC-L1、SINEC-H1、S4、S5、S6、S7 等，GE 公司的 GENET、三菱公司的 MELSEC-NET、MELSEC-NET/MINI。

(8) 主要用于工业过程中的顺序控制，新型 PLC 也兼有闭环控制功能。

(9) 制造商：GOULD（美）、AB（美）、GE（美）、OMRON（日）、MITSUBISHI（日）、SIEMENS（德）等。

7.1.3 FCS 的主要特点

(1) 基本任务是：本质（本征）安全、危险区域、易变过程、难于对付的非常环境。

(2) 全数字化、智能、多功能取代模拟式单功能仪器、仪表、控制装置。

(3) 用两根线联接分散的现场仪表、控制装置、PID 与控制中心，取代每台仪器两根线。

(4) 在总线上 PID 与仪器、仪表、控制装置都是平等的。

(5) 多变量、多节点、串行、数字通信系统取代单变量、单点、并行、模拟系统。

(6) 是互联的、双向的、开放的取代单向的、封闭的。

(7) 用分散的虚拟控制站取代集中的控制站。

(8) 由现场电脑操纵，还可挂到上位机，接通上一总线局域网，再与 internet 相通。

(9) 改变传统的信号标准、通信标准和系统标准入企业管理网。

(10) 制造商：美 Honeywell、SInar、Fisher-Rosemount、AB/Rockwell、Elsa-Bailey、Foxboro、Yamatake、日 Yokogawa、欧 SIEMENS、GEC-Alsthom、Schneider、proces-Data、ABB 等。

(11) 三类 FCS 的典型应用

1) 连续的工艺过程自动控制，如石油化工，其中"本安防爆"技术是绝对重要的，典型产品是 FF、World FIP、Profibus-PA。

2) 分立的工艺动作自动控制，如汽车制造机器人，典型产品是 PROFIBUS-DP、CANbus。

3) 多点控制，如楼宇自动化，典型产品是 LONWork、PROFIBUS-FMS。

7.2 DCS、PLC、FCS 三大控制系统的主要差异

FCS 是由 DCS 与 PLC 发展而来，FCS 不仅具备 DCS 与 PLC 的特点，而且跨出了革命性的一步。而目前，新型的 DCS 与新型的 PLC，都有向对方靠拢的趋势。新型的 DCS 已有很强的顺序控制功能；而新型的 PLC，在处理闭环控制方面也不差，并且两者都能组成大型网络，DCS 与 PLC 的适用范围，已有很大的交叉。

7.2.1 DCS 与 PLC、FCS 控制系统的区别

DCS 系统的关键是通信。也可以说数据公路是分散控制系统 DCS 的脊柱。由于它的任务是为系统所有部件之间提供通信网络，因此，数据公路自身的设计就决定了总体的灵活性和安全性。数据公路的媒体可以是：一对绞线、同轴电缆或光纤电缆。

通过数据公路的设计参数，基本上可以了解一个特定 DCS 系统的相对优点与弱点。

(1) 系统能处理多少 I/O 信息。
(2) 系统能处理多少与控制有关的控制回路的信息。
(3) 能适应多少用户和装置(CRT、控制站等)。
(4) 传输数据的完整性是怎样彻底检查的。
(5) 数据公路的最大允许长度是多少。
(6) 数据公路能支持多少支路。
(7) 数据公路是否能支持由其他制造厂生产的硬件(可编程序控制器、计算机、数据记录装置等)。

为保证通信的完整，大部分 DCS 厂家都能提供冗余数据公路。

为了保证系统的安全性，使用了复杂的通信规约和检错技术。所谓通信规约就是一组规则，用以保证所传输的数据被接收，并且被理解得和发送的数据一样。

目前在 DCS 系统中一般使用两类通信手段，即同步的和异步的，同步通信依靠一个时钟信号来调节数据的传输和接收，异步网络采用没有时钟的报告系统。

DCS 一般都提供统一的数据库，而 PLC 系统的数据库通常都不是统一的，组态软件和监控软件甚至归档软件都有自己的数据库。PLC 的程序一般不能按事先设定的循环周期运行，而 DCS 可以设定任务周期。一般来讲，DCS 惯常使用两层网络结构，一层为过程级网络，另一层为操作级网络，操作级网络一般布置在控制室内，对抗干扰的要求相对较低，因此采用标准以太网是最佳选择。PLC 系统的工作任务相对简单，所以常见的 PLC 系统为一层网络结构，PLC 不会或很少使用以太网。PLC 一般应用在小型自控场所，比如设备的控制或少量的模拟量的控制及联锁，而大型的应用一般都是 DCS。

虽然 PLC 与 DCS 各有各自的特点与不同，但 PLC 与 DCS 发展到今天，事实上都在向彼此靠拢，严格地说，现在的 PLC 与 DCS，很多时候之间的概念已经模糊了。例如 PLC 已经具备了模拟量的控制功能，有的 PLC 系统模拟量处理能力甚至还相当强大，比如横河 FA-MA3、西门子的 S7 400、ABB 的 Control Logix 和施耐德的 Quantum 系统。而 DCS 也具备相当强劲的逻辑处理能力。从系统结构来说，PLC 与 DCS 的基本结构是一样的。PLC 发展到今天，已经全面移植到计算机系统控制上了，小型应用的 PLC 一般使用触摸屏，大规模应用的 PLC 全面使用计算机系统。和 DCS 一样，控制器与 I/O 站使用现场总线，如果有不止一台的计算机使用，系统结构就会和 DCS 一样，上位机平台使用以太网结构，这是 PLC 大型化后和 DCS 概念模糊的原因。

现场总线控制系统（FCS）是在 DCS/PLC 基础上发展起来的新技术。现场总线是"从控制室连接到现场设备的双向串行数字通信总线"，现场总线的"现场"更多的是指现场设备，而不是指位置。FCS 主要特点是采用总线标准，一种类型的总线，只要其总线协议一经确定，相关的关键技术与有关的设备也就被确定。开放的现场总线控制系统具有高度的互操作性。FCS 既是一个开放的通信网络，又是一个全分布式的控制系统。

FCS 的关键要点有以下三点：

(1) FCS 的核心是总线协议，即总线标准，对于一种类型的总线，只要其总线协议确定，相关的关键技术与相关的设备也就确定了。一般来说，各类总线都是一样的，都来解决双向串行数字化通信传输的，但由于各种原因，各类总线的总线协议存在很大差异。为了使现场总线满足可互操作性要求，使其成为真正的开放系统，现场总线通信协议模型的用户层中就明确规定用户层具有装置描述功能。

目前开放的现场总线控制系统的互操作性，仅对某一个特定类型的现场总线而言，只要遵循该类型现场总线的总线协议，其产品就是开放的，并具有互操作性。

（2）FCS 的基础是数字智能现场装置。数字智能现场装置是 FCS 的基础，因为 FCS 执行的是自动控制装置与现场装置之间的双向数字通信现场总线信号制。另外，现场总线的一大特点就是要增加现场一级的控制功能。

（3）FCS 的本质是信息处理现场化。对于一个控制系统而言，采用 FCS 后，可以从现场得到更多的信息，FCS 的信息量没有减少，甚至增加了，而传递信息的线缆却大大减少了。这就要求一方面要大大提高线缆传输信息的能力，另一方面要在现场处理完大量信息，减少现场与控制室之间的信息往返，这就说明了 FCS 的本质就是信息处理现场化。

由此可以看出，FCS 是由 DCS 和 PLC 发展而来的。它在很多方面继承了 DCS 和 PLC 的成熟技术，例如在人机界面操作站、基于 IEC61131-3 的编程组态方法、热备冗余思想和方法、远程 I/O、现场变送器和阀门定位器等仪表的两线制供电、本质安全防爆等方面。但是 FCS 相对于 DCS 和 PLC 的技术进步产生了质的飞跃，超越了 DCS 和 PLC 的框架。FCS 最深刻的改变是现场设备的数字化、智能化和网络化。DCS 多为模拟数字混合系统，FCS 是分步式网络自动化系统。DCS 采用独家封闭的通信协议，FCS 采用标准的通信协议。DCS 属多级分层网络结构，FCS 为分散控制结构。故 FCS 比传统 DCS 性能好，准确度高，误码率低。FCS 相对于 DCS 组态简单，由于结构、性能标准化，便于安装、运行、维护。

DCS 当前正面临着 FCS 技术的挑战。尽管现场总线的国际标准不理想，但是作为一种技术趋势已经是不可阻挡的了。目前各家公司都采用将自己的 DCS 和各种现场总线协议通过接口设备实现连接的过渡方式，虽然在一个系统里，同一种现场总线的不同厂家的现场仪表与 DCS 之间、不同类型现场总线之间的可互操作性问题还时有发生，但目前 FCS 已经进入实用时期。总之，FCS 的实用化，必将成为 DCS 的强劲对手。

7.2.2 DCS、PLC、FCS 三大控制系统的设计、投资和使用

目前 DCS 已经满足当初开发时提出的技术要求，并且在进一步完善和提高，而 FCS 是在 20 世纪 90 年代进入实用化，作为开发初期的技术要求，如兼容开放、双向数字通信、数字智能现场装置、高速总线等还有待提高，可以预言，完善 FCS 必将成为现场总线技术的主流，为此，有必要再从经济因素考虑三大控制系统的区别。

（1）DCS 是大系统，其控制器功能强，而且在系统中的作用十分重要，数据公路更是系统的关键，所以，必须整体投资一步到位，投产后再扩容难度较大。而 FCS 功能下放较彻底，信息处理现场化，数字智能现场装置的广泛应用，使得控制器的功能与重要性相对较弱。因此，FCS 系统投资起点较低，可以边用、边扩展、边投入。

（2）传统 DCS 是封闭式系统，各公司产品兼容性差，而 FCS 是开放式系统，用户可以选择不同厂家、不同品牌的各种设备连入现场总线，达到最佳的系统集成。

（3）DCS 的信息全都是二进制或模拟信号形成的，必须有 D-A 与 A-D 转换。而 FCS 是全数字化，集成度高、性能高，可以使精度从 $\pm 0.5\%$ 提高到 $\pm 0.1\%$。

（4）FCS 可以将 PID 闭环控制功能装入变送器或执行器中，缩短控制周期，DCS 的控

制周期一般为每秒 2~5 次，而 FCS 的控制周期一般为每秒 10~20 次，从而改善系统调节性能。

（5）DCS 可以控制和监控工艺全工程，对自身进行诊断、维护和组态。但是其 I/O 信号采用传统的模拟信号，因此，无法在 DCS 工程师站上对现场仪表（如变送器、执行器等）进行远方诊断、维护和组态。FCS 采用全数字化、双向通信技术，数字智能现场装置发送多变量信息，而不仅仅是单变量信息，并且还具备检测信息差错的功能。因此 FCS 的优越性是 DCS 无法比拟的。

（6）FCS 由于信息处理现场化，与 DCS 相比，可以省去相当数量的隔离器、端子板、I/O 终端等，同时也可以节省 I/O 装置及装置室的空间与占地面积，减少大量电缆与敷设电缆用的桥架等，节省了设计、安装和维护费用。

（7）FCS 相对于 DCS 组态简单，由于结构、性能标准化，便于安装、运行、维护。

7.2.3　DCS、PLC、FCS 三大控制系统的发展方向

作为 DCS 系统发展到今天，开发初期提出的技术要求基本都已得到了满足和完善。DCS 将向 FCS 的方向继续发展。

DCS/PLC 以其完备的功能及广泛的应用而占居着一个尚不可完全替代的地位。小型化的 PLC 将向更专业化的使用角度发展，比如功能更加有针对性、对应用的环境更有针对性等。大型的 PLC 与 DCS 的界线逐步淡化，直至完全融和。

FCS 则顺应了自动控制系统的发展潮流，不久的将来完善的 FCS 必将替代 DCS。然而，在 FCS 还没有完全成熟的现阶段，对 FCS 系统而言还有一些技术需要解决，在兼容开放、双向数字通信、数字智能现场装置和高速总线等技术方面还有待于完善。FCS 的核心除了控制系统更加分散化以外，特别重要的是仪表。FCS 在国外的应用已经发展到仪表级。控制系统需要处理的只是信号采集和提供人机界面以及逻辑控制，整个模拟量的控制分散到现场仪表，仪表与控制系统之间无需传统电缆连接，使用现场总线连接整个仪表系统。FCS 应该与 DCS 和 PLC 取长补短，相互兼容，综合考虑性能和成本，以达到最佳的控制效果。

 小　结

本章首先介绍了工业生产常用的三大控制系统的基本特点，从而对这三大控制系统有一个较全面的认识和了解。

其次，介绍了这三大控制系统在工业生产中的各自异同点，着重介绍了这三大控制系统在生产过程中的应用特点。

最后，介绍这三大控制系统的发展趋势。

 习 题

7.1 目前工业生产过程中广泛应用的控制系统有哪些?它们的基本特点是什么?
7.2 DCS、PLC、FCS异同点是什么?

附　　录

附录 A　几个典型 DCS 简介

1. JX-300X 集散控制系统　JX-300X 集散控制系统是浙江浙大中控公司推出的具有自主产权的、全数字化的集散控制系统。

JX-300X 集散控制系统的整体结构如图 A-1 所示，它的基本组成包括工程师站（ES）、操作站（OS）、控制站（CS）和通信网络。通信网络分为三层，第一层网络为信息管理网络；第二层网络为工程控制网络 SCnet Ⅱ，第三层网络为控制站内部 I/O 控制总线 SBUS。通过在 JX-300X 的通信网络上挂接总线变换单元（BCU），可实现与 JX-100、JX-200、JX-300 系统的连接；通过在通信网络上挂接通信接口单元（CIU），可实现 JX-300X 与 PLC 等数字设备的连接；通过多功能计算站（MFS）和相应的应用软件 AdvanTrol-PIMS 的连接可实现与企业管理计算机网的信息交换，实现企业网络（Intranet）环境下的实时数据采集、实时流程查看、实时趋势浏览、报警记录与查看、开关量变位记录与查看、报表数据存储、历史趋势存储与查看、生产过程报表生成与输出等功能，从而实现整个企业生产过程的管理、控制全集成综合自动化。

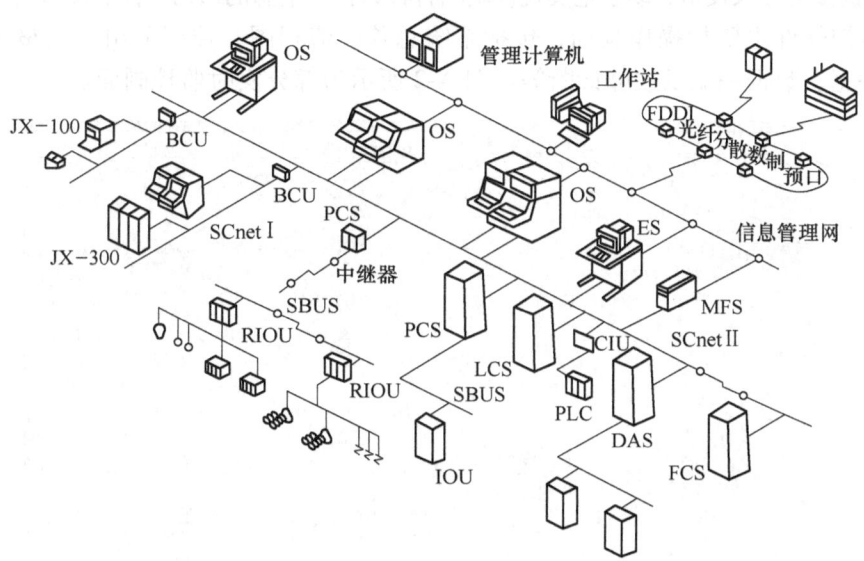

图 A-1　JX-300X 集散控制系统的整体结构图

JX-300X 覆盖了大型集散系统的安全性高、具有冗余功能、网络扩展功能、集成的用户界面及信息存取功能等特点。除了具有模拟量信号输入输出、数字量信号输入输出、回路控制等常规 DCS 的功能外，还具有高速数字量处理、高速顺序事件记录（SOE）、可编程逻辑控制等特殊功能。它不仅提供了功能块图(SCFBD)、梯形图(SCLD)等直观的图形组态工具,又为用户提供了开发复杂、高级控制算法(如模糊控制)的类 C 语言编程环境 SCX。系统规模变换灵活,可以实现从一个单元的过程控制、到全厂范围的自动化集成。

JX-300X 控制站以先进的微控制器为核心,提高了系统的实时性和控制品质,系统能完成各种先进的控制算法:过程管理级采用高性能 CPU 的主机和 Windows9X/NT/2000 的多任务操作系统,以适应集散控制系统良好的操作环境和管理任务的多元化;过程控制网络采用双重化的 Ethernet 技术,使过程控制级能快速安全地协调工作,做到真正的分散控制和集中管理。

JX-300X 采用高速、可靠、开放的通信网络 SCnet Ⅱ。它连接着工程师站、操作员站、现场控制站和通信处理单元。通信网络采用总线形或星形拓扑结构,曼切斯特编码方式,遵循开放的 TCP/IP 的协议和 IEEE802.3 标准。SCnet Ⅱ采用 1∶1 冗余的工业以太网,TCP/IP 的传输协议附以实时的网络故障诊断功能。其特点是可靠性高、纠错能力强、通信效率高。通信速率为 10Mbit/s。SCnet Ⅱ真正实现了控制系统的开放性和互联性。通过配置交换器(SWITCH),操作员站之间网络速度能提升到 100Mbit/s,而且可以接多个 SCnet Ⅱ子网,形成一种组合结构。每个 SCnet Ⅱ网理论上最多可带 1024 个节点,最远可达 10000m。

JX-300X 系统软件(Advan Trol)基于中文 Windows 9X/NT/2000 开发,用户界面友好,所有的命令都化为形象直观的功能图标,只须用鼠标即可轻而易举地完成操作,方便简洁;再加上操作员键盘的配合,使得控制系统设计和生产过程实时监控快捷方便。JX-300X 系统软件包括组态软件和实时监控软件。

JX-300X 系统组态软件包括基本组态软件 SCKey、流程图制作软件 SCDraw、报表制作软件 SCForm、用于控制站编程的编程语言 SCLang 和图形化控制组态软件 SCcontrol 等。各功能软件之间通过对象链接与嵌入技术,动态地实现模块间各种数据、信息的通信、控制和管理。

实时监控软件主要指操作画面,包括系统总貌、流程图、控制分组、调整画面、趋势图、报警一览、数据一览及故障诊断等。图 A-2 所示为部分实时监控画面。

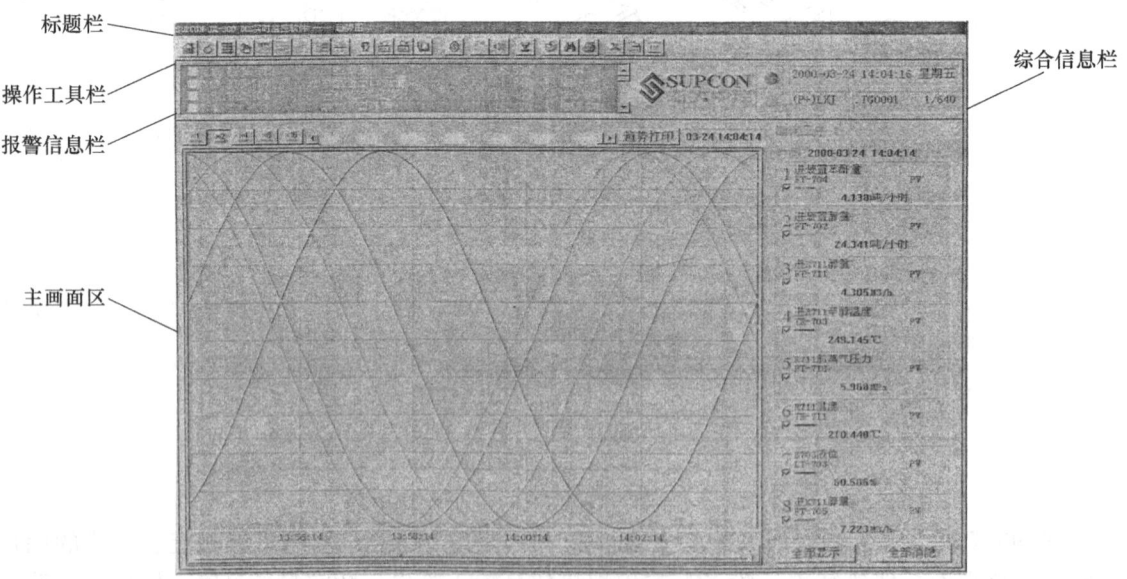

图 A-2 部分实时监控画面

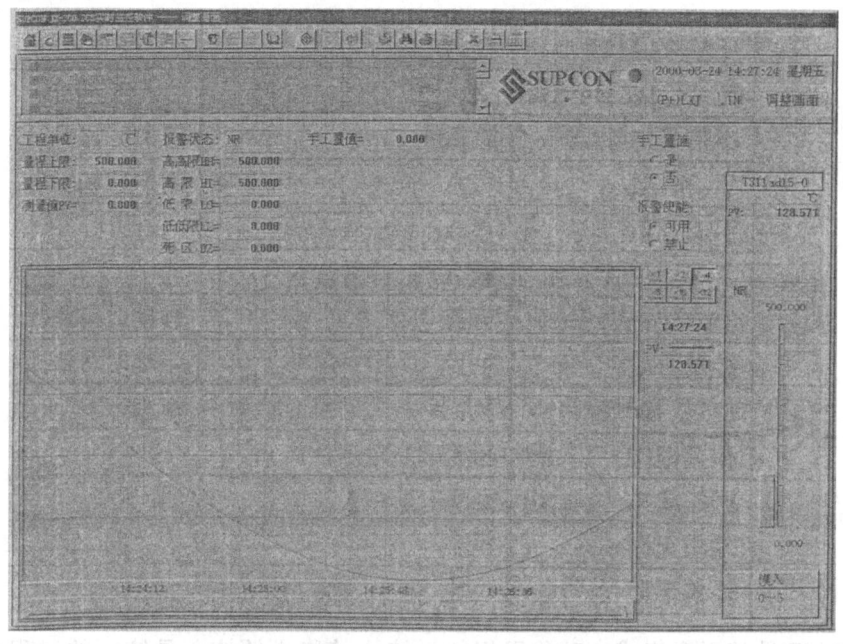

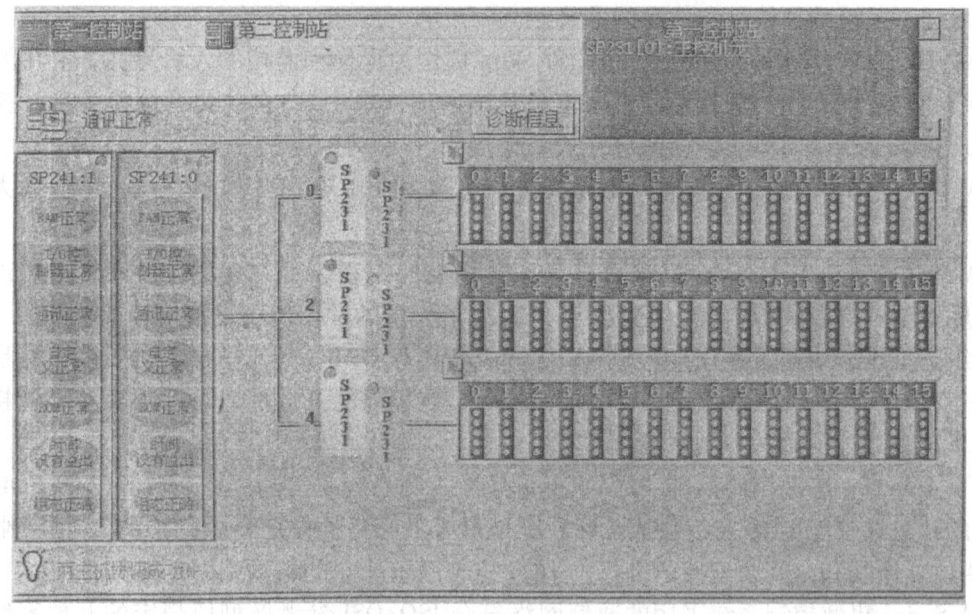

图 A-2　部分实时监控画面(续)

2. SIMATIC PCS7 集散控制系统　SIMATIC PCS7 集散控制系统是德国 SIEMENS 公司结合最先进的计算机软、硬件技术，在 S5、S7 系列可编程序控制器及 TELEPERM 系列集散系统的基础上，推出的一个全集成的、结构完整、功能完善、面向整个生产过程的先进过程控制系统。图 A-3 所示为 SIMATIC PCS7 集散控制系统的结构图。

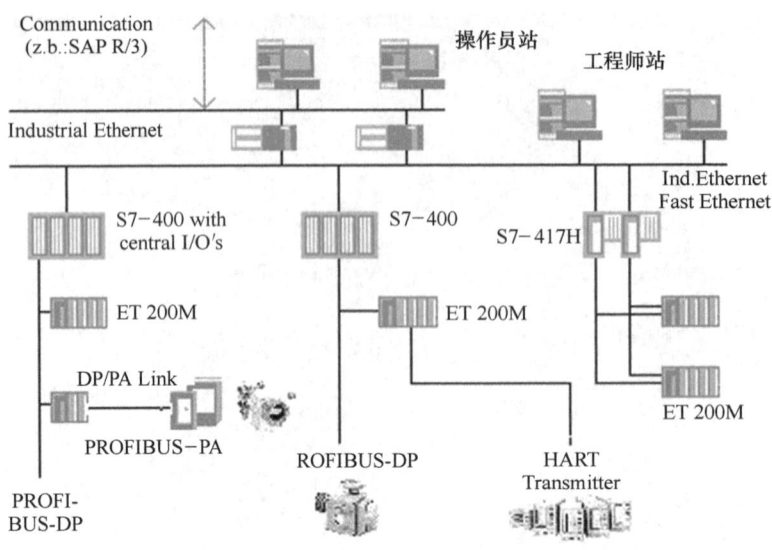

图 A-3　SIMATIC PCS7 集散控制系统的结构图

SIMATIC PCS7 是基于全集成自动化思想的系统，其集成的核心是统一的过程数据库和唯一的数据库管理软件，所有的系统信息都存储于一个数据库中，而且只需输入一次，这样就大大增强了系统的整体性和信息的准确性。

SIMATIC PCS7 采用优秀的上位机软件 WinCC 作为操作和监控的人机界面，利用开放的现场总线和工业以太网实现现场信息采集和系统通信，采用 S7 自动化系统作为现场控制单元，实现过程控制，以灵活多样的分布式 I/O 接收现场传感检测信号。

SIMATIC PCS7 的通信系统采用的是工业以太网和 PROFIBUS 现场总线。工业以太网用于系统站之间的数据通信。

SIMATIC PCS7 采用符合 IEC 61131-3 国际标准的编程软件和现场设备库，提供连续控制、顺序控制及高级编程语言。现场设备库提供了大量的常用现场设备信息及功能块，可大大简化组态工作，缩短工程周期。SIMATIC PCS7 具有 ODBC、OLE 等标准接口，并且应用以太网、PROFIBUS 现场总线等开放网络，从而具有很强的开放性，可以很容易地连接上位机管理系统和其他厂商的控制系统。

3. I/A Series 集散控制系统　I/A Series 集散控制系统是美国福克斯波罗（FOXBORO）公司推出的开放式智能 DCS 控制系统。该系统是世界上第一种使用开放网络的工业控制系统，采用 64 位工作站和全冗余配置的高标准 DCS 控制系统。它的结构如图 A-4 所示。

I/A Series 集散控制系统采用的通信网络符合 ISO/OSI 参考模型所规定的开放系统通信协议。它的通信网络由四层模块化网络组成，即工厂信息网、局域网（LAN）、节点总线和现场总线，其中节点总线与现场总线均采用冗余结构。

I/A Series 系统处理机组件通过节点总线（NODEBUS）相互连接，形成过程管理和控制节点。每一个组件也可通过一根或多根的通信链路与外围设备或其他类型的组件相连。节点总线为 I/A Series 系统中的各个站（控制处理机、操作站处理机等）提供高速、冗余的点到点通信，具有优异的使用性能和安全性能。

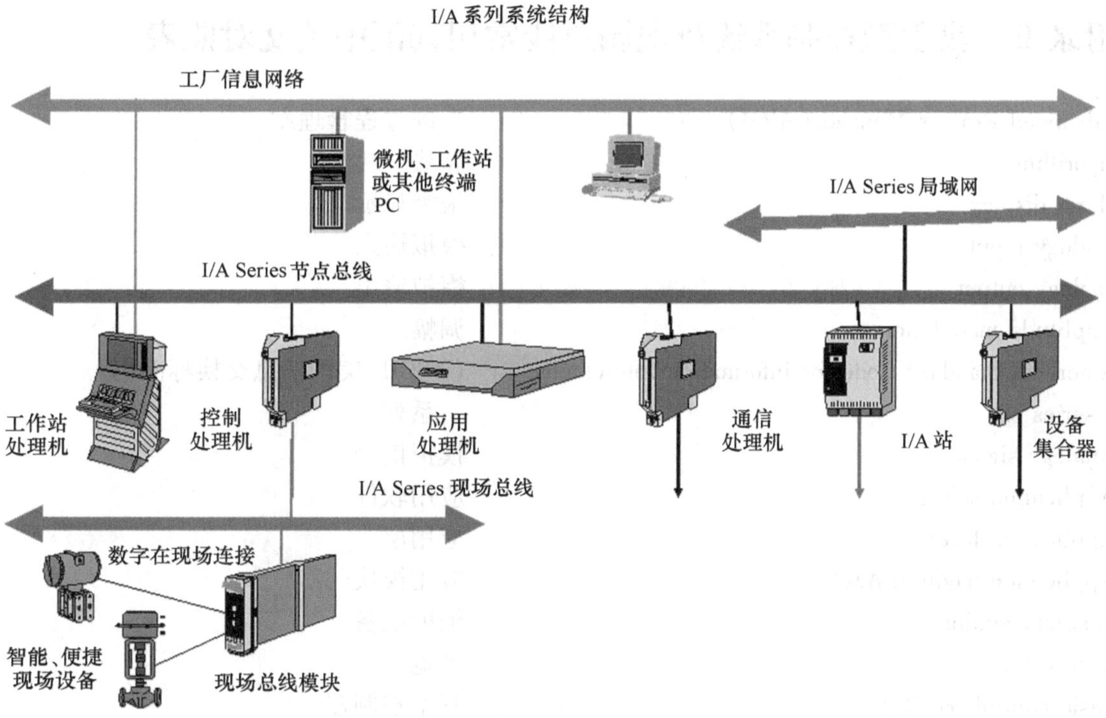

图 A-4 I/A Series 集散控制系统的构成

I/A Series 集散控制系统的软件是基于 SUN 公司的 Solaries 操作系统，它与 UNIX 系统兼容，符合系统 V 的接口定义标准。由于系统的开放性好，第三方软件可方便地被移植到系统中。I/A Series 集散控制系统的主要应用软件包括系统管理软件、数据库管理软件、历史数据库管理软件、FoxView 显示管理软件、FoxDraw 画面建立软件和 FoxAlert 报警管理软件等。

I/A Series 为工厂操作人员提供直接和直观的访问方式，访问对象包括过程信息，质量控制信息和其他系统性能反馈信息。

过程操作人员可以通过操作站调出过程显示画面，观察过程回路参数状态，实时趋势，历史趋势和报警情况，实现过程回路操作和参数调整。

过程工程师可以通过操作站调出过程组态画面，进行控制方案组态，过程流程图组态，趋势画面组态和各种报表组态。

软件工程师通过操作站系统提供的许多方便、实用及功能强大的应用软件包来开发软件，提供与其他网络的接口功能，也可用 C 语言开发用户应用程序。

系统维护工程师可以通过操作站监视系统的工作状态，并可对系统进行诊断。每台操作站处理机都配有独立的硬盘和键盘，放置本身操作系统软件和流程画面，可独立对系统进行实时操作和显示。

I/A Series 系统在全世界电力、石化、冶金、建材、轻工、纺织、食品等各个领域都有广泛应用的系统。

附录 B 集散型控制系统及现场总线常用词汇中英文对照表

Advanced Process Manager (APM)	先进过程管理站
algorithm	算法
alarm display	报警显示
analogy input	模拟输入
analogy output	模拟输出
amplitude modulation	调幅
American Standard Code for Information Interchange	(ASCII)美国信息交换标准码
a series of	一系列
Analogy signal	模拟信号
Application software	应用软件
Application layer	应用层
Application module (AM)	应用模块
auxiliary equipment	辅助设备
bandwidth	带宽
basic controller (BC)	基本控制器
baseband	基带
batched control	批量控制
broadband	宽带
broadcast networks	广播网
bus network	总线网
Carrier Sense Multiple Access with Collision Detection (CSMA/CD)	带有碰撞检测的载波侦听多重访问
Central Processing Unit (CPU)	中央处理单元
check sum	检验和
chip	芯片
code	编码
Coaxial cable	同轴电缆
Computer Integrated Manufacture System (CIMS)	计算机集成制造系统
communication	通信
control algorithm	控制算法
Control Module (CM)	控制模块
communication protocol	通信协议
common mode rejection ratio	共模抑制比
compatibility	兼容性
Computer Integrated Manufactured System (CIMS)	计算机集成制造系统
Computer Integrated Processing System (CIPS)	计算机集成过程系统

configuration word	组态字
configuration	组态
continuous system	连续系统
controller	控制器
Control Net(CNET)	控制网
cost performance	性能价格比
Cyclic Redundancy Check(CRC)	循环冗余码
digital signal	数字信号
Data Acquisition Unit(DAC)	数据采集装置
data acquisition	数据采集
data layer	数据层
Data High-way(HW)/Data Hiway	高速数据通路
design	设计
Device Description Language(DDL)	设备描述语言
diagnosis	诊断
differential	微分
digital input	数字输入
digital output	数字输出
Direct Digital Control(DDC)	直接数字控制
Direct Digital Control System(DDCS)	直接数字控制系统
Distributed Control System(DCS)	集散型控制系统
discrete system	离散系统
dual system	二重系统
duplex system	双工系统
engineer station	工程师站
Enhanced Operator Station(EOS)	增强型操作站
error detecting code	检错码
error code rate	误码率
evaluation	评价
execute	执行
feed-forward control system	前馈控制系统
flexibility	灵活性
Fieldbus Foundation(FF)	现场总线基金会
field control station	现场控制站
field control unit(FCU)	现场控制单元
fieldbus control system(FCS)	现场总线控制系统
frame	帧
frequency modulation	调频
Functional Block(FB)	功能块

host	主机
hierarchy	分层结构
high level	高电平
History Module(HM)	历史模块
incremental PID controller	增量式 PID 控制器
integral	积分
International Electrotechnical Commision(IEC)	国际电工委员会
Integrated Circuit(IC)	集成电路
International Standard Organization(ISO)	国际标准化组织
intelligent instrument	智能仪表
I/O unit	I/O 组件
Ladder Diagram(LD)	梯形图
link	链路
low level	低电平
Loosely-coupled system	松散耦合系统
Logic Manager(LM)	逻辑控制站
Local Control Network(LCN)	局域控制网
Management Net(MNET)	管理网
man-auto switchover	手动-自动切换
Manchester's code	曼切斯特编码
Manufacturing Automation Protocol(MAP)	制造自动化协议
maintainability	可维护性
Master Control Module	主控模块
maximum transfer rate	最大传输率
medium	介质
microelectronic technology	微电子技术
motor	电动机
modulation	调制
modulator-demodulator	调制解调器
monitored picture	监控画面
multi-machine	多机
multi-function controller(MC)	多功能控制器
multi-processing system	多处理机系统
multitask real-time operation system	多任务实时操作系统
node	节点
nonreturn-to-zero	不归零制
network	网络
network system	网络系统
network layer	网络层

off-line	离线
on-line	在线
operator station	操作员站
Open System Interconnection(OSI)	开放系统互连
optical fiber	光导纤维
optimal control	优化控制
parity bit	奇偶检验位
paired cable	双绞线
physical layer	物理层
phase modulation	调相
PID algorithm	PID 算法
point-to-point networks	点对点网
poll	轮询
position PID controller	位置式 PID 控制器
presentation layer	表示层
precise	精度
process control	过程控制
proportional	比例
protocol	协议
Process Interface Unit(PIU)	过程接口单元
Process Manager(PM)	过程管理站
process Data High-way(PROWAY)	过程数据高速通路
Pulse Input/Output(PI/O)	脉冲输入/输出
rack	机架
random-access memory	随机存储器
read-only memory	只读存储器
real-time control system	实时控制系统
receiver	接收器
redundancy	冗余
redundancy unit	冗余设备
regulator	调节器
reliability	可靠性
resolution	分辨率
resource-sharing	资源共享
return-to-zero	归零制
ring	环形
ring network	环形网
sampling period	采样周期
secondary module	辅助模块

self-diagnosis	自诊断
sequence control	顺序控制
serial control system	串级控制系统
serial communication network	串行通信网络
session layer	会话层
slot number	槽号
specification	说明书
signal to noise ratio	信噪比
simple loop control	单回路控制
star	星形
structured-text language	结构文本语言
subnet	子网
Supervisory Control System(SCS)	监督控制系统
system software	系统软件
system net(SNET)	系统网
system design	总体设计
technology	技术
terminal plank	端子板
token passing	令牌传送
topology	拓扑
tightly-coupled system	紧密耦合系统
transmitter	发送器
transport layer	传送层
tree	树形
Universal Control Network(UCN)	通用控制网
Universal Station(US)	通用站
Universal Workstation(UWS)	通用工作站
valve	阀门
vertical check	垂直校验
vertical parity check	垂直奇偶校验
velocity PID controller	速度式 PID 控制器
waveform	波形
workstation	工作站

参考文献

[1] 王树清，赵鹏程. 集散型计算机控制系统[M]. 杭州：浙江大学出版社，1994.
[2] 白焰，吴鸿，杨国田. 分散控制系统与现场总线控制系统[M]. 北京：中国电力出版社，2001.
[3] 阳宪惠. 现场总线技术及其应用[M]. 2版. 北京：清华大学出版社，2008.
[4] 袁任光. 集散型控制系统应用技术与实例[M]. 北京：机械工业出版社，2003.
[5] 张雪申，王慧铎. TDC3000集散型控制系统[M]. 北京：化学工业出版社，1997.
[6] 王常力，廖道文. 集散型控制系统的设计与应用[M]. 北京：清华大学出版社，1993.
[7] 甘永梅，李庆丰，刘晓娟，等. 现场总线技术及其应用[M]. 2版. 北京：机械工业出版社，2008.
[8] 何衍庆，俞金寿. 集散型控制系统原理与应用[M]. 2版. 北京：化学工业出版社，2002.
[9] 张岳，吴放. 一种实现循环码的计算机软件设计[J]. 本溪冶金高等专科学校学报，1999(4)：46-47.
[10] 于海生，等. 微型计算机控制技术[M]. 北京：清华大学出版社，2000.
[11] 谢希仁. 计算机网络[M]. 2版. 北京：电子工业出版社，1999.
[12] 万咸明，万凯，韩海. 计算机网络实用教程[M]. 北京：电子工业出版社，1996.
[13] 姜建国，王秀芳，赵羽. 电站200MW机组控制系统的改造[J]. 自动化技术与应用，2001(5)：25-27.
[14] 邬宽明. 现场总线技术应用选编[M]. 北京：北京航空航天大学出版社，2004.
[15] 李旭. 数据通信技术教程[M]. 北京：机械工业出版社，2001.
[16] 阳宪惠. 工业数据通信与控制网络[M]. 北京：清华大学出版社，2002.
[17] 杨宁，赵玉钢. 集散控制系统及现场总线[M]. 北京：北京航空航天大学出版社，2003.
[18] 周兵，林锦实. 现场总线技术与组态软件应用[M]. 北京：清华大学出版社，2008.
[19] 刘国海，等. 集散控制与现场总线[M]. 北京：机械工业出版社，2006.